나쁜 것의 윤리학

몸의 철학과 도덕의 갈래

나쁜 것의 윤리학

몸의 철학과 도덕의 갈래

노양진 지음

서광사

나쁜 것의 윤리학
몸의 철학과 도덕의 갈래

노양진 지음

펴낸이 | 김신혁, 이숙
펴낸곳 | 도서출판 서광사
출판등록일 | 1977. 6. 30.
출판등록번호 | 제 406-2006-000010호

(413-120) 경기도 파주시 회동길 77-12(문발동)
대표전화 (031) 955-4331　팩시밀리 (031) 955-4336
E-mail : phil6161@chol.com
http : //www.seokwangsa.co.kr | http : //www.seokwangsa.kr

지은이와의 합의하에 인지는 생략합니다.

제1판 제1쇄 펴낸날 — 2015년 1월 30일

ISBN 978-89-306-2558-6　　93190

도덕적 문제는 타자(他者)와의 공존이라는 유기체적 삶의 기본 조건에서 발생한다. 인간은 물론 어떤 유기체도 고립적인 삶을 유지할 수 없다. 모든 유기체는 타자를 포함한 외부 환경과의 지속적인 상호작용을 통해 생존하고 성장한다. 도덕 문제는 바로 이 상호작용에 개입하는 존재들 사이의 관계를 규정하는 데에서 출발한다.

다른 모든 철학적 담론과 마찬가지로 도덕적 담론 또한 근원적으로 '종(種)으로서의 인간'의 담론이다. 물론 다양하게 분화된 도덕 이론에서 도덕적으로 관련된 타자의 범위는 인간이 아닌 다른 생명체, 나아가 비생명체까지도 확장될 수 있다. 그렇다 하더라도 도덕 개념은 결코 인간의 문제를 넘어서서 다루어질 수 없으며, 또 인간의 문제와 상관없이 다루어질 수도 없다. 이런 의미에서 '종적 담론으로서의 도덕'은 다양한 도덕 개념의 '원형적 지반'을 이루고 있다.

한편 도덕적 탐구의 역사를 통해 가장 흔히 빠져들었던 잘못의 하나는 우리 삶을 포괄적으로 규정할 수 있는 '완결된 도덕원리'가 존재할 것이라는 열망이다. 그러한 열망은 실현되지 않았으며 실현되지도 않을 것이다. 그것이 실현되지 않는 이유는 우리가 속한 이 세계나 환경 때문이라기보다는 우리 자신의 근원적 존재 조건 때문이다. 즉 현재와 같은 몸을 가진 유기체로서 인간은 도덕뿐만 아니라 다른 어떤 측면에서도 결코 '완전성'에 이를 수 없는 존재다. 불안정성-불완전성은 시간과 공간 안에 묶인 유기체인 인간의 기본적 존재 조건을 규정한다. 이러한 한계를 총체적으로 넘어서기 위해 도덕 이론들은 흔히 '초월'(the transcendent) 또는 '선험'(a priori)이라는 사변적 도약을 선택한다. 그러나 그렇게 도달한 곳에는 '우리의 것'이 아닌, '우리가 원하는 것'이 있을 뿐이다.[1]

여전히 초월적이거나 선험적인 것이 우리에게 줄 수 있는 긍정적 국면을 들어 그것을 옹호하려는 시각이 있을 수 있다. 초월과 선험의 공통적인 문제는 존슨(M. Johnson)의 지적처럼 단적으로 그것에 관한 어떤 기술도 지식도 설명도 가능하지 않다는 것이다.[2] 이 때문에 초월과 선험은 누구의 것도 아니면서, 동시에 누구의 것이라도 될 수 있다. 초월과 선험의 위험성은 바로 여기에 있다. 기술할 수도 알 수도 설명할 수도 없는 것이 '좋은 것'이라고 간주된다면, 그것은 자연스럽게 '권력'의 손으로 옮겨 갈 수밖에 없기 때문이다. 그것이 초월적 폭력의 현실적 소재다. 초월이나 선험을 옹호하는 사람들은 선언적으로 제시되는 이론의 장점들이 어떻게 이 현실적 위험성을 제거하거나 상쇄할 수 있는지 진지하게 자문해 보아야 한다.

이러한 시각을 받아들이게 되면 우리는 비로소 절대주의적 도덕 이론의 배후를 배회하는 '도덕주의'(moralism)를 넘어서는 새로운 통로를 탐색할 수 있을 것이다. 도덕주의는 제도도 이론도 아니다. 그것

---

1 노양진, 『몸 · 언어 · 철학』 (파주: 서광사, 2009), p. 332 참조.
2 Mark Johnson, *Morality for Humans: Ethical Understanding from the Perspective of Cognitive Science* (Chicago: University of Chicago Press, 2014), p. 4 참조.

은 다양한 도덕 이론의 배후에 깊이 뿌리박고 있는 하나의 완고한 태도일 뿐이다. '도덕주의'는 도덕이 다른 모든 가치를 수렴하는 최고의 가치이며, 동시에 그것이 우리의 삶의 궁극적 목적이자 완성이라고 믿는 태도를 말한다. 동서양의 지성사를 통해 도덕주의는 인간 삶에서 도덕의 중요성을 앞세우는 대부분의 도덕 이론을 지탱해 주는 핵심적 태도로 자리 잡아 왔다.

이 책의 주된 목표의 하나는 이 도덕주의적 가정을 넘어서는 도덕적 탐구가 왜 필요하며, 또 어떻게 가능한지를 탐색하려는 것이다. 필자는 도덕주의적 가정이 우리 자신의 삶을 넘어서는 보편적 도덕원리의 탐구를 부추겨 온 핵심적 동력이라고 보았으며, 그것을 비켜서는 새로운 탐구의 가능성을 '자연주의적'(naturalistic) 시각을 통해 탐색하려고 했다.

의도적이든 아니든 자연주의에 대한 오해와 비판은 적어도 철학사 안에서 오랜 역사를 갖는다. 흔히 윤리학 분야에서는 많은 사람이 무어(G. E. Moore)가 제시했던 '자연주의적 오류'(naturalistic fallacy)를 마치 자연주의를 배격하는 확정적 원리처럼 거론하곤 한다. 이때 자연주의적 오류란 무어의 본래 제안과는 별 상관없이 오히려 "사실에서 당위를 추론할 수 없다"라는 흄의 법칙을 의미한다. 그러나 2장에서 지적하고 있는 것처럼 무어가 의미하는 자연주의적 오류는 그 실체가 불분명한 것으로 드러났으며, 흄의 법칙 또한 근거 없는 사실/가치 이원론에 의존하고 있다는 것이 분명해졌다.[3] 이제 반자연주의자에게는 스스로를 지켜 줄 이론적 방패가 사라진 셈이지만, 그것은 윤

---

3 사실/가치 이원론의 허상에 대해 퍼트남(H. Putnam)은 매우 상세하고 설득력 있는 논의를 제시한다. 힐러리 퍼트남, 『사실과 가치의 이분법을 넘어서』, 노양진 역 (파주: 서광사, 2010) 참조.

리학적 논의의 끝을 의미하는 것이 아니라 새로운 담론의 출발점을 의미한다.

자연주의는 다소 혼란스러운 경계를 가진 용어다. 우선 초월이나 선험을 비켜서는 모든 철학적 탐구는 넓은 의미에서 '자연주의'라는 이름을 얻게 될 것이다. 이러한 넓은 의미에서 카로와 맥아더(M. de Caro and D. Macarthur)는 자연주의를 어떤 형태의 초자연적인 실체(신, 영혼, 엔텔레케이아, 데카르트적 마음 등)나 사건(기적이나 마법 등), 인식 능력(신비적 통찰이나 영적 직관 등)도 인정하지 않는 입장이라고 정의한다.[4] 나아가 이들은 자연주의를 '과학적 자연주의'와 '개방적 자연주의'(liberal naturalism)로 구분하는데, 개방적 자연주의는 정신적인 것이 물리적인 것으로 환원된다는 환원주의를 거부하는 비환원주의적 입장을 가리킨다.[5]

오늘날 많은 사람들은 여전히 '자연주의'가 필연적으로 '환원주의'에 이르게 될 것이라는 우려에 사로잡혀 있지만, '제2세대 인지과학'의 성과에 주목하는 사람들은 더 이상 자연주의가 불러오는 함축에 대해 우려하지 않는다. 제2세대 인지과학은 마음이 왜 확정적인 알고리즘을 따라 확장되지 않는지 구체적으로 보여 주며, 그것은 왜 마음이 물리적 지반으로 환원될 수 없는지에 대한 강력한 증거가 된다.[6]

그것은 환원주의에 대한 전략적인 태도의 표명이 아니라 새로운 경

---

4 Mario de Caro and David Macarthur, "Introduction: Science, Naturalism, and the Problem of Normativity," in Mario de Caro and David Macathur, eds., *Naturalism and Normativity* (New York: Columbia University Press, 2010), p. 3 참조.

5 같은 곳 참조.

6 자연주의와 환원주의의 관계에 대한 좀 더 상세한 설명은 노양진, 『몸이 철학을 말하다: 인지적 전환과 체험주의의 물음』(파주: 서광사, 2013), pp. 50-57 참조.

험적 발견이 우리에게 알려 준 사실에 근거한 것이다. 우리의 인지는
몸과 두뇌, 그리고 환경의 지속적인 상호작용을 통해 환원될 수 없는
방식으로 '창발'하며, 그것이 '마음'이라고 불리는 영역을 구성한다.[7]
그 창발에는 어떤 확정적인 알고리즘도 없다. 비환원적 창발이라는 생
각은 몸/마음 문제에 대한 이론적 전략을 가리키는 이름이 아니라 경
험적 탐구를 통해 드러나는 경험의 확장 방식을 가리키는 이름이다.

자연주의적 시각을 따라 도덕주의를 거부하는 것은 도덕을 거부하
는 것이 아니다. 그것은 우리가 도덕을 위해서 살고 있는 것이 아니라
오히려 우리의 더 나은 삶을 위해서 도덕이 요구된다는 시각을 받아들인
다는 것을 의미한다. 이러한 관점에서 어떤 이론이 도덕 이론으로서
적절한 것이 되기 위해서는 우리 삶의 조건과의 관련 속에서 그 이론
적 본성이 적절하게 해명되어야만 한다. 우리의 근원적인 도덕적 지반
을 망각한 이론들은 '이론화'라는 추상적 행로를 따라 초월적 지점에
이를 수 있으며, 오히려 그것을 다시 도덕의 출발점으로 삼는 역설을
범한다. 이 사실은 오늘날 반성적으로 도덕적 논의를 수행하는 매우
중요한 계기를 이루고 있으며, 동시에 그것이 필자가 이 책을 통해 밝
히려는 중심적 문제이기도 하다.

여기에서 제시되는 반성적 논의들은 그 자체로 최종적인 하나의 답
을 겨냥하고 있는 것이 아니다. 오히려 이 책은 우리에게 '철학'이라
는 이름으로 전승되어 온 몇몇 기본 가정에 대한 방법론적 물음들을
담고 있으며, 그러한 방법론적 반성은 새로운 내용을 탐색하기 위한
예비적 탐구로 이해될 수 있다. 말하자면 방법론적 반성과 우리의 현

---

7 '창발'이라는 개념은 듀이(J. Dewey)에게서 빌려 온 것이며, 필자는 이러한 듀이
  적 자연주의를 '창발적 자연주의'(emergentist naturalism)라고 부르는 것이 더
  적절하다고 생각한다.

실적인 삶의 내용 사이에 새로운 접맥의 가능성을 탐색하려는 것이다. 그리고 그 내용의 많은 부분은 우리 '역사'와 '전통'에 의해 규정될 것이다. 필자는 아직 이 문제를 좀 더 면밀하게 분석할 만한 준비가 되어 있지 않다. 그러나 그것이 우리 시대에 꼭 이루어져야 할 철학적 과제라는 것은 분명해 보인다.

여기에 실린 글들은 지난 수년 동안 필자의 윤리학적 관심사를 따라 쓴 것들이다. 이 책을 구성하는 대부분의 논문은 학회지 등을 통해 이미 발표된 것이며, 거기에 발표되지 않은 몇 편의 글을 추가했다. 발표된 논문의 출처는 다음과 같다.

제2장 「경험으로서의 가치」. 『범한철학』, 제39집 (2005 겨울): 5-28.

제3장 「규범성의 자연주의적 탐구」. 『범한철학』, 제32집 (2004 봄): 167-91

제4장 「상상력의 윤리학적 함의」. 『범한철학』, 제41집 (2006 여름): 5-27.

제5장 「도덕의 영역들」. 『범한철학』, 제47집 (2007 겨울): 329-50.

제6장 「덕과 윤리」. 『범한철학』, 제71집 (2013 겨울): 215-36.

제7장 「퍼트남의 존재론 없는 윤리학」. 『철학연구』, 제120집 (2011 겨울): 109-30.

〈보론 1〉 「다원성과 다원주의: 신체화된 경험과 다원주의의 제약」. 『철학연구』, 제89집 (2004 봄): 153-74.

〈보론 2〉 「포스트모더니즘과 다원주의: 로티와 리오타르」. 『범한철학』, 제34집 (2004 가을): 59-82.

이 책이 출간되기까지 많은 분의 도움을 받았다. 필자에게 '철학적'이라는 말의 의미를 알게 해 주신 분은 은사인 존슨(M. Johnson) 교수다. 서던일리노이대학교(Southern Illinois University at Carbondale)에서 존슨 교수의 지도로 박사 학위를 받은 지 20여 년의 시간이 흘렀지만, 필자의 모든 논의는 여전히 존슨 교수의 철학적 통찰에 빚지고 있다. 전남대학교의 이중표 교수님은 지속적인 대화를 통해 중관불교의 철학적 본성에 대해 가르침을 주셨다. 최대우 교수님은 유학의 학문적 상황과 전망에 관해 많은 깨달음을 전해 주셨다. 그 외에도 일일이 열거할 수 없는 수많은 학문적 동료들은 대화와 논의를 통해 이 책의 주제와 관련된 필자의 시각을 다듬어 갈 수 있도록 도움을 주었다. 이들에게도 감사를 표한다. 섬세한 교열로 더 나은 책의 모습을 갖게 해 준 전남대학교 대학원의 전경진님과 주선희님에게도 큰 고마움을 표하고 싶다. 또 이 책의 출판을 허락해 주신 서광사의 김신혁 사장님, 그리고 출판 과정에서 크고 작은 잘못을 꼼꼼히 바로잡아 주신 태호님에게도 감사드린다.

이 책의 첫머리를 쓰기 시작했던 것은 1998년 12월이다. 상당히 많은 시간이 흘러 이제야 책의 형태로 출간되지만, 이 책의 내용은 여전히 완성된 것이 아니다. 이 책은 새로운 도덕적 탐구의 윤곽을 그리고 있으며, 그것은 윤리학은 물론 다양한 관련 분야에서 전개될 수 있는 후속적 논의의 기점을 알리고 있을 뿐이다. 필자의 이러한 시도가 우리 시대를 가르는 새로운 철학적 탐색에 하나의 가능성으로 읽힐 수 있게 되기를 기대한다. 우리 시대에 주어진 다양한 이론적 가능성들은 중첩되고 흩어지고 다시 모아지면서 어느 지점에서 하나의 새로운 갈래를 이루게 될 것이다. 그때 비로소 우리는 우리 시대를 특징짓는 또 하나의 새로운 '은유'(metaphor)를 얻게 될 것이다. 필자는 아직 그 은유를 알지 못한다.

2014년 가을의 첫머리에

노양진

| 차 례 |

제1장
서론

    윤리학이라는 탐구와 관련해서 특이한 점이 있다면 체계화된 철학
의 대부분이 자연스럽게 윤리학의 문제를 포괄하고 있다는 것이다. 이
때문에 각 영역의 전공자들은 자연스럽게 자신들이 윤리학에 관해 충
분히 전문적 지식을 갖고 있다고 생각할 수 있다. 모든 철학적 사유가
윤리학적 논의를 포함하거나 윤리학적 함축을 갖는다는 것은 자명한
사실이다. 그러나 더 중요한 것은 오늘날 윤리학의 '학문적' 본성에
대한 메타적 반성을 거친 윤리학적 탐구는 20세기 이후의 산물이며,
그것은 그 성격에서 전통적인 윤리학과 근원적인 차이를 드러낸다는
점이다.[1]

    이 책이 논의의 출발점으로 삼은 것은 방대한 윤리학사가 아니라
20세기 이후의 윤리학적 논의의 분기 상황이다. 20세기 초반 분석철
학, 특히 논리실증주의는 전통적인 규범윤리학의 명제들을 근원적으
로 참/거짓을 결정할 수 없는 명제, 즉 검증될 수 없는 명제라는 점에

---

[1] 서양철학사를 통해 이러한 주장을 비켜서는 예외적인 경우로 니체(F. Nietzsche)
나 듀이(J. Dewey)의 철학을 들 수 있을 것이다. 이들의 철학은 20세기 초 분석철
학에 앞서 이미 그 안에 분석철학이 제기했던 메타적 반성을 담고 있는 것으로 보
인다. 그러나 역설적이게도 전통적인 윤리학적 전통에 묶여 있는 사람들은 오히려
이들에 대해 종종 도덕적 허무주의나 도덕적 상대주의의 위험성을 지적해 왔다.

서 '무의미'(nonsense)로 규정했다. 논리실증주의의 대중적 확산에 결정적인 역할을 했으며, 마지막 논리실증주의자인 에이어(A. J. Ayer)는 가치에 관한 모든 진술이 참 또는 거짓으로 판정될 수 없는 발화이며 순수하게 정서적 기능을 가질 수 있는 감정의 표현일 뿐이라고 말했다.[2] 이러한 관점에서 규범윤리학의 명제들은 외형상 유의미한 명제의 형태를 띤다고 하더라도 원칙적으로 참/거짓을 판별할 수 없으며, 따라서 무의미한 사이비 명제들이다. 이 때문에 무의미한 명제들로 구성된 윤리학은 '학'으로서의 자리를 잃게 되었다.

규범윤리학에 대한 이러한 급진적인 입장을 '정서주의'(emotivism)라고 부르는데, 정서주의는 이런 의미에서 새로운 윤리학 이론이라기보다는 전통적인 윤리학의 기본 가정들에 대한 메타적 비판을 수행하는 '탈이론적 시각'이다.[3] 그래서 정서주의는 '메타윤리학'(metaethics)이라는 이름을 얻게 되었다.

그러나 논리실증주의로 정점을 이루었던 분석철학은 1960년대에 들어 스스로의 엄밀성 요구를 이기지 못하고 무너지면서 지적 주류의 자리를 잃게 되었다. 적어도 논리실증주의로 대변되는 초기의 분석철학은 이제 철학사의 한 부분으로 편입된 것으로 보인다. 그러나 분석의 물결이 가라앉았다고 해서 과거의 윤리학이 다시 과거의 자리를 회복할 수 있을 것이라고 믿는 사람은 거의 없다. 역설적이게도 전통적인 절대주의적 규범윤리학은 스스로를 지탱할 수도 없었던 분석철학

---

2 알프레드 J. 에이어, 『언어 · 진리 · 논리』, 송하석 역 (서울: 나남, 2010), pp. 162-63 참조.

3 에이어뿐만 아니라 카르납(R. Carnap)을 비롯해 논리실증주의에 속하는 철학자들 대부분이 정서주의의 입장을 지지하며, 논리실증주의에 속하지 않는 러셀(B. Russell), 스티븐슨(C. Stevenson), 헤어(R. M. Hare) 등도 유사한 입장을 취한다.

에 의해 무너질 만큼 취약한 기반 위에서 그 긴 시간 동안 유지되어 왔던 것이다.

윤리학의 고난은 분석철학적 도전으로 그치지 않는다. 20세기 후반에 등장한 포스트모더니즘의 급진적인 비판은 전통적인 철학 자체의 지반을 해체하려고 하며, 이론이나 체계의 가능성은 물론 그 필요성조차도 무화시키는 극단을 향해 나아간다. 포스트모던 철학자들의 급진적 시각에 따르면 우리에게는 더 이상 도덕 이론의 자리가 없어 보인다. 포스트모던 철학자들은 모든 이론과 체계를 무너뜨리고 그 자리에 우연과 차이들로 가득 찬 난삽한 여백만을 남겨 두었다. 이러한 포스트모던의 담론 속에서 우리는 지적 무중력 상태를 경험하게 된다.

윤리학의 이러한 곤경에서 벗어나려는 시도가 없었던 것은 아니다. 규범윤리학의 실패를 비켜서는 새로운 시도로 등장한 것이 '덕 윤리'(virtue ethics)다. 덕 윤리는 전통적인 규범윤리학의 실패가 '행위'와 '법칙'의 문제에 초점을 맞추었기 때문이라고 진단하고, 윤리학이 '품성'이나 '성향'을 논의의 주제로 삼아야 한다고 주장한다. 그래서 규범윤리학의 핵심적 물음이 "무엇이 도덕적 행위인가?"였다면, 덕 윤리의 물음은 "누가 유덕한 인간인가?"로 바뀌게 된다. 그러나 5장에서 다루려는 것처럼 규범윤리학의 대안으로 제시된 덕 윤리가 실패할 수밖에 없는 이유는 훨씬 더 근원적인 데 있다. 그 이유는 역설적이게도 덕 윤리가 전통적인 규범윤리학과 동일한 본성을 갖기 때문이다. 필자는 이 두 유형의 윤리학이 공통적으로 '좋은 것의 윤리학'이라는 틀 안에 묶여 있다는 점을 지적했다.

그러나 반성적으로 되돌아보면 이러한 곤경은 우리 자신의 현실적 문제라기보다는 이론들의 문제다. 과거의 사람들이 그랬던 것처럼 우리는 여전히 인간적인 갈등과 고민을 안고 여기에 서 있으며, 그러한 불안정한 조건은 결코 근원적으로 제거되지 않을 것이다. 도덕 이론의 성쇠에도 불구하고 '도덕'은 여전히 우리 삶의 핵심적 일부를 이루고 있는 것이다. 이러한 상황은 도덕에 대한 절대주의와 포스트모더니즘 이라는 양극적인 시각을 넘어서서 '도덕적인 것'에 대한 새로운 이해 와 해명이 필요하다는 것을 말해 준다.

도덕 문제에 대한 새로운 해명의 결정적인 계기를 제공한 것은 '제2 세대 인지과학'이라는 학제적 탐구의 급속한 성장이다.[4] 인지과학이 우리에게 중요하게 알려 주는 것은 순수한 '인지'(cognition)라는 차 원에서 볼 때 도덕적 사유가 인지적 과정을 넘어서는 예외적인 위상을 갖지 않는다는 것이다. 물론 오늘날 인지과학이 우리 자신에 관해 알 고 싶어 하는 모든 것을 밝혀낸 것은 아니지만, 지난 세기 후반에 인지 과학이 밝혀낸 새로운 사실들은 과거의 많은 철학적 이론과 가설을 재 검토하고 때로는 거부하기에 충분한 증거를 제공하고 있는 것으로 보 인다. 인지과학의 새로운 경험적 지식은 철학적 문제와 이론들의 부분 적 수정이 아니라 더 근원적인 재고를 요구한다. 필자는 제2세대 인지 과학이 불러온 이러한 철학적 시각의 전환을 '인지적 전환'(Cognitive Turn)이라고 부른다.[5]

---

4 1950년대 마음의 본성에 대한 학제적 탐구로 출발했던 인지과학은 대부분 인지주 의, 기능주의, 계산주의 등의 시각에 묶여 있었다. 그러나 1970년대에 들어 인지 과학이 새로운 국면으로 접어들게 되면서, 우리의 인지가 은유, 환유, 심적 영상, 원형효과 등의 상상적 기제들을 통해 확장된다는 것이 점차 분명해졌다. 이는 우 리의 인지가 본성상 그 확장의 지반으로 환원될 수 없다는 것을 함축한다. 레이코 프와 존슨은 인지과학의 이러한 새로운 변화를 묶어 '제2세대 인지과학'이라고 부른다. 이 책에서 다루고 있는 인지과학은 바로 제2세대 인지과학을 가리킨다. G. 레이코프 · M. 존슨, 『몸의 철학: 신체화된 마음의 서구 사상에 대한 도전』, 임 지룡 외 역 (서울: 박이정, 2002), pp. 128-30 참조.
5 서양철학사에는 이미 두 차례의 커다란 전환이 있었다. 칸트의 코페르니쿠스적 전

이 책은 '신체화된 경험'(embodied experience)의 구조에 대한 '체험주의'(experientialism)의 해명에 의지해서 윤리학의 핵심 주제가 '도덕적 경험'의 문제라는 시각에서 출발한다. 체험주의는 1980년 대에 레이코프(G. Lakoff)와 존슨(M. Johnson)이 창도한 새로운 철학적 흐름으로, 정신주의적 전통의 기본 가정을 거부하고 몸 중심의 새로운 철학적 탐구 방향을 제안한다.

체험주의를 따라 윤리학의 핵심 주제를 도덕적 경험의 문제로 전환하는 것은 처음부터 모든 종류의 도덕적 실재론과의 결별을 함축한다. 우리가 사용하는 모든 도덕적 개념이나 원리는 그 자체로 존재하는 것들의 이름이 아니라 다른 모든 일상적 개념과 마찬가지로 우리 경험의 확장을 통해 주어지는 추상적 층위의 구성물이다. 따라서 그것은 우리가 특정한 개념이나 이론을 어떻게 이해하고 받아들일 것인지에 대한 경험적 해명의 범주를 벗어나지 않는다. 이러한 관점에서 새로운 도덕적 탐구의 핵심적 과제는 일차적으로 도덕적 경험의 본성과 구조에 대한 해명의 문제가 된다.[6]

환은 우리의 인식 구조에 대한 근원적인 시각의 전환을 요구한다. 인식을 비켜서는 철학적 탐구는 없기 때문이다. 20세기 초 언어적 전환은 언어의 본성에 대한 근원적인 시각의 전환을 요구한다. 언어를 비켜서는 철학적 탐구는 없기 때문이다. 인지적 전환은 인지의 본성에 대한 시각의 전환을 요구한다. 이 전환들은 공통적으로 철학적 탐구의 기본 조건에 대한 반성을 요구한다. 차이가 있다면 인지적 전환의 핵심적 동력이 철학의 밖, 즉 경험적 지식의 영역에서 제공되었다는 점이다. 노양진, 『몸이 철학을 말하다: 인지적 전환과 체험주의의 물음』(파주: 서광사, 2013), 1장 참조.

6 이러한 시각의 전환은 일찍이 듀이를 통해서 이루어졌으며, 존슨은 그것을 훨씬 더 구체적인 방식으로 제안하고 있다. Mark Johnson, "How Moral Psychology Changes Moral Theory," in Larry May et al., eds., *Mind and Morals* (Cambridge, Mass.: MIT Press, 1996), p. 66 참조.

인간의 인지 구조에 관한 새로운 경험적 탐구 성과들은 이러한 수많은 물음에 대한 직접적인 답은 아니라 하더라도, 그 물음들에 접근할 수 있는 새로운 통로를 열어 준다. 특히 인지과학의 최근 성과들은 현재와 같은 몸을 가진 유기체인 우리 자신의 조건에 관해 과거에 알려지지 않았던 새로운 사실들을 알려 준다. 이러한 경험적 발견은 우리가 과거에 알지 못했던 인지 작용의 새로운 국면을 드러냄으로써 과거의 철학 이론들이 우리 자신의 인지적 조건, 나아가 경험의 조건에 대한 부적절하거나 그릇된 가정에 근거해서 구성되었다는 사실을 밝혀 준다. 이러한 상황은 도덕적 탐구의 근원적인 방향 전환을 요구하며, 존슨은 이 새로운 방향을 '경험적으로 책임 있는 도덕철학'(empirically responsible moral philosophy)이라는 이름으로 제안한다.[7]

이 책은 존슨의 제안을 따라 도덕적 탐구의 중심 주제들에 관한 구체화된 논의를 담고 있다. 그러나 몇몇 문제와 논의는 체험주의의 기존 논의를 넘어서서 확장된 형태를 띠고 있다. 이 책에서 필자의 논의를 이끌어 가는 새로운 주장은 크게 다음과 같이 세 갈래로 요약할 수 있을 것이다.

첫째, 가치는 경험의 방식이다.

둘째, 규범성의 근거는 경험의 '공공성'(commonality)에 있다.

셋째, 금지의 도덕과 권고의 도덕이 구분되어야 하며, 금지의 도덕이 도덕적 논의의 핵심 주제가 되어야 한다.

---

7 마크 존슨, 『도덕적 상상력: 체험주의 윤리학의 새로운 도전』, 노양진 역 (파주: 서광사, 2008), p. 46 참조. 존슨은 최근에 적절한 도덕 이론이 '지성적인 도덕적 탐구에 대해 심리학적으로 현실적인 해명'을 제시해야 한다고 주장한다. Mark Johnson, *Morality for Humans: Ethical Understanding from the Perspective of Cognitive Science* (Chicago: University of Chicago Press, 2014), pp. 4–5 참조.

한편 이 책을 관통하는 또 하나의 시각은 대체적으로 비트겐슈타인
(L. Wittgenstein)적인 것이다. 비트겐슈타인에 따르면 철학적 탐구의
목적은 새로운 이론이나 체계를 구성하는 데 있는 것이 아니라 세계를
바라보는 새로운 시각을 제시함으로써 인간의 본래적 조건에서 벗어
나 인간의 삶을 부적절하게 왜곡하려는 시도들을 교정하려는 것이다.
비트겐슈타인은 자신의 이러한 접근 방식을 '치유'(therapy)라는 말
로 묶는다. 나아가 치유는 하나의 이론이나 체계가 아니라 일종의 '활
동'(activity)이다.[8]

우리가 흔히 더 나은 삶이라고 말하는 것의 요체는 '균형'에 있으
며, 이러한 관점에서 본다면 철학적 탐구는 이론적이든 실천적이든 불
균형의 교정을 주된 목표로 삼는다. 이러한 시각에서 본다면 이상들을
제시하는 것으로 여겨졌던 과거의 이론들이 사실은 안정된 인간의 삶
을 겨냥하고 있다고 해석할 수 있다. 그러한 것을 넘어서서 유토피아
적 세계를 제시하고 그것을 부추기는 철학적 이론들이 없지 않지만,
그것들은 반드시 인간의 조건에 대한 왜곡이나 변형을 포함한다.

여기에서 '이론의 과도성'이라는 문제가 제기된다. 특히 도덕적 과
도성은 필연적으로 폭력의 위험성을 안게 된다. 도덕적 담론은 인간의
담론이며, 종(種)으로서의 인간의 '크기'에 부합하지 않는 도덕적 이
상은 규제적 이상이 되어 현실의 인간을 억압하기 때문이다. 절대주의

---

8 비트겐슈타인의 이러한 철학관은 자신의 전기와 후기의 철학을 관통하고 있다. 비
   트겐슈타인의 철학은 포스트모던 철학자들, 특히 신실용주의로 구분되는 리오타
   르(J.-F. Lyotard)나 로티(R. Rorty)의 철학에 직접적인 영향을 미쳤다. 그러나
   이러한 유사성에도 불구하고 우리가 비트겐슈타인을 포스트모던 철학자로 부르지
   않는 주된 이유는 비트겐슈타인의 철학이 포스트모더니즘과는 달리 새로운 탐구
   의 방향성을 함축하고 있기 때문이다.

도덕 이론이 제시하는 이론적 꼭짓점에는 인간이 거주할 공간이 없다. 그것은 우리의 철학적 열망을 따라 확장된 은유들로 구성된 가상의 지점이다. 말하자면 꼭짓점은 '우리의 것'이 아니라 '우리가 원하는 것'이다. 이제 우리는 왜 꼭짓점 이론가들이 원하는 것을 우리 또한 원해야 하는지를 물어야 한다.

새로운 꼭짓점이 '도덕적인 것'의 원점이 되었을 때 모든 인간은 그 꼭짓점을 기준으로 삼아 다시 한 번 불완전한 존재로 규정된다. 그렇게 작동하는 규정은 처음 그 이론의 출발점에서는 존재하지 않았던 새로운 형태의 폭력성을 안고 있다. 필자는 다른 책에서 최고선을 가정하는 꼭짓점 이론에 대해 이렇게 기술했다.

> 더 나쁜 것은 최고선을 앞세운 도덕 이론들이 인간을 도덕적으로 만드는 데 기여하기보다는 오히려 특정한 권력을 옹호함으로써 인간을 억압하고 소외시키는 도구로 변질되었다는 점이다. 그것은 단지 시대적 우연이 아니라 경험적 세계를 넘어서려는 사변적 이론이 본성적으로 안고 있는 위험성이다. 사변적 이론이 도달한 최고선은 '우리의 것'이라기보다는 '우리가 원하는 것'이며, 그것이 실제 세계에 대한 해명을 자처하고 나설 때 그에 부합하지 않는 실제 세계의 일부는 억압되거나 소외될 수밖에 없기 때문이다.[9]

꼭짓점 이론들은 공통적으로 우리가 도달해야 할 수렴적인 도덕적 이상, 즉 최고선을 제시한다. 그것이 '좋은 것의 윤리학'의 역사를 이

---

9 노양진, 『몸이 철학을 말하다: 인지적 전환과 체험주의의 물음』(파주: 서광사, 2013), p. 150.

루어 왔다. 이제 '좋은 것의 윤리학'을 포기하면 우리에게 남은 핵심
적인 도덕적 과제는 나쁜 것의 본성을 밝히는 일이다. 필자는 사변적
전통에서 물러선 새로운 윤리학을 '나쁜 것의 윤리학'(ethics of the
bad)이라고 부를 것이다.

제 2 장
경험으로서의 가치

1. 머리말

가치 문제와 관련해서 우리가 넘어서야 할 두 개의 '신화'가 있다. 첫 번째 신화는 가치를 하나의 독립적 실재로 간주함으로써 가치에 사실과 동등한, 때로는 더 높은 존재론적 지위를 부여하는 것이다. '플라톤적'이라고 불리는 이러한 태도의 강렬한 유혹에도 불구하고 근세로부터 20세기로 이어지는 경험주의적 전통은 가치에 대한 존재론적 망령을 떨쳐 내는 데 성공한 것으로 보인다. 그러나 경험주의가 불러온 또 다른 신화가 있다. 그것은 사실과 가치의 엄격한 구분이다. 이 구분의 핵심적 의도는 가치에 관한 학문적 탐구가 불가능하다는 것을 보이려는 것이었다. 그러나 20세기 후반에 들어 제기되기 시작한 집중적 비판 속에서 사실과 가치의 이분법적 구분은 이제 거의 와해된 것으로 보인다.

신화들의 붕괴와 함께 우리는 사실과 가치의 문제를 바라볼 수 있는 더 나은 위치에 서게 된 것은 사실이지만, 그렇다고 해서 사실과 가치의 본성, 그리고 그것들의 관계에 관해 많은 것이 알려진 것은 아니다. 예를 들면 설(J. Searle)은 사실 문장으로부터 출발해서 가치 문장에 이를 수 있는 구체적인 사례를 제시함으로써 매우 적극적인 방식으로 경험주의적 논제를 반박하려고 한다. 그러나 설의 시도가 사실/가치 이분법을 반박하는 데에는 성공적이라 하더라도 그 자체가 사실과 가치의 본성, 그리고 그것들의 관계에 관한 적극적 해명은 아니다. 한편 퍼트남(H. Putnam)은 '내재적 실재론'(internal realism)을 표방한 이래로 사실과 가치가 불가분하게 얽혀 있다는 주장을 통해 사실/가치 이분법을 와해시키는 데 주도적 역할을 하고 있다. 그렇지만 퍼트남의 지속적 논의 또한 그 자체로 가치의 본성에 관한 적극적 해명으로 이어지고 있는 것은 아니다.

필자는 이 글에서 사실과 가치 문제에 대한 경험주의적 접근 방식의 부적절한 가정들을 드러내고, 그것들을 넘어서서 가치의 본성에 대한 새로운 해명이 필요할 뿐만 아니라 가능하다는 것을 제안하려고 한다. 이러한 작업은 특히 지난 세기에 사실과 가치의 문제를 의미론적으로 재구성했던 논리실증주의의 두 가지 그릇된 가정에 대한 비판에서 출발할 수 있다. 사실/가치 문제에 대한 의미론적 접근의 두 가지 그릇된 가정은 사실 문장과 가치 문장이 명확히 구별될 수 있으며, 사실 문장과 가치 문장은 각각 그것들에 대응하는 경험들을 반영하고 있다는 것이다. 이 두 가정에서 벗어나게 되면 우리는 가치 문제를 더 이상 '사실'이라는 가상적 범주와의 관련성 속에서 다루어야 할 이유가 없다는 것을 알 수 있다.

전통적인 신화들과 그릇된 가정들에서 벗어난 가치는 어떻게 접근될 수 있을까? 여기에서 필자는 가치가 사물 또는 사물의 속성이 아니라 우리가 외부 세계와 상호작용하는 방식들, 즉 '경험의 방식들'로 이해될 수 있다고 제안할 것이다. 이러한 구도 안에서 "대상 X에 Y라는 가치가 있다"고 말하는 것은 "우리가 X라는 대상에 대해 Y라는 방식으로 경험한다"는 것을 의미하게 된다. 이러한 시각에서 본다면 가치란 다양한 경험의 방식들을 느슨하게 포괄하는 '언어게임'(language game)의 일종이 될 것이다. 이렇게 이해되는 가치는 우리 경험의 구조에 대한 일반적 해명의 한 부분으로서 경험적인 방식을 통해 탐구될 수 있을 것이다.

2. 가치에 관한 두 가지 신화

가치가 일종의 '실재'(reality)라는 생각은 다분히 플라톤적이다. 플라톤은 현상계의 감각적인 모든 것뿐만 아니라 심지어 우리 생각에 떠오르는 것들에게도 존재성을 부여하려고 했으며, 그러한 희망은 '이데아'(idea)라는 철학적 괴물을 낳았다. 그러나 플라톤적 믿음은 전적으로 플라톤의 것만은 아니다. '사유는 존재다'라는 생각은 플라톤에 훨씬 앞선 고대 그리스인들의 사유 방식을 특징짓는 자연스러운 믿음의 하나였기 때문이다. 물론 플라톤적 전통에 서 있는 철학자들이 가치에 존재성을 부여했던 데에는 바로 가치의 객관성이라는 중요한 문제가 개입되어 있다. 적어도 플라톤에게 이 객관성을 확보하기 위한 가장 확실한 길은 그것의 존재성을 입증하는 것이었다. 플라톤 자신 또한 일상에서 경험하는 현상계에 자신이 원하는 그러한 객관성이 존재하지 않는다는 것을 누구보다도 잘 알고 있었으며, 이 때문에 그는 현상계를 넘어서는 새로운 세계, 즉 이데아의 세계를 구상하게 된다. 가치의 존재성은 플라톤적인 '철학적 열망'이 만들어 낸 거대한 신화다.

수많은 철학자들이 플라톤적 시도에 매료되었으며, 그것은 서양철학사를 통해 하나의 지배적 흐름을 형성했다. 플라톤의 시도는 물론 많은 인간이 이 세계 안에서 공유하는 수많은 현상의 문제 상황을 근원적으로 극복하는 방향을 제시하는 것으로 보였을 것이다. 그래서 흔히 사람들은 이러한 초월적 도약 앞에서 미지(未知)에 대한 두려움보다는 유혹을 느끼고 위안을 찾게 된다. 이러한 형이상학적 욕구는 인간의 원초적 본성의 일부를 이루고 있는 것으로 보인다. 이것이 철학사를 통해 형이상학적 사유가 잠시도 그치지 않고 지배적 주류의 자리를 차지해 온 주된 이유일 것이다.[1]

그러나 형이상학적 초월이 인간의 원초적 욕구라는 점에서 자연스러운 것일 수 있지만, 그것이 초래하는 철학적 혼동의 귀결은 결코 사소한 것이 아니다. 이 혼동은 흔히 독단과 억압을 불러올 수 있기 때문이다. 이러한 위험성은 지난 세기에만도 비트겐슈타인(L. Wittgenstein)과 데리다(J. Derrida)를 통해 매우 급진적인 방식으로 고발되었으며, 그것은 우리가 초월적인 것의 문제로 더 이상 새로운 철학적 논의를 재개하지 않아도 될 만큼 강력했던 것으로 보인다. 비트겐슈타인은 "선하거나 악한 것은 근본적으로 나이며, 세계가 아니다"[2]라는

---

1 여기에서 우리는 플라톤적 사유의 배후에 "중요한 것은 존재한다"는 무비판적 믿음이 자리 잡고 있음을 알 수 있다. 존재의 우선성에 편향된 전통 안에서 어떤 것이 단순히 우리의 '관념'이나 '영상'이라고 말하는 것은 확실성 또는 중요성이 결여된 것으로 이해된다. 이 때문에 어떤 것의 중요성을 드러내는 일차적 과제는 그것이 존재한다는 것을 보이는 일이다. 이러한 태도는 플라톤적 전통에서뿐만 아니라 유가(儒家)나 도가(道家) 같은 동아시아의 철학적 전통 안에서도 마찬가지로 드러난다. 이 문제에 관해서는 좀 더 상세한 별도의 논의가 필요하지만, 존재의 우선성에 대한 믿음은 특정한 이론의 산물이라기보다도 물리적 층위의 경험을 토대로 점차 추상적 층위로 확장되는 우리 경험의 구조에서 비롯되는 '자연스러운' 유적 습관의 하나로 추정된다. 인식 문제는 물론 가치 문제에서도 플라톤적 전통에 속하는 이론들은 그것들이 '존재한다'는 것을 증명하는 데 집중된다. 그러나 이들이 염두에 두고 있는 '존재'가 우리가 일상에서 다루는 존재자들이 아니라 그 배후에 있는 '존재로서의 존재'라고 믿는 데에 함정이 있다.

2 Ludwig Wittgenstein, *Notebooks 1914-1916*, trans. G. E. M. Anscombe, 2nd

말로 가치에 관한 실재론적 믿음을 부정한다. 이들의 반성적 통찰은 공통적으로 철학적 열망에 사로잡힌 사유의 도약이 가치의 본성을 해명하는 데 도움이 되었기보다는, 오히려 가치의 본성을 왜곡하고 나아가 전반적인 철학적 탐구를 혼동에 빠뜨리는 원인이 되었다고 지적한다. 맥키(J. Mackie)의 지적처럼 객관적 가치라는 것 자체의 '기이성'(queerness)에도 불구하고 그것을 집요하게 추구했던 실재론적 시도는 기본적으로 가치의 객관성을 확보하려는 철학적 열망의 표현으로 보아야 할 것이다. 맥키는 이렇게 말한다.

> 만일 객관적 가치가 있다면 그것은 매우 특이한, 즉 우주의 그 어떤 것과도 전적으로 다른 종류의 실체이거나 성질 또는 관계일 것이다. 따라서 만일 우리가 그것들을 알아차린다면 그것은 도덕적 지각이나 직관의 어떤 특별한 능력, 즉 우리가 일반적으로 사물에 대해서 알고 있는 방식과는 완전히 다른 능력일 수밖에 없을 것이다.[3]

가치의 형이상학적 실재성에 대한 거부는 기본적으로 경험주의적 정신에 바탕을 두고 있다. 경험주의자들의 지속적인 비판은 가치의 형이상학적 실재성, 그리고 그것에 근거한 가치의 객관성을 거부하는 데 성공한 것으로 보이지만, 이러한 성공이 불러오는 또 다른 부산물이 있다. 그것은 바로 사실과 가치의 엄격한 구분이다. 사실/가치 구분 문제를 다루는 사람들은 흔히 이 구분의 연원을 흄(D. Hume)에서 찾는다. 흄은 자신이 보아 왔던 모든 도덕 이론이 일상적인 추론 방식으

---

ed. (Chicago: University of Chicago Press, 1979), p. 80.

3 J. 맥키, 『윤리학: 옳고 그름의 탐구』, 진교훈 역 (서울: 서광사, 1990), p. 45.

로 신의 존재를 증명하거나 인간사를 언급하다가 정당한 절차도 없이 '이다/아니다'와 같은 사실 명제에서 '해야 한다/하지 않아야 한다'와 같은 당위 명제로 이행해 가고 있다고 지적한다.[4] 흄은 사실 명제와 당위 명제는 본성상 다른 것이며, 따라서 이러한 추론이 어떤 방식으로든 정당화될 수 없음을 암시하고 있다.

흄의 이러한 구분은 20세기 초반에 분석철학적 논의의 출발점에서 언어적으로 재구성되었는데, 그것은 "가치 문장이 사실 문장에서 직접적으로 추론될 수 없다"라는 논제로 정형화됨으로써 사실 문장과 가치 문장을 구별하는 경험주의의 기본 원리가 되었다.[5] 경험주의자들이 이러한 구분을 바탕으로 윤리학의 운명에 대해 모두 동일한 결론에 이른 것은 물론 아니다. 논리실증주의자들의 이러한 엄격한 태도를 흄적 경험주의의 재구성이라고 말하는 것은 옳지만, 퍼트남의 지적처럼 적어도 사실/가치 문제에 대한 논리실증주의의 의미론적 접근은 이 문제에 관한 한 흄의 주장을 넘어선 극단을 택한다. 논리실증주의는 흄과는 달리 가치 문제에 관한 학적 탐구의 가능성을 원천적으로

---

4 David Hume, *A Treatise of Human Nature*, ed. L. A. Selby-Bigge (Oxford: Clarendon Press, 1951), 3권, 1부, p. 469 참조.

5 흔히 분석철학적 논의 안에서 '사실'과 '당위'(또는 가치)의 혼동을 무어(G. E. Moore)가 말하는 '자연주의적 오류'(naturalistic fallacy)로 받아들이는 것이 일반화되어 있지만, 무어가 지적했던 자연주의적 오류는 이러한 구분과 직접적으로 관련되어 있지 않다. 무어가 직접적으로 언급하는 자연주의적 오류는 일차적으로 '선'(Good)을 자연적 속성의 일종으로 간주하는 오류다. 특히 무어는 『윤리학 원리』 수정판의 「서문」에서 '자연주의적 오류'에 관한 초판의 서술이 혼동으로 가득 차 있음을 스스로 인정한다. 그렇지만 새로운 「서문」에서 추가적 언급에도 불구하고 무어 자신의 원래의 혼동이 여전히 선명하게 제거되지는 않은 것으로 보인다. G. E. Moore, *Principia Ethica*, revised ed. (Cambridge: Cambridge University Press, 1993), 특히 pp. 16-17 참조.

부정하고 있기 때문이다.[6]

　'검증원리'라는 강력한 무기를 앞세운 논리실증주의는 가치의 문제가 사실의 문제와는 전혀 다른 차원의 것이라는 점을 확신시키기에 충분한 것처럼 보였다. 나아가 논리실증주의자들은 가치 문장의 진리치가 객관적으로 검증될 수 없다는 점을 들어 그 '인지적'(cognitive) 가능성을 원천적으로 부정했다. 논리실증주의자들은 가치에 관한 주장이 사실상 화자의 정서나 태도를 표출하는 것에 불과하다고 주장하는데, 이러한 견해를 '정서주의'(emotivism)라고 부른다. 이들의 분석에 따르면 전통적인 의미에서 윤리학적 명제들은 사실상 '무의미한' 것들이다. 사실과 가치의 엄격한 구분은 가치 문제에 대한 지식의 가능성을 부인함으로써 일종의 '회의주의'에 이르게 된다.[7]

　이러한 분석적 정신의 쇄도 앞에 적어도 20세기 전반의 지적 세계에서 도덕 이론은 신학, 미학 등과 함께 거의 황무지나 다름없는 '철학적 실지(失地)'로 남게 되었다. 그러나 분석철학자들의 주장처럼 사실과 가치가 구분된다 하더라도 우리가 여전히 우려하는 것은 그러한 구분이 가치 문제에 관한 진지한 탐구의 가능성을 부정하게 된다는 데

6　흔히 이 구분은 논리실증주의자들이 흄에게서 빌려 온 것으로 알려져 있다. 그러나 퍼트남은 적어도 흄이 사실에서 당위를 추론할 수 없다는 주장을 한 것은 사실이라 하더라도 그가 결코 사실/가치 이분법을 제시했던 것은 아니며, 가치에 대한 탐구가 불가능하다는 주장에 이르렀던 것은 더욱 아니라는 점을 정확히 지적한다. 힐러리 퍼트남, 『사실과 가치의 이분법을 넘어서』, 노양진 역 (파주: 서광사, 2010), 특히 pp. 37-39 참조.

7　Putnam, *Words and Life*, ed. James Conant (Cambridge, Mass.: Harvard University Press, 1994), pp. xxxix-xl 참조. 퍼트남은 가치 문제가 검증 가능성의 영역에서 벗어난다는 점을 들어 가치를 '지식'의 영역에서 전적으로 배제하는 논리실증주의자들의 태도가 부분적이기는 하지만 명백한 '회의주의'의 일종이라고 지적한다.

있다. 가치 문제가 논리실증주의의 탐구 모형에 부합하지 않는다는 것
은 분명하지만, 가치는 여전히 실제적인 삶의 핵심 영역을 차지하고
있으며, 따라서 우리는 여전히 가치의 본성에 대한 진지한 해명을 필
요로 하기 때문이다.

3. 언어적 분석을 넘어서

흄 이래로 경험주의자들은 '검증 가능성' 또는 '추론 가능성'이라
는 기준을 통해 사실과 가치를 구분하는 데 성공한 것으로 보인다. 경
험주의자들의 기본적 의도는 가치에 관한 진술들이 참/거짓으로 판별
될 수 없다는 점을 들어 그것들이 '과학적' 명제가 될 수 없다는 사실
을 입증하는 데 초점을 맞추고 있다. 특히 논리실증주의자들은 사실/
가치 문제를 언어적 형태로 재구성함으로써 매우 복잡하고도 충격적
인 결론으로 나아갔다. 설에 따르면 이 과정에서 논리실증주의자들은
"가치 명제를 보조 전제로 도입하지 않고서 사실 명제에서 직접적으
로 가치 명제가 도출될 수 없다"는 논제를 정형화한다.[8] 적어도 가치
에 관한 이 논리실증주의적 논제는 그 자체로 반박할 수 없을 만큼 매
우 긴밀하고 탄탄해 보인다. 그러나 이러한 엄격한 구분 자체만으로
사실과 가치의 문제가 말끔히 해소된 것은 아니다. 사실과 가치 사이
에 어떤 차이가 있다는 것은 너무나 명백한 사실이지만, 그렇다고 해
서 사실과 가치 사이에 아무런 상관이 없다는 결론이 따라 나오는 것

---

8 John Searle, "Deriving 'ought' from 'is'," in his *Speech Acts: An Essay in the Philosophy of Language* (Cambridge: Cambridge University Press, 1969), p. 184 참조.

은 아니기 때문이다.[9]

이러한 상황에서 설은 사실 문장에서 가치 문장을 도출할 수 있다는 주장을 통해 경험주의적 논제에 정면으로 도전한다. 설은 다음과 같은 일련의 명제들을 사실-가치 추론의 한 사례로 제시한다.[10]

① 존스는 "나는 이렇게 스미스 너에게 5달러를 지불할 것을 약속한다"라고 말했다.
② 존스는 스미스에게 5달러를 지불하겠다고 약속했다.
③ 존스는 스미스에게 5달러를 지불할 의무(obligation)를 졌다.
④ 존스는 스미스에게 5달러를 지불할 의무가 있다.
⑤ 존스는 스미스에게 5달러를 지불해야 한다.

설은 여기에서 제시된 진술들이 모두 함축 관계를 구성하고 있는 것은 아니지만, 그렇다고 해서 단지 우발적인 관계 또는 완전하게 우연적인 관계는 아니라고 주장한다.[11] 그러나 설은 이러한 추론 구조 안에서 사실 문장인 ①로부터 가치 문장인 ⑤에 이르기 위해 또 다른 평가적 진술이나 도덕적 원리가 개입되어야 할 필요가 없다는 점을 지적한다. 설의 이러한 시도는 일견 평가적 진술의 개입 없이 사실 문장에서 가치 문장을 추론할 수 없다는 경험주의적 논제를 반박하는 명백

9   Larry May et al., "Introduction," in Larry May et al., eds., *Mind and Morals: Essays on Ethics and Cognitive Science* (Cambridge, Mass.: MIT Press, 1996), p. 2 참조.
10 Searle, "Deriving 'ought' from 'is'," p. 177 참조.
11 같은 곳 참조.

한 반례처럼 보인다.[12] 그러나 사실상 이러한 시도는 다음과 같은 몇
가지 측면들을 고려할 때 중요한 문제점을 안고 있다.

첫째, 설은 이러한 논증을 구성하는 데 전형적인 사실 문장들만을
사용하고 있다. 그러나 여기에서 제기되는 핵심적 물음은 그 문장들을
따라가는 동안 경험의 방식 또한 사실적인 차원을 따라 움직이는가 하
는 것이다. 예를 들어 ②와 ③의 관계를 살펴보면 이 점은 분명해진
다. 이 두 문장은 분명히 형태상 사실 문장이라고 할 수 있다. 그러나
②에서 ③으로 적절히 이행하기 위해서는 암묵적인 또 하나의 전제,
즉 설 자신이 제시하는 것처럼 "모든 약속은 스스로에게 약속된 일을
하겠다는 의무를 지우는 행위다"라는 추가적 전제가 필요하다.[13] 설은
이 문장이 동어 반복적(분석적)이며 따라서 불필요한 전제일 뿐이라
고 주장하지만, 이러한 전제를 받아들이는 것을 포함해서 ②에서 ③
으로 이행하기 위해서는 비명시적이라 하더라도 우리의 사고가 사실
경험에서 가치 경험으로 이행해 가야만 한다. 적어도 외형상 설이 제
시하고 있는 모든 문장은 사실 문장이기는 하지만, 그 문장들의 배후
에 수반되어야 하는 사고의 이행이라는 측면을 설은 의도적으로 무시
하고 있는 것으로 보인다.

둘째, 여기에서 설이 사용하는 '추론'이라는 말의 의미에 대한 섬세
한 검토가 필요하다. 왜냐하면 만약 그가 말하는 '추론'이 고전적인
형식논리적 의미에서의 추론이라면, 그것은 원천적으로 또 다른 난점
을 안게 될 것이기 때문이다. 형식논리적 의미에서 추론이란 한 명제

---

12 설은 이어서 자신의 시도에 대해 제기된 핵심적 반론들을 7가지로 나누어 하나
하나 검토하고 있으며, 그의 대응은 대체적으로 성공적인 것으로 보인다. 같은
책, pp. 188-97 참조.
13 같은 책, p. 179 참조.

에서 산술적으로 확립된 경로를 따라 다른 명제를 도출하는 것이다. 여기에서 제시된 설의 사례는 우리에게 일반적으로 알려진 연역추론이나 귀납추론이 아니며, 종종 추가적으로 언급되는 가설법(abduction)의 한 형태도 물론 아니다. 일관성 있는 경험주의자의 시각에서 볼 때 설의 추론은 원천적으로 정당한 추론이 아니다. 설은 이 사례를 통해 제3의 추론 형식을 제안하고 있는가? 만약 그렇다면 설은 여기에 제시된 자신의 사례를 정당화할 수 있는 새로운 추론 모형을 확립해야 하는 더 큰 어려움을 안게 된다.

셋째, 설의 사례가 엄격한 경험주의적 논제를 반박하는 데 성공적이라 하더라도 설이 제시하는 추론이 다른 모든 사실 문장이나 가치 문장에 적용 가능한 방식으로 일반화될 수 있을 것인지의 문제가 여전히 미해결의 숙제로 남게 된다. 설은 ①과 같은 수행문에서 출발하고 있는데, 그러한 문장이 모든 사실 문장을 대변하지는 않기 때문이다.[14] 예를 들어 "내장산 가을 단풍이 붉다"라거나 "소금은 짜다" 등과 같은 일상적인 서술 문장에 대해서도 과연 설의 모형이 적절하게 적용될 것인지는 불분명하다. 즉 설이 제시하는 경우의 특수성을 벗어나면 이러한 설의 시도가 모든 문장에 적절히 적용될 수 있을 것이라는 보장이 없다.

만약 설의 시도가 지닌 이러한 난점들이 모두 제거된다고 하더라도 그것이 사실과 가치의 실질적 관계, 나아가 가치의 본성에 관해 새로운 무엇을 함축하는지는 여전히 불분명하다. 이러한 관점에서 우리는

---

14 설 자신의 지적처럼 이 논증에서 제시되고 있는 사실은 원초적 사실(brute fact)이 아니라 제도적 사실(institutional fact)이며, 설의 논증의 주된 목적은 가치에 관한 경험주의적 논제가 '제도적 사실'을 다루는 데 부적절하다는 점을 드러내는 것이다. 같은 책, pp. 184-85 참조.

사실과 가치의 문제에 대한 대안적 해명을 위해서 설의 분석의 한계들을 넘어서는 좀 더 근원적인 접근이 필요하다는 것을 알 수 있다. 우선 우리는 여기에서 설의 시도가 경험주의적 논제에 대한 논리실증주의자들의 의미론적 재구성이라는 구도 안에 묶여 있다는 사실에 주목할 필요가 있다. 논리실증주의의 의미론적 분석은 다음과 같은 두 가지 그릇된 가정에 근거하고 있다. 먼저 의미론적 분석은 한 문장이 사실 문장 또는 가치 문장으로 아무런 문제없이 명확하게 구분될 수 있을 것이라고 가정한다. 둘째, 의미론적 분석은 사실과 가치 문제의 핵심적 본성이 언어적 재구성을 통해 적절하게 드러날 것이라고 가정한다. 즉 그것은 사실 문장과 가치 문장이 각각 사실 경험과 가치 경험을 일대일 대응하는 방식으로 반영한다고 가정하는 것이다.

먼저, 사실 문장과 가치 문장이 명확하게 구별될 수 있을 것이라는 가정은 어떤 문장들이 '좋다' '옳다' '아름답다' '바르다' 등과 같은 명백한 가치 술어들을 포함하고 있다는 매우 평범한 생각에서 비롯되었을 것이다. 그러나 우리의 판단은 결코 그처럼 쉽게 구분되지 않는다. 다음 경우를 보자.

① 내 연구실에 갈색 탁자가 하나 있다.
② 이 탁자는 표면이 매끄럽지 않다.
③ 이런 탁자를 사지 않아야 한다.

①은 '전형적으로' 사실을 기술하는 문장처럼 보인다. 그러나 ②와 ③은 직접·간접적으로 가치 평가를 함축한다. 그러나 이러한 구분은 특정한 문장 형태 때문이 아니라 그 문장이 함축하는 문장 외적 요소들에 의해 결정된다. ②를 가치 문장으로 이해하기 위해서는 탁자에

대한 보조적 정보가 필요하다. 그 문장에 사용된 어떤 단어도 독립적으로 가치를 결정해 주지 않는다. 심지어 ①도 상황에 따라 가치 문장으로 이해될 수 있다. 예를 들어 나에게 두 개의 탁자가 필요한 상황이라면 한 개의 탁자가 있다는 사실은 매우 부정적인 상황을 의미한다.

　여기에서 한 문장이 사실 문장인지 가치 문장인지의 문제가 그것들이 기술하는 대상 또는 그 문장들 자체에 의해 독립적으로 결정되는 것이 아니라 그 문장들이 사용되는 맥락 또는 상황에 의해 결정된다는 것을 알 수 있다. 나아가 맥락이나 상황은 지금 이야기되고 있는 탁자뿐만 아니라 그 문장의 사용자인 우리 자신의 목적과 의도, 그리고 주변적 조건들을 포괄하는 형태로 이루어진다.[15] 마찬가지로 사실 문장과 가치 문장을 구별하는 근거도 그것이 사실을 기술하는가 아니면 가치를 기술하는가의 문제가 아니라 우리가 세계와 상호작용하는 방식들의 문제라고 해야 할 것이다. 우리는 동일한 대상 — 물리적이든 추상적이든 — 에 대해 사실적으로 경험하거나 가치적으로 경험할 수 있기 때문이다. 마찬가지로 우리는 동일한 문장을 사실적으로도 가치적으로도 해석할 수 있다. 이것은 언어 기호인 문장들의 구분이 사실과 가치를 구분하는 도구로서 적절한 것이 아니라는 사실을 말해 준다.

　요약하면 문장들은 사실 문장과 가치 문장으로 명확하게 구별되지 않으며, 한 문장은 그것과 관련된 다양한 경험을 일의적으로 결정하지도 못한다. 경험과 문장이 일대일로 대응하지 않기 때문이다. 사실과 가치의 본성에 대한 의미론적 분석은 처음부터 이처럼 부적절한 가정들에 의존하고 있었으며, 그것들은 사실과 가치의 본성에 대해 새로운

15　이 문제에 관한 좀 더 상세한 논의는 노양진, 「지칭에서 의미로」, 『몸 · 언어 · 철학』 (파주: 서광사, 2009) 참조.

것을 해명해 주었다기보다는 오히려 이 문제의 본성에 대한 우리의 이해에 혼란을 불러왔을 뿐이다.

4. 경험의 방식으로서의 가치

오늘날 논리실증주의의 사실/가치 이분법에 대해 가장 집요한 비판을 제기하는 철학자는 퍼트남이다.[16] 사실/가치 이분법에 대한 퍼트남의 지속적인 공격은 사실과 가치가 처음부터 불가분하게 얽혀 있다는 주장을 중심으로 제기된다. 그는 자신의 이러한 생각을 최근에 "가치와 [규범]의 틀을 벗어나서는 어떤 사실에 관한 판단도 불가능하다"[17]는 말로 표현한다. 우리는 퍼트남의 이러한 주장의 요체를 '사실의 가치 의존성'(value-ladenness of fact)이라는 논제로 집약할 수 있을 것이다. 퍼트남은 자신의 이러한 주장의 뿌리를 전통적인 미국의 실용주의에서 찾는다.[18] 퍼트남은 실용주의자들의 생각을 빌려 우리의 개

---

16 퍼트남은 1981년의 『이성 · 진리 · 역사』(*Reason, Truth and History*)에서 전개된 '내재적 실재론'(internal realism) 이래로 2002년의 『사실과 가치의 이분법을 넘어서』(*The Collapse of the Fact/Value Dichotomy*)에 이르기까지 거의 모든 저술을 통해 지속적으로 사실/가치 이분법에 대한 비판을 제기하고 있다.

17 힐러리 퍼트남, 「내적 실재론의 기수 퍼트남: 김여수와의 대담」, 김광수 역, 『철학과 현실』(1991 여름), pp. 215–16.

18 Putnam, *Words and Life*, p. 152 참조. 퍼트남은 미국의 실용주의를 하나의 이론이 아니라 일련의 철학적 논제들의 다발로 간주하는데, 그가 실용주의에서 특히 주목하는 것은 '반회의주의'(antiskepticism), '오류주의'(fallibilism), 사실/가치 이분법의 거부, '실천'의 우선성 등이다. 이러한 퍼트남의 생각은 최근의 저작에서도 큰 변화 없이 유지되는데, 그의 논의는 대부분 사실/가치 이분법의 부적절성에 초점이 맞추어져 있으며, 적어도 사실 또는 가치의 본성에 관한 구체적인 논의의 방향성을 제시하지는 못하고 있는 것으로 보인다. 퍼트남, 『사실

념들이 경험의 산물이며, 따라서 철학자들이 가정하는 순수한 개념, 나아가 순수한 구분이란 존재하지 않는다는 점을 강조한다. 이것은 특정한 구분을 겨냥한 것이라기보다는 흔히 가정되는 '구분'이라는 생각 자체의 순수성에 대한 비판이다.

퍼트남의 제안처럼 듀이(J. Dewey)의 시각을 따라 살펴보면 사실/가치 이분법에는 논리실증주의적 가정을 넘어서는 더 깊은 뿌리가 있다. 먼저 논리실증주의가 중시했던 사실 문장의 일차적 기능은 세계의 사태에 대한 객관적 기술이다. 그러나 로티(R. Rorty)가 지적했던 것처럼 객관적 진술이라는 발상은 '표상주의'(representationalism)라고 불리는 근세의 인식론적 태도의 무비판적 연장일 뿐이다.[19] 표상이라는 구도는 인식 대상과 인식 주관을 분리하는 근세 인식론의 그릇된 가정에 근거하고 있다. 이러한 구도 안에서 주관은 이 세계에서 전적으로 분리된 순수한 데카르트적 마음을 가리키며, '사실'이란 이러한 인식 주관에게 주어진 인식 내용을 말한다. 그러나 순수한 마음으로서의 인식 주관은 데카르트적 몸/마음 이원론이 낳은 이론적 가상일 뿐이다. 우리는 결코 데카르트가 가정했던 것처럼 순수하지 않다.

논리실증주의가 가정했던 '사실'이란 우리의 다양한 주관적 관심들이 배제된 중립적 기술의 내용을 의미한다. 즉 '사실'이란 실제로 주어진 어떤 것을 가리키는 적극적 범주가 아니라 우리의 다양한 관심들이 배제된 인식 내용이라는 가상적 범주라고 할 수 있다. '사실'이 그 자체로 존립하는 것도 아니며, '사실 문장'이 독립적으로 존재하는 것도 아니다. '사실' 또는 '사실 문장'이란 우리의 다양한 언어 활동의

과 가치의 이분법을 넘어서』, pp. 86-87 참조.

19 리처드 로티, 『철학 그리고 자연의 거울』, 박지수 역 (서울: 까치, 1998), p. 11 참조.

일부로서 우리가 고안한 언어게임의 일종이다. 그것이 가치라는 범주와 대등하거나, 나아가 대립적으로 설정되어야 하는 이유는 처음부터 매우 불투명하다.

이러한 관점에서 사실/가치의 이분법은 그 성격상 라일(G. Ryle)이 데카르트의 몸/마음 이원론의 문제로 지적했던 '범주 오류'(category mistake)의 한 유형이다.[20] 사실과 가치는 원천적으로 대등한 범주들이 아니며, 이분법적으로 구획되는 범주들은 더더욱 아니다. 바꾸어 말하면 사실/가치 이분법은 논리실증주의자들의 이론적 필요에 의해 정형화된 가상의 구도일 뿐이다. 동시에 그 이분법은 '사실'이라는 가상적 범주에 대한 편향적 강조에서 비롯된 것이며, 이것은 듀이가 이원론의 가장 심각한 문제로 지적했던 '선택적 강조'(selective emphasis)라는 오류의 전형적 사례다.[21]

'사실'이라는 가상적 범주가 포기되면 논리실증주의가 제기했던 사실과 가치의 관계 문제는 더 이상 실질적인 문제일 수 없다. 오히려 더 중요한 문제는 사실과의 대립적 관계라는 가상에서 벗어나서 '가치'라고 불리는 것의 구조와 본성을 새롭게 밝히는 일이다. 만약 가치가 하나의 실재도 아니고 그 실재의 속성도 아니라면, 과연 가치는 무엇일까? 이 물음에 대해 필자가 제안하려는 것은 '가치'가 특정한 경험의 방식들을 묶어 주는 이름이라는 것이다. 이러한 경험에는 우리의 다양한 의도나 욕구, 관심 등이 반영될 것이다. 의도나 욕구, 관심은

---

20 길버트 라일, 『마음의 개념』, 이한우 역 (서울: 문예출판사, 1994), 특히 pp. 19-22 참조.

21 John Dewey, *Experience and Nature: The Later Works 1925-1953*, Vol. 1. ed. Jo Ann Boydston (Carbondale, Ill.: Southern Illinois University, 1988), p. 31 참조.

우리의 현재와 같은 몸의 조건에서 직접 발생하며, 나아가 그것들은 그러한 조건으로부터 확장되는 추상적 활동 능력, 즉 마음의 활동에서 발생한다. 이러한 사실은 가치 경험에 부가되는 것이 대상 세계의 어떤 추가적 사태가 아니라 우리 경험의 방식 문제라는 것을 말해 준다.[22] 즉 가치의 문제는 외부 대상의 속성 또는 문장의 속성이 아니라 우리가 특정한 대상이나 사태를 이해하고 경험하는 방식의 문제다.

이러한 시각에서 "X는 가치가 있다" 또는 "X에는 Y라는 가치가 있다"라는 문장은 "우리는 X에 대해 Y라는 방식으로 경험한다"라고 번역될 수 있다. 이때 '경험'이란 물리적 대상은 물론 추상적 대상과의 모든 상호작용을 포괄한다. 가치 있는 것에 대한 전형적인 상호작용 방식으로 그것을 원하거나 원하지 않는 것, 존경하거나 존경하지 않는 것, 획득하거나 획득하지 못하는 것 등을 들 수 있는데, 우리는 그러한 상호작용의 대상들을 '가치 있다'고 부르는 것이다.[23] 그것들의 섬세

22　길병휘 교수는 사실/가치 문제에 관한 의미론적 접근의 부적절성을 지적하고 설의 '지향성' 개념을 축으로 가치 문제에 접근하는데, 이 점에서 필자와 매우 유사한 시각을 갖고 있는 것으로 보인다. 그는 "인식 판단의 대상이 되는 것 모두가 가치 판단의 대상이 된다. 세계 속에서 벌어지고 존재하는 사물, 사실, 사건, 사태 등 모든 것이 가치 판단의 대상이 될 것"이라고 말한다. 길병휘, 『가치와 사실』 (서울: 서광사, 1996), 특히 p. 189 참조. 그러나 사실과 가치의 본성을 설이 제시하는 지향성의 충족 조건의 적합 방향과 병렬적으로 구분하는 것은 지나치게 성급한 도식적 접근 방식일 뿐만 아니라 사실과 가치의 문제를 또 다른 이분법적 구분 안에 묶어 두는, 원치 않는 귀결을 낳게 될 것이다. 예를 들면 추상적 층위의 가치들의 경우 '세계 → 마음'의 적합 방향을 갖지 않을 수도 있다. 오히려 가치 경험은 두 갈래의 적합 방향으로 모두 주어질 수 있는 것으로 보인다.

23　아마도 필자의 이러한 제안은 흔히 가치에 관한 주관주의의 일종으로 오해될 수 있다. 이러한 맥락에서 주관주의의 옹호자였던 페리(R. B. Perry)의 논의를 상기해 둘 필요가 있을 것이다. 페리는 가치가 태도, 선호, 욕구, 성향 등을 포괄하는 '관심'(interest)의 대상이라는 생각을 중심으로 주관주의적 가치 이론을 대변한다. 페리는 "가치 있는 것은 관심이 주어진 것"이라는 정식화를 통해 관심이

하고 정연한 목록을 만드는 것은 불가능해 보인다. 대신에 그러한 다양한 상호작용 방식들은 비트겐슈타인이 말하는 '가족유사성'(family resemblance)에 의해 느슨하게 묶일 수 있으며, 그것들이 한데 묶여 '가치'라는 '언어게임'을 형성한다.[24] 언어게임으로서의 가치는 결코 일의적으로 분석되거나 정의되지 않을 것이다. 그렇다고 해서 무어 (G. E. Moore)가 생각했던 것처럼 그것을 인식하는 데 '직관'이 요구되는 것은 아니다. 그것은 경험적으로 관찰되고 기술될 수 있을 것이기 때문이다.

가치가 경험의 방식이라는 생각을 가로막아 왔던 것 중의 하나는 많은 경우에 사람들이 실제로 유사한 가치 경험을 공유한다는 사실일 것이다. 이 때문에 사람들은 흔히 경험의 방식이 우리 자신에 의해서 결정된 것이 아니라 외부 대상의 객관적 속성에 의해 결정된 것이라고 생각하기 쉽다. 때로 이들은 모든 맥락에서 완전히 벗어난 맥락 중립적 경험이 가능하다는 주장으로까지 나아가기도 한다.[25] 이러한 주장

가치의 원천이며 준거라는 점을 분명히 한다. 그러나 여기에서 페리는 가치를 가치 대상과 주체 사이에 성립하는 일종의 '관계'로 규정함으로써 애매한 입장을 유지한다. 그는 기본적으로 가치가 상대적이라는 점을 인정하지만, 객관적 가치 평가를 위한 척도를 제시할 뿐만 아니라 최종적인 도덕적 합의 가능성을 모색함으로써 충분히 상대주의적 입장으로 나아가지 못하고 있다. Ralph B. Perry, "Value as Any Object of Any Interest," in Wilfrid Sellars and John Hospers, eds., *Readings in Ethical Theory*, 2nd ed. (Englewood Cliffs, N.J.: Prentice-Hall, 1970), 특히 pp. 138–39 참조.

24 루트비히 비트겐슈타인, 『철학적 탐구』, 이영철 역 (서울: 책세상, 2006), 특히 67–68절 참조.

25 이 때문에 무어나 로스(W. D. Ross) 같은 철학자는 가치가 정의되거나 입증될 수 없지만 '직관'에 직접적으로 주어지는 어떤 것이라고 제안했다. G. E. Moore, *Principia Ethica*; W. D. Ross, *The Right and the Good*, ed. Philip Stratton-Lake (Oxford: Clarendon Press, 2002/original ed. 1930) 참조.

은 '가치의 객관성' 이라는 열망에 묶여 가치의 본성에 대해 새로운 것
을 알려 주기보다는 오히려 그 본성을 은폐하는 결과를 낳았다. 철학
적 열망을 따라 구성된 이론들은 본성상 위험한 것일 뿐만 아니라 실
제적인 가치 경험에서 드러나는 다양한 변이들을 적절히 해명할 수 없
다는 데 문제가 있다. 오히려 우리는 가치가 경험의 한 방식이라는 사
실을 받아들이고, 그러한 경험의 구조에 대한 해명을 통해 사람들과
문화들 간에 드러나는 유사성과 함께 다양한 변이들의 공존 구조를 설
명할 수 있는 가능성을 찾아야 할 것이다. 이러한 시각에서 본다면 우
리는 객관주의가 주목하는 가치 경험의 유사성의 뿌리를 대상 세계의
객관성이 아니라 우리의 경험 조건의 유사성에서 찾아야 한다.

　가치 경험의 내면적 구조에 관해서 우리는 아직 확정적인 해명의
방식을 갖고 있지 않다. 그러나 지금까지의 논의를 통해 우리는 이 문
제에 관한 해명이 초월적인 방식은 물론이고 의미론적인 방식으로도
결코 적절하게 이루어질 수 없다는 것을 알 수 있다. 여기에서 우리는
적어도 가치 경험의 본성에 대한 탐구가 경험 일반의 구조에 대한 해
명에서 벗어나야 할 이유가 없다는 점을 지적할 수 있다. 즉 가치의 본
성에 대한 해명은 특별한 방법을 요구하는 것이 아니라 다른 모든 것
에 대한 탐구와 마찬가지로 우리가 신뢰할 만한 방법을 통해 이루어져
야 한다. 그것이 바로 듀이가 제안하는 자연주의적 방법이다.

　　인간이 살아가고 있는 세계에 대한 인간의 믿음, 그리고 그의 행위를 이
　　끌어 가야 하는 가치들과 목적들에 대한 그의 믿음들 사이의 통합과 협력
　　을 복구하는 문제는 현대의 삶에서 가장 심각한 문제다. 그것은 그러한 삶
　　으로부터 고립되지 않은 모든 철학의 문제다.[26]

가치를 경험의 한 방식으로 받아들이는 것은 가치의 객관성 문제에
관해 매우 새로운 시각을 요청할 것이다. 특정한 언어 집단의 가치 평
가 체계는 적어도 그 집단 내에서 '객관적' ― 이러한 객관성은 부분적
객관성이다 ― 일 수 있으며, 그러한 한에서 규범성을 갖는다. 이러한
'객관성'을 '보편적 객관성'으로까지 확장하려는 노력은 결코 성공하
지 못했으며, 또 실제적인 가치 경험에 대한 왜곡이나 억압이 없이는
결코 성공하지 못할 것이다. 가치의 객관성을 주장하는 사람들은 아마
도 수많은 문화 집단이 유사한 가치 체계를 갖는다는 점을 그 근거로
들지도 모른다. 그것은 사실일 수 있지만 그렇다고 해서 가치가 전적
으로 객관적이라는 결론으로 나아가기에 충분한 근거가 될 수 없다.
가치 경험이 상대적이라는 경험적 증거는 실제로 그보다 더 많기 때문
이다.[27]

　가치를 경험의 한 방식으로 받아들이면 가치의 객관성 문제와 관련
된 우리의 핵심적 과제는 경험의 어떤 층위에서 어느 정도까지의 공공
성(commonality)이 존재하는지를 밝히는 일이다. 그것은 객관주의
철학자들이 그랬던 것처럼 가치들의 서열을 보여 주는 가치표를 구성

26　Dewey, *The Quest for Certainty: The Later Works, 1925–1953*, Vol. 4(1929),
　　ed. Jo Ann Boydston (Carbondale, Ill.: Southern Illinois University Press,
　　1984), p. 204.

27　가치의 객관성에 대한 지속적 추구의 배후에는 흔히 도덕적 객관성의 확보라는
　　객관주의적 요청이 자리 잡고 있다. 가치들이 상대적이라는 주장은 도덕적 가치
　　의 객관성을 거부하는 것이며, 그것은 객관주의자에게는 도덕적 회의주의를 불
　　러올 수 있는 불길한 예고다. 그러나 이러한 객관주의적 견해는 도덕 현상에 대
　　한 경험적 관찰에 근거하기보다는 대부분 도덕의 객관성 확보라는 요청에 기울
　　어 있다. 경험의 구조에 관한 최근의 이론들에 따르면 우리의 경험은 기본적 층
　　위에서부터 대상 세계와의 상호작용을 통해 이루어지며, 따라서 대상 세계는 그
　　자체의 모습으로 우리에게 주어지지 않는다. 도덕적 경험 또한 예외일 수 없다.

하는 문제가 아니라 경험의 다양한 층위에서 발생하는 다양한 가치의
상호 관계를 밝히는 일이다. 이 문제와 관련해서 '신체화된 경험'의
구조에 관한 체험주의(experientialism)의 해명은 주목할 만한 해명의
실마리를 제공한다. 체험주의는 우리의 경험을 신체적/물리적 층위와
정신적/추상적 층위의 경험으로 구분하는데, 그것은 각각 자연적 경
험과 기호적 경험을 말한다. 체험주의는 모든 기호적 경험이 자연적
경험으로부터 은유적으로 확장되어 나타나며, 동시에 자연적 경험에
의해 강하게 제약되어 있다고 주장한다.[28]

이 구분을 따라 가치들 또한 자연적 층위의 가치들과 그것들로부터
은유적으로 확장되어 나타나는 추상적 층위의 가치들로 구분해 볼 수
있다. 이러한 구도 안에서 가치들은 상대적으로 자연적 층위에서 더
큰 공공성을 드러낼 것이며, 추상적 층위에서 더 다양한 변이를 드러
낼 것이다. 즉 가치 경험에서 드러나는 실제적 공공성은 '종' (種)으로
서 인간이 공유하는 경험의 공공성 문제로 설명되어야 할 것이다. 따
라서 다수의 문화 집단이 유사한 가치 체계를 갖는다고 하더라도 그것
은 '객관적 가치'가 존재한다는 사실을 증명하는 것이 아니라 오히려
그 집단들이 유사한 경험의 방식을 공유하고 있다는 것을 보여 주는
것으로 해석될 수 있다. 가치 탐구에서 더 중요한 실질적 과제는 다양
한 문화가 어떤 가치들에 관해서 더 폭넓은 합의에 도달하는지를 밝히
는 것이다.

이러한 구조는 가치에 대한 객관주의적 해명이나 극단적인 상대주

---

28 마크 존슨, 『마음 속의 몸: 의미, 상상력, 이성의 신체적 근거』, 노양진 역 (서
    울: 철학과현실사, 2000) 참조. 또한 자연적 경험과 기호적 경험의 중층적 구조
    에 관한 더 상세한 논의는 노양진, 「개념체계의 신체적 기반」, 『몸·언어·철학』
    (파주: 서광사, 2009) 참조.

의적 해명이 왜 부적절한지를 보여 준다. 우리는 문화의 차이에도 불구하고 몇몇 가치가 중요한 정도로 공유되는 것을 실제로 관찰할 수 있다. 객관주의자들은 흔히 이러한 사실을 근거로 모든 가치가 객관적이거나 보편적이라고 주장하거나, 나아가 그 가치들에 본질적인 우선성을 부여하려고 한다. 그러나 이러한 사실이 객관주의자가 가정하는 가치의 객관성이나 보편성을 보장해 주는 것은 아니며, 가치가 우리와 독립적으로 존재한다는 것을 증명해 주는 것은 더더욱 아니다. 반면에 가치의 객관주의에 반대하는 철학자들은 가치의 실제적인 상대성을 들어 가치에 대한 진지한 탐구 자체가 불가능하다는 극단적 주장으로 나아간다. 논리실증주의는 가치 문제에서 이러한 극단의 길을 선택했다.

가치를 경험의 방식으로 받아들이면 가치는 두 가지 측면에서 객관적이지 않다. 한편으로 가치는 우리 밖의 사물도 아니며, 또 그 사물에 속하는 속성도 아니라는 점에서 객관적이지 않다. 다른 한편으로 가치를 포함한 모든 의미 현상이 상호주관적이지 않다는 의미에서 가치는 또다시 객관적이지 않다. 이 때문에 가치의 객관성을 옹호하려고 했던 이론들은 가치의 본성을 경험의 일부로 묶어 둘 수 없었을 것이다. 경험주의자들은 가치가 객관적일 수 없다는 점을 드러내는 데는 성공적이었지만, 그 사실을 바탕으로 가치에 대한 진술이 무의미하다거나 가치의 본성에 대한 탐구가 불가능하다는 그릇된 독단으로 나아가게 되었다. 가치가 경험의 한 방식이라는 생각을 받아들인다면 우리에게는 여전히 제3의 길이 열려 있다. 그것은 듀이의 권고를 따라 가치라고 불리는 경험의 본성에 대해 결코 완결되지 않은, 그러나 더 풍부한 자연주의적 해명을 시도하는 길이다.

5. 맺는말

사실과 가치의 문제는 논리실증주의자들의 사실/가치 이분법이라는 구도 안에서 의미론적으로 다루어짐으로써 그 문제의 중요한 본성이 대부분 가려져 왔다. 경험주의자들이 가정하는 사실 문장/가치 문장 구분은 그 자체로 명확하게 이루어지지 않으며, 동시에 이 구분이 경험의 실질적 작용 방식을 정확히 반영하고 있지도 않다. 논리실증주의자들의 시도는 경험의 해명이라는 차원보다는 자신들의 철학적 기획을 옹호하기 위해 이 구분을 유지해 왔던 것으로 보인다. 그 기획이란 가치 탐구를 '지식'의 영역에서 제거하려는 것이었다. 이들의 시도에 특수한 철학적 의도가 개입되어 있다는 사실은 사실적 해명이라고 주장하는 이들의 작업에 역설적이게도 이미 가치적 태도가 내재되어 있다는 것을 말해 준다. 적어도 논리실증주의가 가정했던 '사실'이라는 범주는 논리실증주의의 철학적 기획의 전반적인 부적절성과 함께 거부될 수 있을 것으로 보인다.

이처럼 '사실'이라는 가상적 범주가 거부된다면 가치의 문제는 더 이상 사실과의 이분법적 구분 안에서 탐구되어야 할 이유가 없다. 사실이라는 이분법적 짝을 벗어 버린 가치는 이제 어떻게 탐구되어야 하는가? 가치가 존재하는 것의 이름도 아니고 대상의 속성도 아니라면 우리에게 남은 유력한 선택은 가치를 경험의 한 방식으로 받아들이는 것이다. 즉 가치는 우리가 외부 세계와 상호작용하는 다양한 방식들을 가리키고 있으며, 따라서 가치의 본성에 대한 탐구는 경험의 구조에 대한 포괄적 탐구의 일부가 되어야 한다.

여기에서 우리가 주목해야 할 것은 가치 문제에 대한 과거의 탐구들이 가치의 객관성 문제를 중심으로 이루어져 왔다는 점이다. 즉 가치의 객관성을 옹호하려는 시도들은 가치의 소재를 우리를 넘어선 지점에 설정하려고 시도했으며, 극단적인 경험주의자들은 가치의 객관성을 부정함으로써 가치 문제에 대한 회의주의에 이르게 되었다. 이두 갈래의 극단을 피하는 제3의 길은 객관성이라는 선결된 목표를 버리고 우리가 '가치'라고 부르는 것과 관련된 우리의 사고와 행위를 좀더 진지하게 관찰하고 그 구조와 특성을 해명하는 것이다. 그것은 가치라는 개념의 정의를 발견하는 문제가 아니라 가치라고 불리는 경험의 구조를 해명하는 일이며, 또한 그것은 다른 모든 영역에서의 탐구와 마찬가지로 자연주의적 탐구를 통해서 가장 성공적으로 이루어질수 있을 것이다.

제 3 장
규범성의 자연주의적 탐구

1. 머리말

  '규범성'(normativity)은 자연 세계의 물리적 사실이 아니라 우리 경험의 한 방식이다. 규범성은 강제성과 함께 우리의 일상적 삶의 핵심적 부분을 차지한다. 규범적 주장들은 우리의 믿음과 욕구에 대해 '~해야 한다' 또는 '~하지 않아야 한다' 라는 형태의 강제성을 동반하며 우리의 도덕적 삶의 기본적 조건을 이룬다. 규범성의 이러한 명백한 현실성에도 불구하고 그 힘의 원천이 어디인지에 대해 우리는 아직 명확한 이론을 갖고 있지 않다. 그러나 모든 도덕 이론은 규범성의 원천에 대한 특정한 가정을 필요로 하며 그 가정에 따라 매우 다른 성격의 도덕 이론들이 전개된다.

  과거의 많은 이론은 이 특별한 힘의 원천을 초월적 세계에서 찾으려고 했다. 이러한 시도들은 모두 우리의 경험적 탐구가 멈추는 지점에서 이루어진다는 점에서 초월적일 수 있다. 그러나 초월적 시도들은 그 원천의 존재를 입증하지 못할 뿐만 아니라 그 원천이 우리와 접속되는 방식 또한 적절하게 제시하지 못한다는 점에서 우리의 물음을 충족하지 못한다. 이 때문에 오늘날 우리는 규범성의 원천을 초월적인 것에서 찾으려는 시도들에 대해서 더 이상 진지한 논쟁을 벌이지 않아

도 될 만큼 충분한 철학적 반성의 역사를 갖고 있다. 이러한 반성에 주
도적 역할을 했던 것은 물론 경험주의다. 그러나 이러한 경험주의적
반성의 귀결이 반드시 우호적인 것만은 아니다. 경험주의는 규범적인
것들의 인지적 근거를 문제 삼아 그 학문적 지위를 원천적으로 거부했
으며, 그것은 규범적인 것들에 대한 전반적 회의주의로 이어졌기 때문
이다. 이러한 상황에서 규범적인 것에 대한 경험주의의 회의주의적 귀
결에서 벗어나려는 철학자들에게 여전히 규범적인 것을 옹호할 수 있
는 가장 매력적인 후보로 주목받는 것은 '이성'이다.

　이 장에서는 이성을 규범성의 원천으로 규정하려는 퍼트남(H. Put-
nam)과 코스가드(C. Korsgaard)의 최근 논의를 비판적으로 검토하
고, 이성을 규범성의 근거로 옹호하려는 이들의 논의가 규범성의 본성
에 관한 우리의 실질적인 물음에 대한 성공적인 답이 될 수 없다는 것
을 보일 것이다. 즉 새로운 논의 방식에도 불구하고 이들의 논의의 핵
심적 골격은 여전히 전통적인 이성 개념에 의존하고 있으며, 이 때문
에 이성 개념 자체에 대한 급진적 비판 앞에서 취약한 것이 될 수밖에
없다. 즉 이들의 논의는 모두 "이성은 규범적이며, 따라서 규범적인
것은 이성적인 것"이라는 순환적 구조를 벗어나지 못하고 있다. 이성
주의자들은 규범성이라는 철학적 수수께끼를 해결하기 위해 또 다른
철학적 수수께끼인 '이성'에 의지하고 있는 것이다.

　아마도 규범성의 인지적 본성에 관해 완결된 해명을 제시하는 일은
근원적으로 불가능한 일일 것이다. 대신에 우리는 우리가 '규범적인
것들'을 이해하고 행동하는 방식들에 관해 좀 더 면밀하게 관찰하고
기술함으로써 규범성이라는 매우 특수한 경험의 본성에 관해 보다 적
절한 이해에 접근할 수 있을 것이다. 이러한 접근을 위해 필자가 주로
의지하려는 것은 우리 경험의 구조에 대한 체험주의(experientialism)

의 새로운 해명이다. 체험주의는 최근의 경험과학적 탐구 성과들을 적극적으로 수용함으로써 우리 경험에 대한 포괄적인 해명을 시도한다. 여기에서 우리가 주목할 만한 것은 이러한 체험주의의 시각에 따르면 규범적 경험 또한 여전히 우리의 인지 과정의 일부라는 사실이다. 이러한 체험주의적 시각을 통해 필자가 제안하려고 하는 것은 우리가 경험적으로 확인할 수 있는 규범성의 궁극적 뿌리가 '종(種)으로서의 인간이 공유하는 경험의 공공성'이라는 점이다. 규범적인 것의 본성에 대한 이러한 자연주의적 해명은 이성주의적 접근의 순환성을 극복하면서도 경험주의의 회의주의적 귀결을 넘어섬으로써 도덕 이론들의 본성에 관한 새로운 탐구의 방향을 열어 줄 수 있을 것이다.

2. 규범적인 것의 자리

우리는 흔히 특정한 방식으로 판단하고 행동하도록 강요받는다. 우리는 수많은 규범적 믿음을 갖고 있으며, 그것들은 우리의 일상적 사고와 행위를 규정한다. 이러한 믿음은 때로 실질적인 이익을 포기하게 하며, 그것이 실행되지 않았을 때 외적으로는 물론 내적으로도 충돌과 갈등을 불러온다. 이러한 경험은 우리의 도덕적 삶을 규정하는 핵심적 요소이며, 더욱 중요하게는 도덕 이론을 구성하는 출발점이 된다. 따라서 규범성의 본성에 대한 탐구는 도덕 이론의 본성에 대한 탐구와 밀접하게 맞물려 있다.

그러나 이처럼 도덕 이론들의 근거를 이루고 있는 규범성의 학문적 운명은 매우 거친 것이다. 규범적인 것이 자연적 경험의 일부가 아니라는 사실에 대해 전통적인 이론들은 이성주의와 경험주의라는 두 갈래의 극단적 태도로 양분되어 왔다. 경험주의의 핵심적 주장은 규범적 명제들이 사실적 명제들에서 추론될 수 없다는 것이며, 따라서 인지적 근거를 가지 못한다는 것이다. 논리실증주의를 통해서 드러난 것처럼 규범적인 것에 대한 극단적 경험주의의 귀결은 일종의 회의주의다. 반면에 이성주의는 규범성이 경험적 언어를 통해 환원주의적으로 분석될 수 없다는 점을 들어 규범성, 나아가 이성의 초월성을 옹호하려고 한다. 그러나 이성주의의 이러한 시도는 규범성을 자연화하려는 지금까지의 몇몇 주된 시도가 실패했다는 것을 드러내는 데 성공했다 하더라도 규범성의 본성을 해명하는 데 어떤 새로운 기여도 하지 못한다. 이성주의의 시도는 지금까지 우리에게 주어진 경험적 분석의 한계를 드러내는 데 성공적일 수 있지만 그 자체로 규범성의 본성을 해명하고 있는 것은 아니기 때문이다. 그래서 완고한 이성주의자들의 정교한 논의에도 불구하고 규범성은 여전히 이성이라는 외피에 가려진 채 해명되지 않은 어떤 것으로 남아 있다.

사실상 규범성을 다루는 전통적 이론들 대부분은 규범성을 주어진 어떤 것으로 받아들였으며, 이 때문에 규범성의 근원에 대한 비판적 물음을 묻는 대신에 특정한 출발점을 가정하고, 그것에 근거해서 구체적으로 수용해야 할 개별적 규범들을 제시하는 데 집중했다. 규범성의 학문적 위상에 대한 가장 강력한 도전은 경험주의에서 온다. 흄(D. Hume)은 지성(understanding)이 도덕적 경험을 충분히 설명할 수 없으며, 따라서 모든 규범적인 것에 도덕적 감정이 개입된다고 주장했다.[1] 물론 이러한 주장은 보편적 도덕원리의 수립이 불가능하다는 것

1　David Hume, *Enquiries concerning Human Understanding and concerning the Principles of Morals*, ed. L. A. Selby-Bigge, 3rd ed. (Oxford: Clarendon Press, 1975), 특히 Appendix 1 참조.

을 함축한다.

칸트(I. Kant)는 지성만으로 도덕원리가 수립될 수 없다는 흄의 경험주의적 주장에 동의할 수밖에 없었겠지만, 그렇다고 해서 보편적 도덕원리의 수립이 전적으로 불가능하다는 회의주의적 결론에 동의할 수는 없었을 것이다. 칸트의 이러한 희망을 대변하고 있는 것이 바로 '순수실천이성'이다. 그러나 도덕적인 것에 대한 칸트의 이러한 확고한 믿음에도 불구하고 그 근거로서 제시된 실천이성의 본성은 여전히 선험적인 것으로 남아 있으며, 그것은 이후 경험주의자들의 비판의 핵심적 표적이 된다.

어떤 법칙이 도덕적인 것이라면, 다시 말해서 그것이 책무(obligation)의 근거로서 타당하려면 절대적 필연성을 수반해야 한다. ······ 책무의 근거는 여기에서 인간의 본성 또는 인간이 처한 환경에서 찾아지는 것이 아니고, 단지 순수이성의 개념들 안에서 선험적으로(a priori) 찾아져야 한다.[2]

앞의 논의로부터 모든 도덕적 개념이 그 위치와 기원을 완전히 선험적으로 이성에 두고 있다는 것이 분명해졌다. ······ 그것들은 어떤 경험적인, 따라서 우연적인 지식에서도 추출될 수 없다. 그 기원의 이러한 순수성 안에 우리에게 최고의 실천 원리들로서 작용하는 바로 그 훌륭함이 있다. 또한 거기에 경험적인 것이 그것들에 부가되는 만큼 그것들의 참된 영향이 감소되며, 상응하는 행위들의 절대적 가치가 감소된다.[3]

---

2 H. J. Paton, *The Moral Law: Kant's Groundwork of Metaphysic of Morals* (London: Hutchinson, 1948), 389.

3 같은 책, 441.

20세기에 들어 흄의 경험주의적 정신을 이어받은 논리실증주의자들은 또다시 사실과 가치가 엄격하게 구분되어야 한다는 '흄의 법칙'을 되살리며, 규범적인 것의 학문적 위상에 대한 비판을 재개한다. 논리실증주의자들과 이들에게서 강하게 영향을 받은 일단의 철학자들은 규범적 진술의 진위 검증이 불가능하며, 따라서 의미 자체가 결여되어 있다고 주장한다. 이들의 분석에 따르면 도덕적 언어는 기술적 의미를 갖지 않으며, 대신에 화자의 정서(태도)를 표출하거나 청자의 정서(태도)를 유발할 수 있을 뿐이다. 에이어(A. J. Ayer)나 스티븐슨(C. L. Stevenson) 등이 주도했던 이러한 견해는 흔히 '정서주의'(emotivism)라고 불리는데, 이 견해에 따르면 규범적인 것들은 근원적으로 학적 탐구의 대상으로서 부적절하거나 불가능한 것으로 거부된다.[4]

물론 경험주의자들의 이러한 비판은 과거 규범적인 것을 다룬 이론들의 기본적 가정에 대한 문제 제기라는 측면에서 강력한 것이지만, 그 자체로는 규범적인 것의 원천에 대해 어떤 새로운 해명을 제시하는 것은 아니다. 따라서 그것은 규범적인 것, 나아가 도덕적 규범들에 대한 안정적 지식의 수립에 관한 한 회의주의로 귀착될 수밖에 없다. 오늘날에도 정서주의에 반대하고 이성을 통해 규범적인 것의 근거를 확보하려는 이성주의적 시도는 지속되지만, 이성의 존재를 선험에 호소할 수밖에 없는 어려움은 칸트 이래로 한 치도 더 나아지지 않은 것으로 보인다. 카울바하(F. Kaulbach)는 그 어려움을 이렇게 표현한다.

실천이성은 공통적으로 사유하고 말하는 것에 대해 현전해 있다. 그럼

---

4   알프레드 J. 에이어, 『언어 · 진리 · 논리』, 송하석 역 (서울: 나남, 2010); C. L. Stevenson, *Ethics and Language* (New Haven, Conn.: Yale University Press, 1944) 참조.

에도 이 이성은 '대상적으로' 기술될 수 없으며, 경험적으로 주어진 규범으로서도 확인할 수 없다.[5]

　여기에서 우리가 주목해야 할 것은 규범적인 것에 대한 전통적인 이론들의 대립적 논의가 보편적 도덕원리의 수립 가능성에 초점이 맞추어져 있다는 점이다. 즉 우리는 보편적 도덕원리를 수립할 수 있거나 도덕적 회의주의에 빠져들게 될 것이라는 이분법적 갈등이 두 진영을 선명하게 갈라놓고 있는 것이다. 경험주의자들은 규범적인 것들이 보편성을 갖는 정당한 지식의 조건에 부합하지 않거나 아예 불가능한 것으로 배척한다. 반면에 이성주의자들은 규범적인 것에 대한 경험주의적 분석이 도덕적 회의주의를 불러올 것이라고 우려한다. 이 때문에 경험주의의 환원적 분석이 본래적으로 도달할 수 없는 영역, 또는 그 분석 자체를 가능하게 하는 지반이 되는 어떤 영역을 옹호하려고 하는 그 자리에 바로 '이성'이 자리 잡고 있다. 이러한 이성을 통해 이성주의자들이 추구하는 것이 '가정된 보편성'의 궁극적 지반이라는 점에는 의문의 여지가 없다. 이러한 시각의 교차 속에서도 여전히 명백한 것은 규범적인 것이 여전히 우리의 현실의 일부로 존재하며 우리의 삶을 규정한다는 사실이다.

　이러한 규범성의 본성에 관한 하나의 완결된 이론은 원천적으로 주어지지 않을 것이다. 그러나 오늘날 급속히 성장하는 경험과학적 탐구 성과들은 전통적인 이론들이 미궁처럼 남겨 두었던 부분에 대한 새로운 접근의 길을 열어 준다. 특히 인지과학의 성장은 우리의 마음의 기

5　F. 카울바하, 『윤리학과 메타윤리학』, 하영석 · 이남원 역 (서울: 서광사, 1995), pp. 16-17.

원과 작용을 해명하는 데 결정적인 증거들을 제시한다. 즉 우리의 마음은 몸의 활동의 특수한 확장적 산물이며, 따라서 몸에서 분리된 순수한 마음은 존재하지 않는다는 것을 보여 준다. 규범적인 것들에 대한 우리의 경험 또한 이러한 해명에서 벗어나야 할 이유가 없다. 물론 경험과학적 해명이 규범성의 본성을 완결된 형태로 해명할 수는 없겠지만, 그것은 적어도 과거의 견해들이 이 문제에 관해 무엇을 간과하고 있는지를 선명하게 보여 줄 수 있을 것이다. 규범적인 것의 본성에 대한 해명이라는 측면에서 본다면, 그 본성을 초월적인 이성에서 찾으려는 이성주의적 논의도 그것에 관한 경험주의적 회의주의와 마찬가지로 하나의 '이론'이라기보다는 오히려 이론의 부재를 말해 주는 징표다.

3. 이성과 규범성

도덕 이론의 출발점으로서 규범성의 원천을 이야기하는 철학자 대부분을 사로잡고 있는 것은 '객관주의'라는 철학적 신화다. 번스타인(R. Bernstein)은 객관주의를 "합리성이나 인식, 진리, 실재, 선, 옳음 등의 본성을 결정하는 데 궁극적으로 호소할 수 있는 영원하고 초역사적인 어떤 기반이나 구조 틀이 존재하며, 존재해야 한다는 기본적인 확신"[6]이라고 규정한다. 그것은 물론 도덕 문제에서도 예외가 아니다. 이러한 객관주의적 열망과 그러한 원리가 현실 세계에서 발견될 수 없

---

6 리처드 번스타인, 『객관주의와 상대주의를 넘어서: 과학과 해석학 그리고 실천』, 정창호 외 역 (서울: 보광재, 1996), p. 25.

을 것이라는 회의적 믿음의 충돌은 도덕 이론가들을 '초월'로 이끌어 갔다. 지난 한 세기 동안 제기되었던 거센 비판을 감안할 때 오늘날 철학적 논의에서 이러한 형이상학적 접근 방식에 대한 진지한 논의의 짐을 더 이상 짊어져야 할 이유는 없는 것으로 보인다. 형이상학적 미련이 가라앉은 이후에도 객관성을 추구하는 서구의 철학자들을 여전히 집요하게 붙들고 있는 신화의 원천은 '이성'이다. 이성의 역사는 물론 형이상학의 역사만큼이나 길지만, 이성주의는 형이상학보다도 훨씬 더 강한 생명력을 갖고 있는 것으로 보인다.

20세기 후반에 들어 광범위하게 확산된 포스트모던 철학자들의 급진적 논의를 통해 이성주의 자체가 심각한 도전에 직면했지만 몇몇 영향력 있는 철학자는 여전히 완고한 이성주의적 태도를 유지한다. 하버마스(J. Habermas), 데이빗슨(D. Davidson), 퍼트남(H. Putnam), 설(J. Searle) 등이 모두 여기에 속한다. 오늘날 광범위하게 확산되어 가고 있는 상대주의적 논의에 비추어 기든스(A. Giddens)는 이들이 "물길을 거슬러 헤엄을 치고 있다"[7]고 말한다. 오늘날의 지적 흐름에 비추어 본다면 이들은 소수이며 과거 철학자들의 이성 개념에서 대폭 후퇴함으로써 수세적 태도를 유지하는 것은 사실이지만, 이성 자체에 대한 이들의 믿음은 여전히 완고해 보인다. 여기에는 물론 소홀히 지나칠 수 없는 중요한 이유가 있다. 즉 우리는 실제로 규범적인 것을 경험하는 존재이며, 여기에는 우리가 공유하는 최소한의 공통 지반이 필요하기 때문이다. 이성주의는 그것이 바로 '이성'이라고 주장하는 것이다.

---

7 Anthony Giddens, "Reason without Revolution?: Habermas's Theorie des kommikativen Handelns," in Richard Bernstein, ed., *Habermas and Modernity* (Cambridge, Mass.: MIT Press, 1985), p. 97.

퍼트남은 「이성은 왜 자연화될 수 없는가?」라는 논문에서 '규범적 인 것'의 철학적 위상을 다루고 있다. 그는 이 논문에서 진화론적 인 식론과 신빙성(reliability) 이론 등 인식론을 자연화하려는 일련의 핵 심적 시도들을 비판적으로 검토하며, 이들의 시도에도 불구하고 여전 히 남게 될 규범적인 것의 불가피성을 역설한다. 직접적인 언급은 찾 을 수 없지만 퍼트남은 규범적인 것에 대한 옹호가 이성에 대한 옹호 가 된다고 가정하는 것으로 보인다. 퍼트남은 이렇게 말한다.

> 만약 인식적이든 (형이상학적) 실재론적이든 모든 옳음 개념이 제거된 다면 우리의 모든 진술은 소음이 아니고 무엇이겠는가? 우리의 사고는 그 저 웅얼거림이 아니고 무엇이겠는가? 규범적인 것의 제거는 정신적 자살 시도다.[8]

규범적인 것의 의미 가능성을 원천적으로 부정하는 제거적 유물론 자에 대한 이러한 퍼트남의 반박은 그 자체로 옳은 것이다. 그러나 그 렇다고 해서 규범적인 것을 이성적인 것과 동일시하려는 그의 시도가 정당화되는 것은 아니다. 퍼트남은 규범적인 것을 이성적이라고 부르 고 있으며, 따라서 이성은 규범성을 갖는다고 말하고 있기 때문이다. 그러한 이성 개념은 여전히 순환적이며, 따라서 왜 규범적인 것을 이 성적이라고 불러야 하는가라는 물음은 여전히 답해지지 않고 있다.

퍼트남은 이성이 내재적이면서도 초월적이라고 주장한다.[9] 여기에

8 Putnam, "Why Reason Can't Be Naturalized?" in his *Realism and Reason: Philosophical Papers 3* (Cambridge: Cambridge University Press, 1983), p. 246.
9 같은 논문, p. 234 참조.

서 초월성이란 물론 우리가 우리의 활동이나 제도들을 비판하는 데 사용하는 규제적 관념으로서의 초월성이다. 퍼트남에 따르면 모든 유물론적 시도에도 불구하고 우리는 여전히 우리의 믿음을 옳거나 그른 것으로 평가해야만 하며, 그것은 바로 '규범적인 것'의 불가피성을 말해 준다고 주장한다. 그것은 다시 이성의 존재를 부인할 수 없다는 것을 의미한다. 그러나 여기에서 주목해야 할 것은 이러한 이성 개념 자체가 규범적이라는 점이다. 즉 퍼트남에 따르면 우리는 허무주의에 빠지지 않기 위해서 이성을 '인정해야만 한다'. 만약 우리가 왜 그래야만 하는가라고 되묻는다면 퍼트남은 그것이 우리가 이성적 존재라는 사실을 인정하기 위해서 선택할 수밖에 없는 길이라고 답할 것이다. 이러한 주장은 규범적인 것이며, 이것은 다시 이성 개념에 근거해서만 정당화될 수 있다.

이러한 퍼트남의 이성 옹호는 그 기본적 의도에서 하버마스의 시도와 유사하다. 하버마스는 자신의 사회 비판 이론의 규범적 근거를 확보하기 위해 의사소통 행위를 분석한다. 그는 모든 비판이 그 근거를 가져야 한다고 보며, 이러한 관점에서 오늘날 유럽을 중심으로 성행하는 포스트모던 철학자들이 자신들의 비판의 근거를 다양하게 은폐한 채로 '현대성'의 핵심 개념들을 비판하고 있다고 본다. 하버마스는 스스로 이러한 비판의 정당성에 문제를 제기하고, 비판을 위한 규범성의 근거를 밝히려고 시도한다. 이러한 시도는 '보편화용론'(universal pragmatics)을 통해 매우 정교하게 전개되는데, 이렇게 해서 하버마스가 도달한 의사소통의 궁극적 근거가 바로 '의사소통적 합리성'(communicative rationality)이다.[10] 즉 하버마스에게 의사소통적

---

10 Jürgen Habermas, *Communication and the Evolution of Society*, trans.

합리성은 비판 자체가 가능하기 위해서 우리가 인정해야만 하는 궁극적 지반인 셈이다. 그러나 이렇게 해서 드러내는 합리성의 본성은 사실상 하버마스가 가정하는 '이상적 담화 상황'에 도달하기 위한 기본적 조건들 이상의 것이 아니다. 그것은 사실상 인간이라는 종(種)이 의사소통 행위를 위해 공유하는 '공적 조건'일 따름이며, 그것을 여전히 '이성'이라는 이름으로 부르는 것은 서구 지성사를 이어온 이성주의라는 지적 전통의 좀 더 세련된 표현일 뿐이다.[11]

유사한 맥락에서 최근에 코스가드는 규범성의 원천에 관해 매우 세련되고 섬세한 논의를 제시하고 있는데, 그녀의 논의는 주로 칸트적 도덕 이론의 옹호와 보완적 재해석의 형태로 이루어진다.[12] 코스가드는 규범성의 원천에 관한 근세 도덕철학자들의 견해를 크게 '주의론'(voluntarism), '실재론'(realism), '반성적 승인'(reflective endorsement), '자율성'(autonomy)의 네 갈래로 나누어 검토하고, 칸트의 자율성 이론을 여타의 견해들이 안고 있는 난점을 극복할 수 있는 유력한 대안으로 옹호한다. 앞의 두 견해에 대한 코스가드의 비판은 사실상 오늘날 철학자들 대부분이 공유할 수 있을 정도로 평이한 것들이다.

주의론은 규범의 강제성이 신적 권위 또는 구성원들의 합의에 의해 부여된 권위 등에 의해 정당화된다고 보는 견해다. 그러나 이러한 견

Thomas McCarthy (Boston, Mass.: Beacon Press, 1979) 참조.

11 이 문제에 관한 더 상세한 논의는 노양진, 「이성의 이름」, 『몸·언어·철학』 (파주: 서광사, 2009) 참조.

12 Christine Korsgaard, *The Sources of Normativity* (Cambridge: Cambridge University Press, 1996) 참조. 이하 이 책의 인용은 영어본의 쪽수를 제시한다./ 우리말 번역은 『규범성의 원천』, 강현정·김양현 역 (서울: 철학과현실사, 2011) 참조.

해는 왜 우리가 우리 밖의 특정한 입법자의 권위를 인정해야 되는지의 물음에 대해 최종적인 답을 제시하지 못하고 무한 배진에 빠져드는 난점이 있다. 우리 밖에 존재하는 권위의 실체를 증명할 수 없기 때문이다. 실재론은 이러한 난점에 대해 부분적인 답변이 되는 것처럼 보인다. 실재론에 따르면 도덕적인 것들의 원천인 객관적 가치, 이성, 의무 등이 그 자체로 우리의 밖에 독립적으로 존재하기 때문이다. 무어(G. E. Moore)나 네이글(T. Nagel) 등의 실재론자들은 직관에 호소하는 방식으로 본유적으로 선한 것이 존재한다는 입장을 취한다. 그러나 이러한 실재론은 어떤 행위나 의무, 목적이 본유적으로 정당화된다는 확신이 전제되지 않고서는 적절하게 성립하지 않는다는 데 난점이 있다.[13]

한편 코스가드가 '반성적 승인'이라고 부르는 견해는 인간의 자연적 본성 안에서 규범성의 뿌리를 찾으려는 입장이다. 코스가드는 흄, 밀(J. S. Mill), 윌리엄스(B. Williams) 등을 이러한 견해의 지지자로 들고 있는데, 코스가드는 이 견해가 규범성의 원천을 우리 자신 안에 설정한다는 점에서 앞의 두 견해에 비해 진일보한 것이라고 본다. 주의론과 실재론이 도덕적 권위의 원천을 우리 밖에 설정함으로써 그것들의 정당화 문제를 영구 미제의 숙제로 남겨 둔 반면, 반성적 승인은 그 정당화의 문제를 우리 안으로 옮겨 온 것이다. 코스가드는 도덕적 판단에서 반성적 평가와 판단 능력의 중요성을 인정하지만, 모든 반성이 항상 보편적 도덕 법칙을 보장해 주지 않는다는 사실에 주목한다. 따라서 보편적으로 수용 가능한 도덕원리의 수립을 위해서는 반성적 승인 이상의 것이 필요하다. 나의 지속적 반성은 나에게 성공적인 도

---

13 같은 책, pp. 90-91 참조.

덕적 준칙을 제공할 수도 있지만, 그것이 항상 보편성을 보장해 주는 것은 아니기 때문이다.

여기에서 코스가드는 칸트의 자율성 이론의 구도 안에서 오늘날 제기되는 상대주의적 논의들에 대응하려고 시도한다. 코스가드는 다양한 실천적 정체성에 따라 다양한 책무(obligations)가 생겨난다는 사실을 인정한다. 우리는 각자의 특성, 상황, 처지 등에 따라 다른 정체성을 가질 수 있으며, 그에 따라 다양한 책무를 갖게 된다. 다양한 실천적 정체성에 의해 주어지는 책무들은 우연적이며, 따라서 상대적일 수 있지만, 그 모든 책무의 공통 지반으로 '인간성'(humanity)이 전제되어야 한다는 코스가드의 논증은 최근 급속히 확산되고 있는 상대주의적 논의들에 대한 직접적 대응이라고 할 수 있다. 상대주의가 불러오는 난점은 잘 알려진 것처럼, 상대주의적 분기를 무제약적으로 허용할 경우 그 변이들 사이에 궁극적 판단의 기준을 잃게 되며, 따라서 지적 · 도덕적 허무주의에 이르게 될 것이라는 점이다.

코스가드의 논의의 초점은 다양한 정체성에서 비롯되는 다양한 책무가 공통 지반으로 인간성을 전제하고 있다는 것이며, 거기에서 우리의 도덕적 정체성이 성립한다고 주장한다. 나아가 우리는 이러한 우리의 도덕적 정체성을 인정하기 위해 인간성의 가치를 인정해야만 한다는 것이다. 그것이 바로 보편성의 근거가 된다. 코스가드는 이렇게 말한다.

이처럼 인간성 자체의 가치는 모든 인간적 선택 안에 암시되어 있다. 만약 전적인 규범적 회의주의를 피하려고 한다면, 즉 만약 행위의 근거 같은 것이 존재한다면 모든 근거와 가치의 원천으로서의 인간성이 그 자체로 평가되어야만 한다.[14]

결국 우리가 우리 자신의 본성을 인정하지 않는 한, 즉 우리 자신에게 가치를 부여하지 않는 한 어떤 것도 규범적인 것이 될 수 없다. 반성은 가치들의 규범성이 우리가 특정한 종류의 동물, 자율적인 도덕적 동물이라는 사실에서 비롯된다는 것을 보여 준다.[15]

우리가 예상할 수 있는 것처럼 코스가드의 이러한 논증의 핵심적 의도는 "만약 우리가 무엇인가를 평가한다면, 또는 만약 우리가 어떤 실천적 근거들의 존재를 인정한다면 인간성을 목적 자체로 평가해야만 한다"[16]는 것을 보이려는 것이다. 그러나 엄밀한 의미에서 코스가드는 하나의 새로운 논증을 구성하거나 새로운 사실을 알려 주기보다는 순환적인 요청을 되풀이하고 있을 뿐이다. 즉 우리의 도덕이 의미 있는 방식으로 성립하기 위해서 요청되는 것들을 제시하고 있는 것이다. 그래서 코스가드는 자신의 이러한 논증이 초월론적(transcendental)이라는 사실을 스스로 부인하지 않는다.[17] 이 때문에 코스가드의 논의는 정작 인간성을 구성하는 실질적 요소는 무엇이며, 그것이 왜 우리에게 규범성을 주는지에 관해서 아무것도 새롭게 알려 주지 않는다. 물론 코스가드는 인간성을 구성하는 핵심 요소가 '이성'이라고 답할 것이다. 그러나 정작 이성이 무엇인가라는 물음 앞에서 코스가드의 복잡한 논의는 칸트에서 한 걸음도 더 나아가지 못하고 있다.[18]

---

14 같은 책, p. 122.
15 같은 책, p. 165.
16 같은 책, p. 125.
17 같은 책, pp. 123, 125 참조.
18 코스가드는 이성주의적 전통이 가정하는 것처럼 보편성과 객관성의 뿌리를 이성이라고 간주한다. 코스가드가 규범성의 원천으로 지목하는 이성은 물론 칸트에 따르면 스스로에게 책무를 부과하는 능력이다. 그러한 능력은 물론 사적일 수

코스가드의 논의는 과거의 이론들을 통해 진지하게 물어지지 않았던 규범성의 원천이라는 문제의 중요성에 대해 우리의 관심을 환기하며, 이 물음에 대한 섬세한 접근은 과거의 도덕 이론들의 성격을 새로운 시각에서 비추어 볼 수 있게 해 준다. 코스가드는 규범성의 원천에 대한 근세의 다른 시도들에 비해 칸트적 대답이 더 큰 설득력을 갖는다는 점을 드러내는 데 집중하며, 적어도 그 부분에서 성공적인 것으로 보인다.

그러나 규범성의 원천을 칸트적 이성에서 찾으려는 코스가드의 시도는 사실상 우리의 근원적 물음에 대해 아무것도 새롭게 알려 주지 않는다. 칸트는 이성의 관점에서 인간을 규정하며, 코스가드는 반성적 행위 가능성의 근거로서 인간성을 규범성의 원천으로 지목한다. 그러나 칸트적 이성이 규범성의 원천이라고 말하는 것은 칸트적 이성 개념이 규범성을 포함하고 있다는 것 이상을 말해 주지 않는다. 바꾸어 말하면 이성이 규범성의 원천이라고 말함으로써 이성이라는 개념에 새롭게 규범성을 부과하는 것에 불과하며, 그것은 하나의 수수께끼를 또 다른 미해결의 수수께끼로 떠넘기는 일일 뿐이다. 그래서 코스가드가 규범성에 대해 물었던 것과 똑같은 물음을 우리는 또다시 이성이라는 개념에 대해 물을 수 있다. 바로 이것이 규범성의 원천에 관해 우리가 과거든 현재든 이성주의에게서 들을 수 있는 이야기의 마지막 지점이다.

없다. 코스가드는 그것을 비트겐슈타인이 생각했던 '언어'와 유사한 것으로 비유하면서 사적 언어가 불가능한 것처럼 사적 이성도 불가능하다고 말한다. 이러한 주장에 따르면 이성은 본성상 공적이다. 그러나 이러한 논의가 칸트적 이성의 한계를 극복해 주는 것은 물론 아니다. 같은 책, pp. 138-39 참조.

4. 경험으로서의 규범성

규범성의 원천에 대한 탐구는 그것을 바탕으로 구성되는 도덕 이론
의 성격과 운명을 결정한다. 규범성의 원천을 이성에서 찾으려는 일련
의 시도들은 '이성'의 본성이 적절하게 해명되지 않는 한 규범성의 본
성에 대해 아무런 실질적인 것도 알려 주지 않는다. 앞서 살펴보았던
것처럼 퍼트남의 논의는 이성을 자연화하려는 최근의 일련의 시도들
— 특히 진화론적 접근이나 신빙주의적 접근 — 이 왜 부적절한지를
드러내는 데 성공적인 것으로 보인다. 요약하면 이러한 자연주의적 시
도들은 이성이 본성적으로 갖는 규범성을 적절하게 해명할 수 없다는
것이다. 부분적인 수정을 가한 것이라 하더라도 칸트적 구도를 옹호하
려는 코스가드의 시도 또한 퍼트남과 유사한 이성주의적 시각을 공유
하고 있다. 그러나 이들의 논의가 규범성의 본성에 대해 새로운 것을
알려 주는 것은 아니며, 규범성에 대한 자연주의적 탐구 자체를 근원
적으로 봉쇄하는 것은 더더욱 아니다.

이성을 규범성의 원천으로 설정하는 이성주의자들의 일차적 관심
사는 보편적 도덕원리의 수립 가능성 문제다. 이 문제와 관련해서 이
성주의자들은 이성만이 도덕적 회의주의를 피할 수 있는 유일한 보루
라고 믿고 있다. 즉 만약 우리가 보편적 도덕원리의 수립 가능성의 근
거를 갖지 못하면 결과적으로 도덕적 회의주의에 빠지게 된다는 것이
다. 이러한 시각에서 본다면 이성을 자연화함으로써 그 규범적 근거를
붕괴시키려는 일련의 시도들은 바로 도덕적 회의주의를 불러오는 위
험한 일이다. 그러나 보편적 도덕원리라는 철학적 이상을 접어 두고
규범적인 것을 다시 바라본다면 문제는 전혀 다른 양상을 띠게 된다.
듀이(J. Dewey)에 따르면 이러한 이성주의적 우려는 오히려 규범적

인 것이 자연적 사실과 엄격하게 분리된 것이라는 근거 없는 철학적 편견에서 비롯된 것이다. 그래서 듀이는 규범적인 것에 대한 자연주의적 탐구가 가능하며 또 필요한 것이라고 주장한다.

> 따라서 물리학, 화학, 역사학, 통계학, 공학 등은 인간이 살아가는 조건과 작용(agencies)을 이해할 수 있게 해 주는 한에서 전문적인 도덕적 지식의 일부다. 도덕학은 분리된 영역이 아니다. 그것은 인간적 맥락 안에 위치한 신체적 · 생물학적 지식이며, 그것은 거기에서 인간 활동을 계몽하고 인도한다.[19]

듀이의 이러한 시각은 최근 체험주의의 확장적 논의를 통해 훨씬 더 섬세한 방식으로 옹호되고 있다. 체험주의는 최근 급속히 성장하는 인지과학의 경험적 증거들을 적극적으로 수용함으로써 우리의 경험에 대한 포괄적인 해명을 시도하는데, 이것은 규범적인 것의 본성을 밝히는 데 매우 중요한 계기를 제공한다. 체험주의의 형성에 주도적 역할을 하고 있는 존슨(M. Johnson)은 '몸의 중심성'이라는 논제를 통해 우리 경험에 대한 포괄적 해명으로 나아간다.[20] 즉 우리의 경험은 몸, 그리고 몸의 활동들에서 출발하여 그것들을 토대로 점차 추상적인 층위로 확장되며, 이 과정에서 모든 층위의 경험은 신체적 요소들에 의해 강하게 제약된다는 것이다. 이러한 의미에서 우리의 모든 경험은

---

19 John Dewey, *Human Nature and Conduct: The Middle Works 1899~1924*, Vol. 14, ed. Jo Ann Boydston (Carbondale, Ill.: Southern Illinois University Press, 1983), pp. 204~205.

20 마크 존슨, 『마음 속의 몸: 의미, 상상력, 이성의 신체적 근거』, 노양진 역 (서울: 철학과현실사, 2000) 참조.

신체화되어(embodied) 있다. 나아가 이러한 경험의 확장에 중심적
역할을 하는 것이 은유(metaphor), 환유(metonymy), 심적 영상(me-
ntal imagery), 원형 효과(prototype effect) 등을 포함하는 상상적 구
조들이며, 따라서 상상력은 우리의 모든 경험에 편재적인 작용이다.

　이러한 해명이 중요하게 함축하는 것은 도덕원리들을 수립하는 데
바탕을 이루는 규범적 경험이 결코 우리의 일반적인 인지 과정과 독립
적인 방식으로 이루어지지 않는다는 사실이다. 즉 규범적 경험은 다른
유형의 경험과 유사한 과정을 통해 은유적으로 확장되고 형성된다는
것이다. 이러한 사실은 규범성의 뿌리, 즉 도덕원리의 궁극적 지반이
무엇인가라는 물음에 대해 전통적인 이론들이 택했던 것과는 매우 다
른 길을 열어 준다. 규범성은 그 자체로 존립하는 어떤 것의 이름도 아
니며, 우리를 넘어선 어떤 곳으로부터 오는 것도 아니다. 그것은 우리
경험의 한 갈래를 말한다. 따라서 규범적 경험은 다른 모든 경험과 마
찬가지로 우리의 신체적 활동에서 비롯되며, 동시에 신체적 요소들에
의해 강하게 제약된다.

　이러한 해명에 따르면 순수한 도덕적 개념과 이론들로 이루어진 순
수한 도덕적 경험은 처음부터 존재하지 않는다. 왜냐하면 우리의 모든
개념과 이론은 그 출발에서부터 신체화되어 있으며, 부분적이든 전체
적이든 그 사실을 임의로 제거하거나 철회하는 것은 불가능하기 때문
이다. 이러한 측면에서 칸트가 가정했던 순수실천이성, 그리고 그것에
근거한 도덕 이론은 적어도 오늘날 마음에 관한 인지과학이 제공하는
수렴적 증거들과 정면으로 상충된다.[21] 이러한 비판은 단지 칸트에게

21　G. 레이코프 · M. 존슨, 『몸의 철학: 신체화된 이성의 서구 사상에 대한 도전』,
　　임지룡 외 역 (서울: 박이정, 2003), 특히 p. 638 참조.

만 국한되는 것이 아니라 규범성의 원천을 이성으로 설정하려는 이성주의적 시도들 대부분에 마찬가지로 적용될 수 있을 것이다. 레이코프와 존슨에 따르면 이것은 경험적 탐구의 성장이 불러온, 사변적 이론들의 종언의 한 사례일 뿐이다. 경험적 증거들의 부재로 주어진 공간을 자유로운 사변으로 채울 수 있었던 과거의 이론들은 이제 확장된 경험적 반증 때문에 더 이상 천진성(innocence)를 앞세워 사변의 비행을 지속할 수 없게 된 것이다.[22]

이러한 일련의 급진적 주장들은 주로 경험의 구조에 관한 인지과학적 해명에 근거하고 있다. 체험주의가 경험의 확장 방식으로 중요하게 제시하는 것은 '은유적 사상'(metaphorical mapping)이다. 은유적 사상은 직접적이고 구체적인 경험들을 다른 영역의 경험에 사상하는 것이며, 우리는 이러한 방식으로 동일한 물리적 대상을 새로운 방식으로 이해하거나 새로운 추상적 대상을 산출한다. 즉 우리의 경험은 구체적이고 물리적인 경험들을 토대로 추상적이고 정신적인 층위로 확장되는 것이다. 존슨은 우리의 '도덕적 이해'(moral understanding) 또한 일반적인 경험과 이해의 확장 방식과 다르지 않다고 주장한다. 이러한 관점에서 추상적인 수준의 도덕적 개념과 이론들은 모두 은유적 확장의 산물이며, 따라서 그것들은 모두 사상의 원천 영역(source domain)으로서 신체적 근거를 갖는다는 것이다. 존슨은 이러한 주장을 토대로 서양철학사를 통해 주도적 역할을 해 왔던 도덕 개념들과 이론들이 정교한 은유들의 체계적 구조화라는 사실을 폭넓고 섬세하게 예증한다.[23]

---

22   같은 책, p. 493 참조.
23   같은 책, 특히 3부 참조.

　이러한 주장을 받아들인다면 이성은 규범성의 원천이 아니라 오히려 우리의 일상적인 규범적 경험들을 원천 영역으로 삼고 있는 정교한 은유화의 산물이다.[24] 앞서 지적했던 것처럼 규범적인 것과 관련해서 이성주의자들이 옹호하는 이성 개념의 핵심적 본성의 하나는 바로 '보편성'이다. 그러나 그 이성의 개념적 근거가 은유적이라는 분석은 이성주의자들의 이성 개념이 그들의 주장처럼 필연적 확실성을 갖는 어떤 것이 아니라 다양한 은유의 산물이라는 것을 말해 준다. 이것은 규범적인 것의 최종적 근거가 이성이 아니라 바로 그 은유를 가능하게 해 주는 더 원초적인 경험적 영역에 있다는 것을 말해 준다.

　그렇다면 우리는 그 이성 개념이 담고 있는 보편성의 경험적 뿌리가 무엇인지를 되물을 수 있다. 체험주의적 해명에 따르면 그것은 은유적으로 형성된 보편성이라는 개념의 원천 영역, 즉 신체적 근거를 묻는 일이다. 우리 경험의 구조에 관한 체험주의의 해명에 따르면 다양한 문화적 차이에도 불구하고 우리가 경험적으로 추적할 수 있는 가장 명백한 유사성은 우리가 공유하고 있는 몸, 그리고 몸과 직접적으로 상호작용하는 물리적 세계다. 이처럼 신체적 층위에서 공유되는 유사성은 절대적인 것은 아니라 하더라도 우리가 서로를 동일한 종으로, 즉 유사한 욕구와 의도를 가진 존재로 사상할 수 있는 체험적 근거를 이룬다.

　이러한 사실을 바탕으로 우리는 규범적 경험의 뿌리를 종(種)으로서의 인간이 공유하는 경험의 공공성(commonality)이라고 추정할 수 있다. 이것이 바로 나와 타자 사이에 도덕적 공감을 가능하게 해 주는 경험적 지반이며, 그것은 다시 다양한 도덕적 이해와 경험의 출발점을

24　같은 책, 특히 pp. 26-27 참조.

이룬다. 이렇게 해서 인식된 공공성은 이성주의자가 원하는 수준의 보편성을 보장해 주지 못하며, 따라서 보편적 도덕원리의 수립을 위한 절대적 토대도 제공해 주지 못할 것이다. 그러나 그것은 우리가 어떤 도덕 이론도 구성할 수 없다는 도덕적 회의주의나 '무엇이든 된다' 라는 형태의 도덕적 허무주의를 반박하기에 충분한 제약이 될 수 있다.

이러한 해명은 왜 인간과 점박이무당벌레 사이에 심각한 도덕적 규범의 문제들이 제기되기 어려운지를 설명해 준다. 이성주의자는 이 문제에 대해 점박이무당벌레가 이성을 갖지 않았기 때문이라고 답할 것이다.[25] 대신에 우리는 이제 이 물음에 대해 점박이무당벌레가 우리와는 다른 몸을 가지고 있으며, 이 때문에 매우 다른 방식의 삶을 유지한다고 말할 수 있다. 비트겐슈타인(L. Wittgenstein)의 생각을 빌리면 그것들과 우리는 매우 다른 '삶의 형식'(forms of life)을 갖고 있는 것이다.[26] 불가능한 것은 아니지만 이 때문에 점박이무당벌레와의 도덕적 공감을 위한 사상은 쉽게 이루어지지 않는다. 그리고 그것은 우리가 인간으로서 규범적인 것을 공유한다는 믿음의 근거가 되는 동시에 점박이무당벌레나 지렁이와는 그렇지 않다는 믿음의 근거가 된다.

---

[25] 때로 이러한 종 개념은 이례적인 방식으로 확장되기도 한다. 급진적인 환경철학자들은 규범성의 가능성을 인간을 넘어서서 자연적 종들에게도 확장하려고 한다. 물론 모든 유기체가 그 시도에 포함되는 것은 아니다. 그러나 규범성의 문제와 관련해서 이성주의적 시각을 가진 사람들이 이러한 시도를 하기 위해서는 이성 개념의 확장이 동시에 이루어져야 하며, 그 경우 이성 개념 자체를 조정해야 하는, 또 다른 미해결의 숙제를 안게 될 것이다.

[26] 물론 비트겐슈타인이 말하는 삶의 형식은 자연적 조건만을 포괄하는 것은 아니다. 적어도 인간의 삶의 형식은 자연적 층위뿐만 아니라 문화적 층위를 포괄하며, 따라서 이 문화적 층위의 변이에 따라 다양한 형태로 나타날 수 있다. 삶의 형식의 이러한 중층성에 관한 좀 더 상세한 논의는 노양진, 「비트겐슈타인의 상대주의」, 『몸·언어·철학』 (파주: 서광사, 2009) 참조.

이 삶의 형식의 저변을 구성하는 것은 바로 우리의 몸을 중심으로 한 자연적 조건이다. 그것이 바로 우리가 유사한 도덕적 존재라는 사실을 의미화해 주는 경험적 지반이기도 하다.

엄격한 경험주의적 태도를 유지한다면 나는 다른 사람들이 나와 동일한 의도와 욕구를 가진 존재라는 사실을 입증할 방법이 없다. 우리는 타인과 동일한 시간과 공간을 공유할 수는 없는 존재이기 때문이다. 말하자면 과거에도 현재에도 미래에도 '모든 측면'에서 동일한 인간이 존재하지 않는다는 것은 모두에게 자명한 사실이다. 그러나 우리가 이처럼 극단적인 경험주의적 시각 안에 갇히게 된다면 그 이론적 귀결은 회의주의뿐이다. 이러한 상황에서 이성은 그 회의주의를 피할 수 있는 가장 그럴듯한 대안처럼 보일지도 모른다.

그러나 우리가 모두 대등한 이성적 존재라는 가정은 사상의 과정에서 개입되는 다양한 자연적·문화적 요소의 개입을 배제한 결과다. 이성주의자가 제시하는 도덕 이론이 '추상적 행위자'(abstract agent)의 도덕 이론이라는 윌리엄스(B. Williams)의 비판은 바로 이 지점을 향한다.[27] 이성주의적 도덕 이론이 전제하는 '대등한 추상적 인간'은 바로 은유적 사상이라는 과정을 통해 얻어진 이성 개념에 근거하고 있으며, 그것은 다시 규범적인 것의 뿌리가 이성 개념에 앞서 존재한다는 것을 말해 준다. 그러한 사상의 지반이 되는 원천 영역은 우리의 경험 세계 안에 있으며, 그것이 바로 우리가 추적할 수 있는 규범성의 실질적 원천인 것이다. 물론 그렇게 해서 확인될 수 있는 유사성은 이성주의가 원하는 수준의 유사성에 비하면 지나치게 느슨한 것으로 생각될

---

[27] Bernard Williams, *Moral Luck: Philosophical Papers 1973-1980* (Cambridge: Cambridge University Press, 1981), p. 2 참조.

수 있지만, 우리는 이 지점이 우리가 경험적으로 확인할 수 있는 유일한 실제적 지반이라는 사실에 주목해야 한다. 바꾸어 말하면 이 지반이 경험주의의 달갑지 않은 귀결과 이성주의의 위험한 도약에서 동시에 벗어날 수 있는 제3의 지반이 되어야 한다.

여기에서 다시금 주목해야 할 것은 우리가 인간이라는 종(種)으로서 안고 있는 절대적이고 원초적인 한계다. 우리는 때로 우리의 자유로운 사유의 가능성을 들어 자신을 무한한 존재로 탈바꿈하려고 애쓴다. 비트겐슈타인이 읽어 내는 철학사는 바로 이러한 우리의 한계를 넘어서려는 철학자들의 집요한 열망의 표현이다. 그리고 그 귀결은 '혼동'이다. 그러나 그러한 사유의 자유로움이 우리의 원초적 조건을 바꾸어 주는 것은 아니다. 다만 그것은 우리의 조건에 대한 이해의 방식을 바꾸어 줄 수는 있을 것이다. 철학 이론들은 이 점에서 혼동을 부추기고 있는 것이다. 이러한 관점에서 자유로운 사유의 가능성을 인정한다 하더라도 우리는 우리 자신이 신적 관점을 식별할 능력이 없다는 로티(R. Rorty)의 지적을 진지하게 귀담아들을 필요가 있다.[28]

규범성에 대한 자연주의적 탐구는 규범성 자체를 부인하는 것이 아니라, 오히려 과거의 이론들이 명시적으로 또는 암시적으로 지목했던 규범성의 원천이 특정한 이론적 요청의 산물이었다는 점을 드러내는 데 그 핵심적 의미가 있다. 동시에 그것은 우리의 조건에 부합하는 도덕 이론이 어떤 것이 되어야 할 것인지에 관해 매우 중요한 사실을 암시한다. 여기에서 우리는 도덕 이론이 내적 정합성만으로 성립한다기보다는 본성상 실제적 경험 영역에서의 적용을 전제하며, 또 그러한

---

28 Richard Rorty, *Philosophy and Social Hope* (London: Penguin Books, 1999), p. 82 참조.

방식으로 검증되어야 한다는 점을 상기할 필요가 있다. 이성주의적 이론들은 이러한 실제적 공공성의 지반을 넘어서려는 철학적 열망에 기울게 됨으로써 그렇게 설정된 스스로의 기준에 미치지 못하는 것들에 대한 '억압'이라는 위험성을 안게 된다. 반면에 극단적인 경험주의적 이론들은 규범적인 것들에 대한 학적 탐구 가능성 자체를 원천적으로 거부함으로써 허무주의로 전락할 것이라는 우려를 불러온다. 대신에 우리는 규범적인 것의 본성에 대한 경험적 탐구를 통해 이 두 극단을 피할 수 있는 도덕 이론이 필요하며, 또 가능하다는 것을 제안할 수 있을 것이다.

5. 맺는말

우리의 삶에서 '규범성'이 갖는 비중에 비추어 본다면 규범성의 원천에 관한 직접적이고 체계적인 논의는 의외로 빈약하다. 그 주된 이유는 역설적으로 규범성의 원천이 너무나 근원적인 문제이기 때문일 것이다. 그럼에도 오히려 이러한 친숙성이 때로 우리를 커다란 혼동으로 이끌어 간다. 그리고 그러한 혼동을 부추겨 왔던 것은 '철학적'이라고 자칭하는 이론들이었다. 규범성의 본성에 관한 완결된 해명은 아마도 근원적으로 불가능할 것이다. 그러나 이 때문에 경험주의자들의 주장을 따라 규범적인 것에 대한 탐구를 불가능한 것으로 배척하는 것은 도덕적 회의주의를 불러올 뿐이다. 반면에 이성주의자의 주장을 따라 규범성의 원천을 '이성'에서 찾는 것은 무비판적인 이성주의의 연장일 뿐이며, 또 다른 수수께끼를 동원해서 우리 앞의 수수께끼를 풀려는 순환적 시도일 뿐이다.

규범성의 원천에 대한 경험주의와 이성주의의 해명은 '전부 아니면 전무'라는 대립적 구조 안에 묶여 있었다. 즉 이 구조 안에서 우리는 완결된 보편적 도덕원리의 가능성을 인정하거나 그것을 전적으로 부정함으로써 회의주의에 빠져드는 이분법적 선택 앞에 놓이게 된다. 필자는 이 글을 통해서 규범성의 원천을 명확하게 드러낸 것은 아니지만, 적어도 규범적 경험이 우리의 일반적 경험의 일종이며, 따라서 그것은 경험의 구조에 대한 일반적 해명의 일부가 되어야 한다는 점을 드러내려고 시도했다. 적어도 오늘날 우리에게 주어진 경험적 증거들은 규범적인 것의 본성에 대한 전통적인 두 갈래의 견해가 어느 쪽도 우리의 규범적 경험을 적절하게 해명할 수 없다는 것이다.

우리의 경험적 지식이 열려 있는 기획이라는 점을 감안한다면 규범성의 본성에 관한 우리의 탐구도 거기에 따라 열려 있는 시도일 것이다. 그러나 오늘날 우리에게 주어진 경험적 지식을 토대로 우리가 추적할 수 있는 규범성의 근원은 '종(種)으로서의 인간이 공유하는 경험의 공공성' 정도일 것이다. 우리는 이러한 공공성을 토대로 우리의 사고를 은유적으로 확장해 가며, 그것은 우리가 경험하는 규범성의 중요한 원천을 이룬다. 그리고 이 은유적 사상을 가능하게 하는 것은 이성이 아니라 상상력이다. 그것은 규범적인 것이 경험주의자들이 주장하는 것처럼 단지 무의미한 것도 아니며, 이성주의자들이 옹호하려는 것처럼 선험적인 것도 아니라는 것을 말해 준다. 지적이든 도덕적이든 우리의 모든 사고는 유기체적 활동에서 출발하며, 또 그것에 의해 강하게 제약된다. 규범적인 것들에 대한 우리의 경험 또한 예외가 아니다.

경험의 복합적이고 중층적인 구조에도 불구하고 우리 경험의 공공성은 우리가 신체화된 유기체라는 측면에서 적절하게 드러난다. 즉 신체적/물리적 층위의 경험에서 관찰되는 공공성이 바로 그것이다. 이러한 공공성은 우리의 모든 경험을 설명하는 특성은 아니다. 그것은 우리의 정신적 활동을 통해 다양한 방식으로 확장되며, 그 과정에서 다양한 변이를 드러낼 것이다. 그러나 그러한 공공성의 지반에서 완전히 분리된 경험은 적어도 존재하지 않거나, 또 존재한다 하더라도 우리의 경험 영역에 들어오지 않는다. 규범적인 것은 사물의 이름이 아니라 바로 이러한 경험의 한 양상일 뿐이며, 따라서 그 뿌리 또한 신체적 지반에서 찾아져야 한다. 이것은 규범적인 것의 뿌리에 대한 자연주의적 해명의 불가피한 귀결이다.

제 4 장
상상력의 윤리학적 함의

1. 머리말

지난 세기는 전통적 의미에서의 도덕 이론에 관한 한 '불모'의 세기였다. 분석철학의 쇄도와 함께 행위의 옳고 그름을 규정해 주는 확정적 원리들을 탐색해 왔던 고전적인 규범윤리학적 시도는 '무의미'라는 낙인과 함께 학문적 탐구의 영역에서 축출되었으며, 더 이상 되돌아갈 곳이 없는 미아가 되고 말았다. 그러나 지난 세기 후반에 들어 분석의 망령이 물러섰다고 해서 도덕적 탐구에서 잃어버린 옛것이 자연스럽게 회복되는 것은 결코 아니다. 오히려 이론화나 체계화 자체를 근원적으로 거부하는 '해체'(deconstruction)의 또 다른 폭풍 속에서 도덕적 탐구는 여전히 회복되지 않는 실지(失地)로 남아 있기 때문이다.

이러한 상황에서 존슨(M. Johnson)은 도덕적 탐구의 새로운 방향에 관해 주목할 만한 제안을 한다. 존슨은 인지과학이 제공하는 다양한 경험적 증거를 근거로 전통적인 도덕 이론들의 기본적 가정들에 대한 근원적 비판을 시도한다. 존슨의 제안은 '도덕적 상상력'(moral imagination)이라는 새로운 개념으로 집약되는데, 그것은 도덕적 탐구의 중심축을 이성에서 상상력으로 전환하려는 급진적인 시도다. 이것은 이성 중심의 도덕 이론들의 지반에 대한 근원적 도전이며, 그 급진성을 감안할 때 그것은 오늘날 성행하는 '포스트모던' 철학자들과 해체론적 특성을 공유한다고 말할 수 있다. 그럼에도 존슨의 작업을 단순히 '해체'의 일종으로 간주할 수 없는 이유는 그것이 새로운 윤리학적 탐구의 방향을 제안하고 있기 때문이다. 존슨은 이제 도덕 이론이 '도덕적 이해'(moral understanding)의 이론이 되어야 하며, 동시에 그것은 다른 경험적 탐구와 유사한 방식으로 이루어져야 한다고 제안한다. 그것은 물론 자연주의의 전형적인 한 표현이다.

존슨의 윤리학적 논의는 자신의 독창적인 상상력 이론을 중심축으로 삼아 이루어진다. 존슨은 우리의 일상적 사고와 이해가 전통적인 절대주의의 가정과는 달리 처음부터 끝까지 '신체화되어'(embodied) 있으며, 동시에 대부분 '상상적 구조'(imaginative structures)를 통해 이루어진다고 주장한다.[1] 존슨은 우리의 도덕적 사유도 이러한 인지 과정을 벗어나지 않으며, 따라서 도덕성의 본성 또한 상상적이라고 주장한다.[2] 존슨이 제시하는 '도덕적 상상력'이라는 말은 전통적인 절대주의적 도덕 이론의 관점에서는 일종의 모순 어법에 속한다. 절대주의적 도덕 이론에 따르면 도덕적 탐구의 주된 과제는 보편적 도덕 법칙들을 발견하는 것이며, 도덕적 추론이란 그 원리들을 구체적 행위에 적용하는 문제다. 여기에서 주관적이고 자유로우며, '비-법칙 지배적'이고, 합리성에 의해 제약되지 않는 상상력은 도덕적 사유와 결코 결합될 수 없는 커다란 '적'(敵)으로 간주되어 왔다.

---

1 마크 존슨, 『마음 속의 몸: 의미, 상상력, 이성의 신체적 근거』, 노양진 역 (서울: 철학과현실사, 2000) 참조.
2 존슨, 『도덕적 상상력: 체험주의 윤리학의 새로운 도전』, 노양진 역 (파주: 서광사, 2008), pp. 28-29 참조.

이 글에서 필자는 도덕적 상상력이라는 개념을 중심으로 존슨이 제
안하는 '경험적으로 책임 있는 도덕철학'[3]이 어떻게 전통적인 절대주
의적 가정을 거부하면서도 여전히 허무주의적 상대주의를 넘어설 수
있는지를 살펴보고, 그러한 제안이 갖는 윤리학적 함축을 전향적으로
검토하려고 한다. 이러한 작업을 통해 필자는 도덕 개념들뿐만 아니라
그것들을 중심으로 이루어져 왔던 도덕적 탐구 전반에 대한 자연주의
적 재구성의 필요성과 가능성을 가늠할 것이다. 이러한 측면에서 존슨
의 제안은 그 자체로 전통적인 의미에서 하나의 새로운 '이론'은 아니
지만, '분석'이라는 거센 물결을 거쳐 온 윤리학이 또다시 포스트모던
이라는 해체론적 기류를 넘어서서 나아가야 할, 새로우면서도 중요한
출구를 열어 줄 수 있을 것이다.

2. 체험주의와 몸의 중심성

최근 몸에 관한 지적 논의의 급속한 확산은 동·서양의 지적 흐름을
주도해 왔던 정신주의적 경향에 대한 전반적인 비판과 맞물린다. 이
때문에 오늘날 몸의 담론은 대부분 지배적 흐름에 의해 무시되거나 억
압되어 왔던 몸의 '복권'이라는 특징을 띤다. 최근 몸의 담론을 확산
시키는 데 주도적 역할을 해 왔던 것은 포스트모던 철학자들인데, 이
들은 정신주의적 전통의 기본적 가정들에 대한 급진적 비판을 통해 몸
에 대한 새로운 관심을 불러일으키고 있다. 그러나 포스트모던 철학자
들의 논의가 대부분 몸과 그 작용에 대한 구체적 '해명'보다는 이론적

---

3 같은 책, p. 46.

'선언'(宣言)에 기울어 있으며, 그 결과 극단적인 상대주의로의 전락이라는 또 다른 우려를 불러오고 있다.

이러한 지적 딜레마 속에서 최근 미국을 중심으로 형성되어 가고 있는 '체험주의'(experientialism)는 몸의 담론의 새로운 길을 열어 간다.[4] 체험주의는 서구 지성사의 지배적 전통을 '객관주의'(objectivism)로 규정하며, 그 가정들이 불러온 철학적 난점들에 대한 문제 제기에서 출발한다. 존슨은 객관주의가 "세계는 인간이 그것에 관해 어떠한 신념을 갖는가에 상관없이 그 자체로 존재하며, 또한 세계가 어떤 것인가에 관해 하나의 올바른 '신적 관점'(God's-Eye view)이 존재한다"[5]는 믿음을 바탕으로 한다고 본다. 이러한 믿음은 다소 상이한 형태를 띠고 철학자나 비철학자들에게 기본적인 사고의 틀로 오랫동안 서구의 정신 세계를 지배해 왔다. 플라톤에서 헤겔에 이르기까지 형이상학적 정신을 이어받은 관념론자들은 물론이고, 흄(D. Hume)과 칸트(I. Kant)의 경험주의적 정신을 이어받고 '과학'의 이름으로 형이상학의 옷을 철저히 거부하며 20세기 전반(前半)의 지적 흐름을 주도했던 논리실증주의자들도 이 객관주의를 대변한다.

체험주의를 특징짓는 핵심적 논제는 '몸의 중심성'이다. 체험주의는 우리의 모든 경험이 신체적 근거를 갖고 있으며, 동시에 그 신체적 근거에 의해 제약되어 있다고 주장한다. 이러한 의미에서 모든 경험은

---

4 존슨은 언어학자인 레이코프(G. Lakoff)와의 긴밀한 공동 작업을 통해 체험주의의 형성에 주도적 역할을 하는데, 체험주의는 인지과학의 다양한 최근 탐구 성과를 적극적으로 수용함으로써 하나의 포괄적인 철학적 관점으로 자리 잡아 가고 있다. 체험주의의 철학적 특성에 관한 전반적 소개는 노양진, 「체험주의적 접근」, 『상대주의의 두 얼굴』(파주: 서광사, 2007) 참조.

5 존슨, 『마음 속의 몸』, p. 20.

'신체화되어' 있다. 물론 이러한 주장은 일찍이 듀이(J. Dewey), 메를로 퐁티(M. Merleau-Ponty), 비트겐슈타인(L. Wittgenstein), 더 멀리는 니체(F. Nietzsche)를 통해 직·간접적으로 제안되었던 것이다. 그러나 체험주의는 오늘날 급속히 증가하는 경험과학적 증거를 폭넓게 수용함으로써 그 주장에 더 강력하고 섬세한 설득력을 실어 준다. 특히 체험주의가 적극적으로 의지하는 '인지과학'(cognitive science)은 인간의 '마음'이 모종의 추상적 실재가 아니라 몸의 일부인 두뇌의 활동을 중심으로 발생하는 특수한 현상이라는 믿음을 중심으로 부인하기 힘든 다양한 경험적 증거를 제공해 준다. 마음의 본성을 몸과 그 활동에서 찾으려는 이러한 시각의 전환을 가리켜 터너(M. Turner)는 "다가오는 시대는 인간의 마음이 발견된 시대로 기억될 것"[6]이라는 말로 표현한다.

체험주의는 전통적인 객관주의가 모든 철학적 논의에서 몸이라는 요소를 전적으로 억압하거나 무시함으로써 수많은 철학적 문제를 불러왔다고 본다. 특히 이러한 맥락에서 체험주의가 주된 논의의 주제로 삼고 있는 것이 객관주의의 '이성' 개념이다. 체험주의에 따르면 전통적 객관주의는 신체적 요소를 이성의 작용에 대립적인 것으로, 나아가 이성의 작용을 가로막는 적으로 간주한다. 그래서 객관주의의 이성은 '추상적·탈신체적'(abstract and disembodied) 이성으로 특징지어진다. 이러한 맥락에서 몸의 중심성에 대한 체험주의의 탐구는 '몸을 마음 안으로 되돌려 놓는 것',[7] 즉 이성 중심의 전통적인 논의가 무시하거나 간과해 왔던 몸의 복권을 주된 기치로 내세우고 있다.

---

6   Mark Turner, *Reading Minds: The Study of English in the Age of Cognitive Science* (Princeton, N.J.: Princeton University Press, 1991), vii.

7   존슨, 『마음 속의 몸』, 특히 p. 60 참조.

　　존슨의 상상력 이론은 체험주의의 철학적 구도 형성에 중요한 계기를 제공하는데, 그 골격은 '영상도식'(image schema)과 '은유적 투사'(metaphorical projection)라는 두 축을 중심으로 이루어진다.[8] 우리의 신체적 활동에서 직접적으로 발생하는 소수의 영상도식이 있으며, 우리의 경험과 사고는 그 도식들을 바탕으로 은유적으로 확장된다는 것이다. 이러한 확장에는 은유뿐만 아니라 환유(metonymy), 심적 영상(mental imagery), 원형효과(prototype effect), 그리고 우리에게 아직 알려지지 않은 다양한 기제가 개입될 것이다. 이러한 확장 방식 때문에 우리의 사고는 객관주의자들이 가정했던 것 같은 산술적이고 환원적인 분석을 거부한다. 나아가 여기에서 영상도식은 경험 확장의 근거로 작용하는 동시에 그것을 제약하는 역할을 한다.

　　몸이 모든 경험의 근거인 동시에 그것을 제약한다는 주장은 그 자체로 커다란 논란을 예고한다. 여전히 많은 철학자는 경험의 뿌리를 신체적인 것에서 찾으려는 생각 자체에 대해 거부감을 드러낼지도 모른다. 왜냐하면 인간의 정신적 활동의 산물과 유산은 그 뿌리가 몸에 있다고 말하기에는 경이로울 만큼 정교하고 위대한 것이기 때문이다. 그러나 이러한 생각은 몸/마음 이원론이 꾸며 낸 단순한 철학적 편견의 산물일 뿐이다. 모든 경험의 뿌리가 몸이라는 주장이 정신적 사유의 정교성이나 위대성을 부인하거나 훼손해야 할 아무런 이유가 없기

8　영상도식과 은유적 투사에 관한 섬세한 논의는 존슨, 『마음 속의 몸』, 특히 3-5장 참조. 최근에 들어 레이코프와 존슨은 은유적 작용을 구체적으로 설명하기 위해 초기에 제시했던 '투사'라는 개념이 지나치게 수학적이고 도식적이라는 비판 때문에 그 개념을 포기한 것으로 보인다. 그렇다 하더라도 은유가 상이한 경험 영역들 사이의 '사상'(mapping)의 문제라는 체험주의적 은유 이론의 기본 골격이 수정되거나 폐기되는 것은 아니다. G. 레이코프·M. 존슨, 『삶으로서의 은유』, 수정판, 노양진·나익주 역 (서울: 박이정, 2006), 「후기 2003」, pp. 388-90 참조.

때문이다. 이원론자들이 가정했던 것처럼 너무나 익숙하며 낮은 몸에서 마음의 그러한 정교함이 비롯된다는 사실이 오히려 더 경이로운 것 아닐까?

물론 근세 이후 경험적 지식의 지속적이고도 급속한 성장에도 불구하고 본성상 경험적 지식이 제한된 것일 수밖에 없다는 것은 너무나 분명한 사실이다. 그렇다고 경험적 지식이 제한되어 있거나 불완전하다는 사실이 다른 유형의 지식의 완전성이나 정당성을 보장해 주는 것은 더더욱 아니다. 이 지점에서 우리는 오히려 우리에게 충분히 알려지지 않은 것들에 대해 우리에게 진정으로 필요한 것이 신화적이고 초월적인 유형의 해명인지를 진지하게 되물어 보아야 한다. 정신적/추상적 경험이 우리의 신체적 활동과 함께, 또는 신체적 활동에서 발생하는 것이 아니라면 과연 그것은 어디에서 오는 것일까? 이 물음에 대한 답을 초월적인 것에 의지하는 것은 '우리의 것'에 대한 관심이 아니라 '우리가 원하는 것'에 대한 관심으로 기울어 가는 것이며, 그것은 해명의 시작이 아니라 끝을 의미한다.[9] 체험주의는 오늘날 경험적 탐구의 성장으로 그 끝이 과거의 철학자들이 생각했던 것보다도 훨씬 더 넓게 열리게 되었다고 믿는다.

---

9   '우리를 넘어서는' 어떤 것은 불가피하게 초월적이며, 때로는 신화적일 수밖에 없다. 우리 앞의 사실들에 대해 우리를 넘어선 어떤 것의 관점에서 해명하려고 하는 시도는 그 귀결에 앞서 과연 그러한 관점이 우리에게 어떻게 주어질 수 있는지에 대해 답해야 한다. 그러나 우리가 쉽게 예상할 수 있으며, 철학사를 통해 반복적으로 보았던 것처럼 이 답 또한 초월적인 방식으로 주어질 수밖에 없다.

3. 상상력과 도덕적 탐구

존슨에 따르면 우리의 사고와 이해는 대부분 그 바탕에서부터 '상상적 구조들'을 통해 이루어진다. 전통적으로 철학 이론들은 사고의 바로 이러한 특성을 간과하고 철학적 사유를 '이성'이라는 특수한 능력에 전적으로 귀속시킴으로써 근원적으로 풀 수 없는 수많은 철학적 난제를 불러왔다. 존슨은 도덕 이론 또한 도덕 문제 자체가 본성적으로 이성의 문제라는 그릇된 가정에 사로잡힘으로써 그 전형적인 잘못을 반복하고 있다고 지적한다. 우리의 인지 작용 자체가 중요한 정도로 상상적이라면 우리의 도덕적 사유도 결코 예외가 될 수 없다는 것이다. 이러한 시각에서 존슨은 전통적인 도덕 이론의 핵심적 문제로 도덕적 추론에서 상상력의 기본적 역할에 대한 인식이 결여되어 있다는 점을 든다.[10]

전통적인 도덕 이론들이 의지하고 있는 것은 '순수(실천)이성'이다. 즉 우리는 경험에 의해 오염되지 않은 순수이성에 의지함으로써만 순수한 도덕 개념과 보편적 도덕원리를 발견할 수 있다는 것이다. 「도덕 법칙」(Moral Law)이라고 불리는 통속 이론은 그 출발점에서 도덕적으로 옳은 행위를 규정해 주는 '이성' ─ 신적이든 인간적이든 ─ 이라는 능력을 가정한다. 서구의 주도적 도덕 이론들의 근거를 이루는 「도덕 법칙」 통속 이론은 모든 구체적인 사례를 도덕적으로 올바른 행위를 규정해 주는 몇몇 법칙 또는 규칙으로 수렴할 수 있다는 믿음을 담고 있다.[11] 존슨은 「도덕 법칙」 통속 이론의 특성을 다음과 같이 기

---

10   존슨, 『도덕적 상상력』, p. 19 참조.
11   같은 책, p. 32 참조.

술한다.

　인간은 부분적으로 신체적이며 부분적으로 정신적이라는 이중적 본성을 갖는다. 우리 자신을 야수적 동물과 구별해 주는 것은 사유하고 합리적 원리들에 따라 행위할 수 있는 능력이다. 동물은 갖지 않았지만 인간이 가진 자유 의지란 바로 스스로 우리의 행위를 이끌어 가기 위해서 우리 자신에게 부여한 원리들에 따라 행위하는 능력이다. 따라서 우리의 자유는 이성이 우리 자신에게 부여하는 원리들에 따라 행위함으로써 유지된다. 신체적 열정과 욕구는 본유적으로 합리적이지 않기 때문에 신체적 측면과 정신적 측면 사이에는 뿌리 깊은 긴장이 있다. 그것이 바로 우리의 행위가 우리 자신과 타인들의 평안함에 영향을 미칠 수 있는 상황에서 어떻게 행위해야 할 것인지를 말해 주는 이성을 필요로 하는 이유다.
　이성은 도덕 법칙 — 어떤 행위가 도덕적으로 금지되며, 어떤 행위가 요구되며 어떤 행위가 허용되는지를 규정해 주는 — 을 부여함으로써 의지를 지도한다. 보편적 이성은 모든 도덕 법칙의 원천일 뿐만 아니라 그 원리들을 구체적 상황들에 어떻게 적용할 것인지를 알려 준다. 따라서 도덕적 사유란 일차적으로 상황에 대한 정확한 기술에 도달하고, 어떤 도덕 법칙이 그것에 관련되는지를 결정하며, 그 도덕 법칙이 주어진 상황에서 어떤 행위를 요구하는지를 추론하는 문제다.[12]

　존슨은 이처럼 「도덕 법칙」 통속 이론에 근거하고 있는 모든 도덕 이론이 '이성' 개념을 중심으로 이루어져 있다는 점에서 '합리주의적 윤리학'으로 규정하는데, 그 가장 정교한 철학적 표현으로 칸트의 도

12　같은 책, pp. 37-38.

덕철학을 든다. 칸트는 경험적인 것을 전적으로 배제하고 오직 순수실
천이성의 힘을 통해서만 보편적인 도덕원리들을 발견할 수 있다고 믿
었다. 그는 동시에 이러한 도덕원리가 순수이성의 영역에서 발견될 수
없는 한 그것은 경험을 넘어선 또 다른 영역에서 찾아져야 한다고 보
았다. 이 때문에 순수이성의 존재는 결코 경험적인 방식으로 입증될
수 없다. 그래서 칸트 자신은 그것이 사실의 문제가 아니라 '권리' 의
문제라고 말한다. 그러나 권리의 문제라 할지라도 그것이 사실과 동등
한 차원의 강제력을 갖기 위해서는 그러한 힘의 원천을 경험적인 방식
으로 제시해야만 한다. 칸트의 이론뿐만 아니라 존슨이 「도덕 법칙」
통속 이론이라고 부르는 구도에 속하는 모든 전통적 도덕 이론에서 이
문제는 핵심적인 과제가 되었지만, 결과적으로는 그 누구도 해결하지
못한 철학적 수수께끼로 남게 되었다. 존슨의 분석에 따르면 그것은
자연스러운 귀결이다.

존슨은 은유적 분석을 통해 칸트의 도덕 이론이 다른 모든 전통적
인 도덕 이론과 마찬가지로 몇몇 주도적 은유들로 구성되어 있다고 주
장한다. 존슨은 「도덕 법칙」 통속 이론의 한 표현인 칸트의 도덕 이론
이 신적 이성을 거부하고 인간 이성에 의지하는 도덕성의 체계를 건설
하려고 했으며, 이것은 다시 유대–기독교적 도덕 전통에서 신적 요소
를 제거하는 형태로 이루어져 있다고 본다.[13] 다시 말해서 칸트의 도덕
이론은 아리스토텔레스 이래로 서구 지성사를 통해 전승되어 온 「도
덕 법칙」 통속 이론과 「본질」 통속 이론에 유대–기독교적 전통이 물
려준 「엄격한 아버지」(Strict Father) 은유가 결합되어 있으며, 여기에

---

13 같은 책, pp. 66–67 참조. 특히 칸트 도덕 이론의 은유적 구조에 대한 섬세한 분
    석은 같은 책, 3장 참조.

「도덕적 권위」, 「도덕적 힘」과 같은 하위 은유들이 덧붙여져 있다는
것이다. 그래서 칸트의 보편적 이성은 다음과 같은 특징을 띠게 된다.

「도덕의 원천으로서의 보편적 이성」
모든 도덕적 목적들은 보편적 이성으로부터 따라 나온다.
따라서 보편적 이성은 모든 도덕적 목적들의 인과적 근원이다.
따라서 보편적 이성은 모든 도덕적 목적들의 본질이다.
따라서 보편적 이성은 목적 자체로서 존재한다.
보편적 이성은 우리의 합리적 본성의 본질이다.
따라서 합리적 본성은 목적 자체로서 존재한다.
모든 인간은 합리적 본성을 지닌다.
따라서 모든 인간은 목적 자체로서 존재한다.
따라서 모든 인간은 모든 사람들에게 있어서 하나의 목적이다.
따라서 어떤 인간도 다른 어떤 다른 목적에 봉사하는 수단으로서 존재하
　지 않는다.[14]

그러나 오늘날 새로운 경험적 발견들은 칸트의 이성 개념이 그 출
발점에서부터 다시 수정되어야 한다는 것을 말해 준다. 즉 오늘날 새
로운 경험적 발견에 따르면 이성을 포함한 우리의 모든 개념은 결코
칸트가 원하는 것만큼 순수할 수 없다. 우리의 모든 추상적 개념은 신
체적/물리적 근거에서 확장된 것이며, 따라서 그것은 본성상 신체화
되어 있기 때문이다. 이러한 분석은 순수한 이성의 산물이라고 가정된
절대적 도덕원리가 우리가 실제로 실현할 수 있는 어떤 것이 아니라

14　레이코프 · 존슨, 『몸의 철학』, pp. 628-29.

우리가 원하는 이론적 요청의 산물이라는 것을 말해 준다.

순수 도덕 이성은 없으며, 또한 '그 자체로서만' 이해되거나 오직 다른 순수한 윤리적 개념들에 대한 관계 속에서만 이해되는 순수 도덕 개념은 없다. 우리의 도덕적 이해는 은유적이어서 가치와 선, 목적, 의도를 포함하는 방대한 체험적 영역들로부터 구조와 추론 패턴들을 끌어낸다. 도덕적 개념들에 대한 우리의 체계가 단층적이지 않으며, 완전히 일관성이 있는 것도 아니며, 고정되어 있거나 완성되어 있지도 않으며, 또한 자율적이지 않다는 것은 확실하다.[15]

존슨은 우리의 심리 작용에서 독립된 순수한 도덕원리를 추구하는 '도덕적 순수주의자'들이 "도덕 이론과 도덕심리학을 가르는 커다란 괴리가 존재한다는 환상"[16] 속에서 도덕적 탐구를 수행하고 있다고 지적한다. 전통적으로 도덕 이론과 도덕심리학을 준별하는 철학자들은 사실과 당위, 또는 사실과 가치의 이분법적 구분을 받아들이는 동시에 도덕심리학이 구체적인 상황에서 도덕적 결정 과정을 기술하고 설명할 수 있지만, 그것이 결코 무엇이 옳고 그른지를 결정해 주는 포괄적인 도덕원리를 제공하지 못한다고 주장한다. 그러나 존슨은 도덕적 순수주의자들의 이러한 주장이 그릇된 사실/가치 이분법에 의존하고 있으며, 그것은 크게 다음과 같은 두 갈래의 오류로 표현된다고 지적한다.

1) 사실 독립성의 오류: 사실은 그것에 부여된 가치와 독립적이다.

---

15 같은 책, p. 492.

16 Johnson, "How Moral Psychology Changes Moral Theory," in Larry May et al., eds., *Mind and Morals* (Cambridge, Mass.: MIT Press, 1996), p. 45.

2) 경험적인 것의 무관성 오류: 사실은 그것에 어떤 가치를 부여할 것인지를 결정해 주지 않는다.[17]

체험주의는 도덕 개념과 이론들의 근거를 초월적인 것에서 찾는 대신에 그것들이 다른 모든 개념과 마찬가지로 경험적 사실을 근거로 한 은유적 확장의 산물이며, 따라서 결코 경험적인 것들에서 분리될 수 없다고 주장한다. 모든 도덕 개념과 이론이 은유의 산물일 뿐이라는 체험주의의 급진적 주장은 데리다(J. Derrida)의 해체의 철학을 떠올리게 한다. 아마도 전통적 이론들이 도달했던 숭고한 도덕적 이상들은 데리다가 폭로했던 것처럼 자신의 출생지를 은폐하면서 스스로의 가치를 높이는 과정에서 형성되었을 것이다.[18] 즉 데리다의 해체는 존재, 이성, 진리 등 서양철학의 주도적 개념들이 사유의 이러한 은유적 도약을 통해 구성되었다는 사실을 드러내는 데 집중된다.

데리다의 해체는 적어도 서구 지성사를 이끌어 온 주도적 개념들이 과거의 철학자들이 무비판적으로 받아들였던 것처럼 강고하거나 실체적인 개념들이 아니라는 점을 드러내는 데는 성공적이다. 그렇지만 데리다는 그러한 분석이 어떤 철학적 결론으로 나아가야 할 것인지에 관

---

17 같은 논문, pp. 63-64. 사실과 가치 문제에 관해서는 분석철학의 전통 안에서 방대한 논의가 이루어졌다. 아마도 이 문제에 관해 최근까지 가장 집중적인 논의를 전개하고 있는 철학자는 퍼트남(H. Putnam)일 것이다. 퍼트남은 '사실과 가치의 얽힘(entanglement)'이라는 논제를 통해 사실/가치 이분법이 경험주의자들의 그릇된 철학적 가정에서 비롯된 것임을 설득력 있게 주장한다. 이 문제에 관한 퍼트남의 최근 논의는 힐러리 퍼트남,『사실과 가치의 이분법을 넘어서』, 노양진 역 (파주: 서광사, 2010) 참조.

18 Jacques Derrida, *Margins of Philosophy*, trans. Alan Bass (Chicago: University of Chicago Press, 1982), pp. 211-12 참조.

해 침묵한다. 사실상 데리다적 해체의 특징은 비판 자체의 급진성에 있는 것이 아니라 그러한 급진적 비판 이후에 우리가 무엇을 해야 할 것인지에 관해 침묵한다는 데 있다. 그래서 데리다의 해체는 해체 이후에 더 이상 철학적으로 탐색해야 할 어떤 것도 남아 있지 않은 것 같은 인상을 준다. 이것은 데리다뿐만 아니라 '포스트모던'으로 불리는 모든 철학자에게서 공통적으로 드러나는 난점이다. 철학적 개념들이 대부분 은유의 산물이라는 점에서 존슨의 주장은 데리다의 해체론적 주장과 크게 다르지 않다. 그러나 존슨은 해체를 넘어서서 우리가 건설해야 할 새로운 도덕 이론의 가능성을 제시한다는 점에서 포스트모던 철학자들과 다른 길을 걷게 된다.

4. 해체와 재건

존슨은 우리가 전통적으로 구축해 왔던 도덕적 개념들이 상상력을 통해 극도로 이상화된 것들임을 설득력 있게 보여 준다. 그는 상상력이 주관적이며 무합리적이라는 전통적 이해가 "그릇된 동시에 위험하다"[19]고 말한다. 존슨에 따르면 상상력은 인지의 기본적 차원에서 작용하는 필수적 작용이며, 따라서 그것은 다른 모든 확장된 차원의 정교한 사고의 바탕을 이루고 있다.[20] 그는 이러한 상상력 이론을 바탕으로 '도덕적 절대주의'와 '도덕적 상대주의'라는 대립적 견해가 모두 상상력에 대한 부적절한 이해에 근거하고 있다고 주장한다.

---

19 존슨, 『도덕적 상상력』, p. 30.
20 존슨, 『마음 속의 몸』, 특히 6장 참조.

도덕적 절대주의는 어떤 행위가 옳으며, 어떤 행위가 그른지를 말해 주는, 보편적으로 강제적인 절대적 도덕 법칙이 존재한다고 주장한다. 도덕적 절대주의는 상상력이 '순전히' 주관적일 뿐이며, 따라서 법칙들의 도덕성 안에 어떤 자리도 없다고 가정한다.

대립적 입장인 도덕적 상대주의는 어떤 도덕 법칙도 존재하지 않는다고 주장하거나, 만약 도덕 법칙이 존재한다면 그것은 특정한 문화 집단에 상대적이거나 특정한 역사적 맥락에서만 유효하다고 주장한다. 그러므로 상대주의는 보편적으로 타당한 도덕 법칙은 존재하지 않으며, 모든 평가의 기준은 전적으로 우연적이고 문화 의존적이라고 주장한다. 만약 도덕적 상대주의자가 상상력을 받아들인다면 그 이유는 오직 상상력이 전적으로 무제약적이고 이성에 대립적이며 도덕적 보편성의 가능성을 침식한다고 생각하기 때문이다.[21]

여기에서 존슨이 취하는 제3의 길은 상상력의 작용이 전통적 도덕 이론이 요구하는 수준의 보편성이나 객관성을 제공할 수 없다는 점을 인정한다 하더라도 그것이 결코 주관적이고 무제약적이며 비합리적인 것은 아니라는 것이다. 우리가 주목해야 할 것은 존슨의 이러한 주장이 단순히 이론적인 요청에 근거하고 있는 것이 아니라 우리의 실제 인지 구조에 대한 경험적 해명에 근거하고 있다는 사실이다. 이 주장은 상상력이 우리가 실제로 사고하고 행위하는 수준에서 요구되는 적절한 정도의 보편성을 제공한다는 것을 함축하며, 동시에 그것이 우리가 실제로 추구할 수 있는 보편성의 한계라는 사실을 함축한다. 이러한 관점에서 존슨은 한편으로 보편적 도덕원리에 집착하는 이론을 거

---

21 존슨, 『도덕적 상상력』, p. 30. (고딕은 원문의 강조.)

부하면서도, 다른 한편으로 도덕원리 없이 도덕적 상상력에만 집착하는 이론 또한 거부한다.[22] 그는 전자가 사소하고 적용 불가능하며 때로는 도덕적으로 건설적 실천에 장애가 되는 반면, 원리가 결여된 도덕적 상상력은 자의적이고 무책임하며, 나아가 위험한 것일 수 있다고 본다.

여기에서 제3의 시각으로서 존슨의 작업은 크게 다음과 같은 세 단계로 요약될 수 있다.

1) 전통적 도덕 개념이 갖는 상상적 구조를 분석한다.
2) 전통적 도덕 이론의 부적절성을 드러낸다.
3) 앞서 두 단계의 작업을 토대로 대안적인 도덕 개념을 구성한다.

마지막 단계의 주된 관심사는 도덕 이론 자체의 본성 문제다. 따라서 존슨의 작업은 전통적인 의미에서 또 하나의 도덕 이론을 제시하는 것이 아니라 도덕 자체에 대한 새로운 이해 방식을 제공하는 것이다. 그래서 존슨은 이제 도덕 이론의 과제가 "도덕 법칙의 정식화가 아니라 도덕적 상상력의 함양"[23]이라고 말한다. 이러한 관점에서 존슨은 적절한 도덕 이론의 핵심에 도덕심리학이 자리 잡고 있어야 한다고 주장하며, 그 이유를 다음과 같이 설명한다.

우리의 도덕성은 인간의 도덕성이며, 따라서 그것은 우리 인간의 관심사들과 관련되어야 하며, 우리 자신과 같은 인간이 실현할 수 있어야 하

---

22 같은 책, pp. 19-20 참조.
23 같은 책, p. 22.

며, 우리의 삶을 통해서 직면하는 문제 상황들의 유형들에 적용 가능해야
한다. 이것은 인간의 동기화, 자아의 본성, 개념의 본성, 우리의 이성이 어
떻게 작용하는지, 우리가 어떻게 사회적으로 구성되는지, 나아가 우리가
누구이며 마음이 어떻게 작용하는지에 관한 수많은 사실에 대한 폭넓은
지식 없이는 적절한 도덕 이론을 구성할 수 없다는 것을 의미한다. 더욱이
우리는 개념이 어떻게 형성되며, 그 구조가 어떤 것인지, 무엇이 우리의
추론을 제약하는지, 주어진 상황을 이해하는 우리의 방식이 지닌 한계들
은 무엇인지, 우리는 도덕적 문제들을 어떻게 구조화하는지 등과 같은 정
신적 활동의 세부적인 것에 대한 지식이 없이는 최선의 행위가 무엇인지
알 수 없다.[24]

존슨의 주장에 따르면 이제 우리에게 도덕적 탐구는 어떤 것이 되
어야 할까? 우선 우리는 도덕적 탐구가 추구해 왔던 단일한 기준에 대
한 희망을 버려야 한다. 모든 것은 우리의 특정한 개념체계에 상대적
이기 때문이다. 그럼에도 이러한 단일한 기준을 도덕의 유일한 참된
기준으로 삼았을 때, 우리에게 열려 있는 선택은 '초월'로의 도약 아
니면 절망적 회의주의다. 그리고 그 어떤 것도 우리가 원하는 결과는
아니다. 이러한 딜레마를 넘어서서 존슨은 다음과 같이 주장한다.

도덕 이론은 도덕적 이해의 이론이 되어야 한다. 그 목표는 자신과 타인
들, 그리고 인간 존재의 복합성에 대한 깊고 풍부한 이해에서 비롯되는 도
덕적 통찰, 그리고 안내와 지침이 되어야 한다. 도덕적 사유의 핵심에 자
리 잡고 있는 것은 우리를 다른 사람들과 함께 잘 살 수 있게 해 주는 좀

---

24 Johnson, "How Moral Psychology Changes Moral Theory," p. 49.

더 포괄적인 목표들을 구성하고 실현하는 능력이다. 그것은 변화하는 경험을 조작하고 새로운 우연성들에 지성적으로 대처할 수 있을 만큼 충분히 유연한, 방대한 형태의 상상적 이성을 포함한다. 도덕적 지성의 핵심은 주어진 상황에서 행위의 가능성들을 상상적으로 파악하고 어떤 행위가 의미와 평안함을 고양할 가능성이 가장 큰지를 식별하는 일이다.[25]

이러한 도덕 이론은 우리에게 일련의 도덕원리를 제공해 줄 수 없을 것이다. 대신에 우리는 다만 우리가 '도덕적'이라고 부르는 것들의 본성을 좀 더 적절하게 이해함으로써 우리가 속하는 사회의 도덕적 이해의 구조를 배우게 될 것이다. 도덕 이론은 이제 모든 행위를 판정하고 규제하는 포괄적인 원리를 추구하는 것이 아니라 개인과 그가 속한 사회의 상호작용적 기제를 관찰하고, 그것을 이해하고 배우는 데 기여하게 될 것이다. 그리고 그것은 우리에게 현실적으로 주어진 도덕적 규범들의 본성에 대해 새로운 이해 방식을 요구한다.

절대성, 통일성, 완전성이라는 객관주의적 이상들은 여전히 개념화가 가능할 뿐만 아니라 나름대로의 긍정적 기능을 갖는다. 예를 들면 도덕적 이상들은 실제 우리의 도덕적 삶에서 결정적인 역할을 한다. 그러나 더 중요한 것은 그것들이 심리적으로 현실적이어야 하며 우리의 마음이 실제로 작용하는 방식에 합치하는 것이어야 한다는 점이다.[26] 말하자면 그러한 이상들의 범주화가 인지적으로 가능하다고 하더라도 그것들은 우리의 삶의 조건에 비추어 볼 때 실현 불가능한 '지나친 크기'의 개념들이다. 동시에 그것들이 갖는 부분적인 유용성에

---

25 같은 논문, p. 66.
26 존슨, 『도덕적 상상력』, p. 219 참조.

도 불구하고 그것들이 안고 있는 위험성은 결코 작지 않다. 그것들은 우리의 실제적 삶의 조건에 결코 부합하지 않으며, 따라서 그것이 일종의 '해명'을 자처할 경우 필연적으로 우리 삶의 조건의 중요한 일부를 억압하거나 배제하게 된다.

도덕 이론에 대한 체험주의적 접근은 우리를 넘어선 초월적 지점을 설정하지 않는다는 점에서 분명히 '자연주의적'(naturalistic)이다. 체험주의는 도덕적 탐구가 다른 경험적 탐구와의 연장선상에서 이루어져야 한다고 보는데, 그것은 고전적인 도덕 이론가들이 오랫동안 심리학자의 일이라고 배척해 왔던 길이다. 오늘날 경험적 지식의 성장은 도덕이라는 영역을 담당하는 독립적 정신 능력이 존재한다는 믿음이 '그릇된 심리학'에서 비롯된 가상이라는 사실을 보여 준다. 도덕적인 것은 결코 우리 밖에 존재하는 어떤 것의 이름이 아니며, 도덕적 사고와 이해, 그리고 행위 또한 우리의 다른 모든 사고와 이해, 그리고 행위와 분리될 수 있는 어떤 것도 아니다.[27]

도덕성에 대한 존슨의 해명은 보편적 도덕원리를 추구하는 대신에 보편적 도덕원리라는 개념이 어떻게 형성되고 이해되어 왔는지를 새로운 시각에서 보여 준다. 이러한 해명 자체는 본성상 철학적인 것이지만, 그러한 해명에 제시되는 증거들은 대부분 경험적인 것이다. 이러한 탐구는 무엇이 선하고 무엇이 옳은 것인지에 대한 직접적인 답을 겨냥하는 대신에 이 문제에 관해 과거의 이론들이 제시했던 기준들을

---

27 '도덕적인 것'이 갖는 규범성이라는 특수한 성질을 들어 그 원천을 우리 밖에서 찾으려는 시도는 철학사를 통해 오래되고 낯익은 것이지만, 그렇다고 해서 그만큼 확고한 근거를 갖는 믿음은 결코 아니다. 규범성의 원천 또한 여전히 우리의 경험의 일부로 해명될 수 있기 때문이다. 이 문제에 관한 좀 더 상세한 논의는 이 책 3장 「규범성의 자연주의적 탐구」 참조.

반성적으로 검토하고 비판하는 작업을 요청한다. 이러한 시도는 물론 메타윤리학의 영역에 속한다. 이러한 작업을 통해 중요하게 드러나는 것은 '선'이나 '옳음'이 과거의 철학적 이론들이 말해 왔던 것만큼 객관적이거나 절대적인 것이 아니라는 점이다. 철학적 개념들은 모두 우리의 신체적이고 물리적인 경험에 뿌리를 두고 은유적으로 확장된 추상적 개념들이며, 따라서 그것들 중 어떤 것을 유일하거나 절대적인 것이라고 주장하는 것은 철학적 열망에 근거한 편향일 뿐이다.

그러나 이러한 분석이 도덕적 탐구 자체가 불가능하다는 것을 함축하지는 않는다. 여전히 우리는 일상을 통해 '선한 것'과 '옳은 것'을 경험하며 또 그것에 관해서 이야기할 것이다. 객관주의적 도덕 이론들은 이러한 평가가 절대적이거나 초월적인 기준에 근거해서 가능하다고 주장해 왔다. 그러나 그렇게 제안된 기준들이 절대적인 것이 아니라 사실상 다양한 상상력의 산물, 즉 은유들의 체계일 뿐이라는 주장을 받아들인다면, 우리가 새롭게 해야 할 일의 하나는 그러한 상상력의 산물들을 좀 더 섬세하게 관찰하고 평가하는 일이다. 도덕원리가 우리 자신에 앞서 존재한다는 생각으로부터 우리를 일깨워 준 것은 우리의 사유 능력에 대한 자기반성이다. 절대적 원리들은 우리의 밖에 존재하는 어떤 것들의 이름이 아니라 우리가 원하는 것들의 이름이다. 바꾸어 말하면 절대적 원리는 세계의 사실로서 우리의 경험에 주어진 어떤 것이 아니라 우리의 특정한 믿음에 주어진 어떤 것이다. 필자는 이것이 체험주의의 제안이며, 메를로 퐁티가 말하는 '이 땅의'(down to earth) 철학이 함축하는, 거부할 수 없는 귀결의 하나라고 본다.[28]

---

28 Maurice Merleau-Ponty, *The Primacy of Perception*, ed. James Edie (Evanston, Ill.: Northwestern University Press, 1964), p. 13 참조.

도덕적 상상력에 관한 존슨의 주장은 우리의 시각을 "동요시키는 동시에 해방시키는"[29] 종류의 것이다. 그것은 과거 도덕적 전통의 지반인 이성 개념의 전면적 재구성을 요청한다는 점에서 우리를 뒤흔드는 주장이다. 동시에 그것은 전통적인 객관주의적 이론들의 억압과 소외에서 우리를 해방하는 주장이다. 나아가 그것은 대안적 도덕 개념을 제시함으로써 단일하고 객관적인 도덕원리의 상실로 인해 초래되는 허무주의적 우려에서 벗어나고 있다는 점에서 여전히 건설적인 철학의 가능성을 예고한다.

도덕원리의 발견이 경험주의적 의미에서의 '검증'(verification)을 넘어선 문제라는 것은 분명하다. 그러나 이러한 사실이 도덕원리 건설의 불가능성이나 불필요성을 의미하는 것은 아니다. 우리는 여전히 이런저런 도덕원리들과 함께 살아가며, 앞으로도 그럴 것이다. 대신에 우리가 받아들여야 할 것은 그러한 원리들이 우리를 넘어선 초월적 원천에서 비롯되는 것도 아니며, 그렇다고 해서 개개인의 자의적 충동에 의해 주어지는 것도 아니라는 사실이다. 그러한 원리들은 다른 모든 개념이나 원리와 마찬가지로 신체적 층위의 경험으로부터 확장되며, 동시에 신체적 층위의 경험에 의해 제약된다. 이러한 구조 안에서 주어진 우리의 '도덕적 이해'는 결코 절대주의적 도덕 이론에 의해서도, 허무주의적 상대주의에 의해서도 적절하게 해명될 수 없다. 그것은 '완화된 상대주의'(modified relativism)라고 불릴 수 있는 시각을 통해서만 적절하게 해명될 수 있을 것이다.

29　존슨, 『도덕적 상상력』, p. 27. (고딕은 원문의 강조.)

5. 맺는말

'분석'이라는 지적 격류 속에서 제기된 방법적 반성과 함께 도덕적 탐구는 더 이상 과거로 되돌아갈 수 없게 된 것으로 보인다. 지식의 정당성을 '경험적 검증'이라는 척도에서 찾으려고 했던 논리실증주의의 시도는 그 자체로 붕괴되었다 하더라도 그 때문에 논리실증주의가 거부했던 형이상학적 사변이 다시 복권되는 것은 아니기 때문이다. 그렇다면 보편적 도덕원리에 대한 사변적 탐구를 포기한 우리에게 '도덕적인 것'은 어떻게 다루어져야 하는가?

도덕적 사고의 본성을 '상상력'을 통해 해명하려는 체험주의의 시도는 이 물음에 대한 새로운 대안을 제시해 주는 것으로 보인다. 체험주의는 절대주의적 도덕 이론을 대변하는 합리주의적 도덕 이론들이 근원적으로 우리의 사고와 이해에 대한 그릇된 가정에 근거하고 있으며, 이 때문에 보편적 도덕원리의 탐구라는 과제 또한 포기되어야 할 그릇된 환상이라고 주장한다. 절대주의적 도덕 이론의 거부는 자연스럽게 허무주의에 대한 우려를 불러온다. 이러한 상황은 우리에게 절대주의 아니면 허무주의라는 이분법적 딜레마처럼 주어진다. 그러나 존슨의 제안에 따르면 보편적 도덕원리의 탐구라는 희망을 버리는 것이 도덕적인 것에 대한 탐구 자체의 포기를 뜻하는 것은 아니며, 도덕적 허무주의를 예기하는 것은 더더욱 아니다. 절대주의/허무주의 이분법은 도덕적 이해에 대한 그릇된 가정에서 비롯된 가상일 뿐이다. 도덕적 상상력의 구조에 대한 해명을 통해 존슨이 제안하는 '도덕적 이해의 이론'으로서 도덕 이론은 절대주의도 허무주의도 아닌, 제3의 길을 택하고 있다. 여기에서 도덕적 탐구는 이제 '도덕적인 것'의 본성, 다원주의적 구조 안에서의 도덕적 영역들과 그것들 사이의 관계에 대한 새로운 탐색을 요구할 것이다.

이러한 탐색은 모든 형이상학적 사변을 거부한다는 점에서 자연주의적이다. 자연주의적 탐구는 우리를 결코 완결된 하나의 이론적 체계로 이끌어 가지 못할 것이다. 도덕적인 것에 대한 자연주의적 탐구는 다른 모든 경험적 지식과 마찬가지로 끊임없이 성장하고 수정되어야 할 미완의 탐구가 될 것이다. 그러나 그러한 지식은 현재와 같은 몸을 가진 인간으로서 우리의 실제적 삶의 조건에 부합하는 크기와 내용을 갖는다는 점에서 중요성을 갖는다. 그것을 초월하려는 과거의 시도들은 '우리가 원하는 것'의 모습을 보이는 데 성공적이었겠지만, 그것은 '우리의 것'을 적절하게 보여 줄 수 없을 뿐만 아니라 본성상 우리를 '유토피아적 재앙'으로 이끌어 갈 위험성을 안고 있다.[30]

이러한 시각에서 본다면 전통적인 도덕적 탐구가 추구했던 보편적 도덕원리는 우리의 상상적 사유를 통해 주어진 '철학적 열망'의 한 표현이라는 것을 알 수 있다. 그래서 이제 우리는 보편적 도덕원리라고 간주되었던 것들의 가정된 절대성이 도덕적 상상력의 산물이라고 말할 수 있다. 그러나 그러한 원리들은 메를로 퐁티의 지적처럼 실천을 통해 검증되지 않으면 다만 '신화화'(神話化)에 불과한 것으로 남게 될 것이다.[31] 우리는 여전히 이러한 신화들과 함께 공존하겠지만, 적어도 철학적 반성이 요청하는 것은 그것이 '신화'라는 사실에 대한 우

---

30 이러한 생각은 포퍼(K. R. Popper)에 의해 충분히 섬세하고 설득력 있게 제시된 것으로 보인다. 보편적 도덕원리를 추구하는 모든 이론은 유토피아적 이상을 담고 있다는 점에서 포퍼가 말하는 '닫힌 이론들'이며, 그것들은 본성상 전체주의적 재앙의 씨앗을 담고 있다. Karl R. Popper, *The Open Society and Its Enemies 1–2*, 5th ed. (London: Routledge, 1966) 참조.

31 Merleau-Ponty, *The Primacy of Perception*, pp. 25–26 참조.

리의 자각이다.

제 5 장
도덕의 영역들

1. 머리말

전통적인 규범윤리학적 탐구의 핵심적 목표는 '보편적 도덕원리' 를
발견하는 일이었으며, 이러한 구도 안에서 흔히 간과되어 왔던 것은
본성상 매우 다른 두 가지 층위의 도덕이 존재한다는 사실이다. 필자
는 도덕의 이 두 층위를 각각 '금지의 도덕' 과 '권고의 도덕' 이라고
부를 것이다. 이 두 영역은 오랫동안 '도덕' 이라는 이름으로 묶여 하
나의 구도 안에서 다루어졌지만, 사실상 그것들은 매우 다른 역할과
본성을 갖는다. 전통적인 규범윤리학은 대부분 이 구분에 대한 명확한
인식을 결여하고 있으며, 오늘날 그것을 넘어서려는 다양한 형태의 윤
리학적 논의에서도 이 구분은 여전히 간과됨으로써 논의의 혼란을 부
추긴다.

필자는 '도덕적인 것' 을 다양한 다른 경험과 구분해 주는 핵심적 특
성을 '규범적 강제성' 이라고 보며, 그것을 축으로 금지의 도덕과 권고
의 도덕을 의미 있게 구분할 수 있다고 본다. 금지의 도덕은 전형적으
로 '~하지 않아야(해야) 한다' 라는 형태로 표현되며, '규범적 강제
성' 을 수반하는 반면, 권고의 도덕은 더 나은 인간의 삶을 위한 다양
한 이상들을 제시한다. 금지의 도덕과 권고의 도덕의 영역을 가르는

경계선은 시대와 문화에 따라 변화하며, 따라서 이 구분은 구체적 적용의 차원에서만 명백하게 드러난다. 한때 금지의 도덕에 속하던 것이 권고의 도덕으로 변화하며, 그 역도 가능하다. 금지의 도덕은 현실적으로 대부분 명문화된 법질서를 통해 표현되며, 이 때문에 '도덕'이라는 말은 종종 법질서를 제외한 권고의 도덕을 가리키는 것으로 인식되기도 한다.

이 두 가지 도덕을 선명하게 구분하기 위해 필자는 밀(J. S. Mill)의 자유주의 원칙이 제시하는 '타인에 대한 해악'(harm to others)을 '원리적' 척도로 사용하려고 한다. 이 원리를 실제로 적용하는 것은 다양한 사회적·문화적 변이를 드러내겠지만, 적어도 이 원리는 규범적 강제성을 정당화해 주는 실제적 원리로서 여전히 유효해 보이기 때문이다. 이러한 구도에서 본다면 '도덕적인 것'을 다루는 윤리학의 핵심적 과제는 바로 이 금지의 도덕 영역을 규정하는 문제로 집약되며, 그것을 넘어선 문제들은 오직 금지의 도덕과의 관련성 속에서만 실질적인 윤리학적 논의의 주제가 될 수 있을 것이다.

이러한 시각 교정이 그 자체로 고전적인 의미에서 새로운 도덕 이론을 산출하는 것은 물론 아니다. 대신에 그것은 '초월'이나 '선험'의 길을 통해 보편적 도덕원리를 추구해 왔던 절대주의적 도덕 이론이 안고 있는 근원적 난점의 소재를 밝혀 줄 것이며, 나아가 우리의 핵심적인 윤리학적 관심사가 금지의 도덕 영역을 구획하는 문제라는 사실을 보여 줄 것이다. 이러한 새로운 구도 안에서 '규범적 강제성'이라는 근거를 잃은 '좋은 것'의 문제는 다원주의적으로 열려 있는 사적 가치의 영역으로 편입되어 다루어질 수 있을 것이다. 따라서 우리에게 남은 핵심적인 윤리학적 과제는 '나쁜 것'이 무엇인지를 결정하는 방법과 원리에 관한 실질적 탐구라고 할 수 있다.

2. 도덕적인 것과 규범성의 원천

보편적 도덕원리를 추구하는 전통적인 규범윤리학적 탐구에는 두 갈래의 도덕이 혼재되어 있다. 그것은 '금지의 도덕'과 '권고의 도덕'이다. 이 두 갈래의 도덕이 갖는 매우 다른 본성과 역할에도 불구하고 지성사를 통해 전통적 주류를 형성해 왔던 절대주의적 도덕 이론들은 이 두 영역을 포괄하는 단일한 원리가 존재할 것이라고 가정해 왔다. 이러한 가정은 실제적인 도덕적 경험에 대한 해명을 가로막아 왔을 뿐만 아니라 윤리학적 탐구에 혼란을 가중시켜 왔다. 이러한 상황은 오늘날 윤리학적 논의에서도 크게 다르지 않아 보인다.

'도덕적인 것'을 다른 유형의 경험과 구별해 주는 일차적 특징은 '규범적 강제성'이다. 전통적 규범윤리학의 명제들은 '~해야 한다/~하지 않아야 한다'라는 형태를 띠며, 따라서 그 핵심적 과제는 도덕적 명제가 갖는 규범성을 원리적으로 정당화하는 문제였다. 그러나 보편적 규범성을 정당화하려고 시도했던 전통적 규범윤리학은 20세기 초반에 들어 논리실증주의의 '검증원리'에 의해 '무의미'로 단정되었다. 즉 규범윤리학은 '~해야 한다'라는 문장이 담고 있는 규범성의 의미론적 근거를 제시하지 못했으며, 그것은 분석의 물결이 가라앉은 오늘날에도 여전히 돌이킬 수 없는 사실로 남아 있다.

여기에서 우리가 주목해야 할 것은 규범윤리학이 보편적 도덕원리의 추구를 자명한 과제로 받아들이고 있었다는 점이다. 절대주의적 도덕 이론의 구도에서 본다면 보편적 도덕원리의 부재는 곧 도덕적 허무주의에로의 전락을 의미한다. 도덕적 허무주의는 우리의 논의 자체를 원천적으로 봉쇄하며, 그것은 퍼트남(H. Putnam)의 지적처럼 '정신적 자살'일 뿐이다.[1] 따라서 진지한 이론적 논의에 참여하는 어느 누

구도 허무주의를 선택할 수 없다. 이 때문에 많은 사람은 보편적 도덕 이론에 대한 확고한 믿음을 갖지 않더라도 여전히 절대주의적 도덕 이론의 주변을 서성일 수밖에 없다. 보편적 도덕원리는 적어도 확고하게 반박되지 않았다는 점에서 여전히 열린 가능성처럼 보이기 때문이다.

 필자는 이러한 절대주의와 허무주의의 이분법적 대립이 순수하게 이론적 차원에서 생겨나는 가상이라고 보며, 지적 영역에서와 마찬가지로 도덕 이론에서도 그것을 넘어서는 새로운 시각이 필요할 뿐만 아니라 가능하다고 본다. 이러한 시각에서 규범윤리학의 실패가 도덕 이론 자체의 불가능성을 의미하는 것도 아니며 도덕적 허무주의를 불러오는 것도 아니다. 규범윤리학이 거부된다 하더라도 여전히 우리는 '도덕적인 것'과 함께 살고 있으며, 그것의 본성과 구조에 관한 해명은 여전히 중요한 숙제로 남아 있기 때문이다. 여전히 열려 있는 새로운 길은 바로 우리가 실제적으로 경험하는 '도덕적인 것'의 본성과 구조에 대한 자연주의적 해명의 길이 될 것이다.[2]

 이러한 관점에서 우리에게 주어지는 핵심적 과제는 절대적 보편성 개념에 의존하지 않고 '도덕적인 것'의 본성을 규정해 주는 '규범적 강제성'의 적절한 소재를 밝히는 일이다. 필자는 이 문제에 접근하기 위해 밀이 『자유론』(*On Liberty*)에서 제안했던 '자유주의 원칙'이 유

---

1 힐러리 퍼트남, 『이성·진리·역사』, 김효명 역 (서울: 민음사, 2002), p. 205 참조.
2 도덕적 탐구에 관한 이러한 자연주의적 접근의 가능성은 듀이(J. Dewey)의 실용주의나 후기 비트겐슈타인(L. Wittgenstein)의 철학, 나아가 최근에 새롭게 형성되어 가는 체험주의(experientialism)에서 공통적으로 찾을 수 있다. 이러한 시각에서 필자는 신체화된 경험의 구조에 관한 체험주의적 해명을 토대로 우리가 실제로 경험할 수 있는 규범성의 원천을 종(種)으로서의 인간이 공유하는 '경험의 공공성'에서 찾을 수 있다고 제안했다. 이 책 3장 「규범성의 자연주의적 탐구」, 특히 pp. 69-70 참조.

용한 출발점이 될 수 있다고 본다. 물론 자유주의 원칙의 기본적 의도
는 도덕적 원리 또는 이상을 제시하려는 것이라기보다는 개인의 시민
적 자유를 옹호하려는 것이었다. 그러나 밀이 제안했던 '타인에 대한
해악' 이라는 기준은 오히려 규범적 강제성의 정당화에 관한 핵심적인
척도를 담고 있다.

> 이 논문의 목적은 …… 대단히 간단한 한 원칙을 주장하려는 것이다. 그
> 원칙은 인류가 개인적으로나 집단적으로 어느 한 개인의 자유에 정당하게
> 간섭을 하는 유일한 목적은 자기방어라는 것이다. 권력이 문명사회의 한
> 구성원에게 본인의 의사에 반해서 정당한 제재를 가할 수 있는 유일한 목
> 적은 타인에 가해지는 해악을 방지하는 것이다.[3]

여기에서 밀은 '타인에 대한 해악' 을 개인의 자유를 제약할 수 있는
유일한 근거로 제시했으며, 그것은 오늘날 자유주의의 기본 원칙으로
이해되고 있다. 그러나 필자는 밀이 제시하는 '타인에 대한 해악' 이라
는 기준이 단순히 정치철학적 차원을 넘어서서 금지의 도덕을 규정할
수 있는 현실적인 기준이 될 수 있다고 본다.[4] 왜냐하면 타인에 대한
해악이 '도덕적인 것' 의 본성을 규정해 주는 규범적 강제성의 실질적

---

3 존 스튜어트 밀, 『자유론』, 김형철 역 (서울: 서광사, 1992), pp. 22-23. (고딕은
  필자의 강조.)
4 본론의 논의를 통해서 드러나겠지만 도덕적 논의에서 밀의 자유주의 원칙을 받아
  들이는 것이 밀의 쾌락 원리에 근거한 공리주의적 시각을 받아들인다는 것을 의미
  하지는 않는다. 도덕 문제에서 이러한 출발점을 선택하는 것은 도덕성에 관한 주
  도적 전통을 이루어 왔던 보편적 도덕원리에 대한 탐구를 거부한다는 것을 의미한
  다. 역설적이지만 밀의 공리주의적 쾌락 원리 또한 보편적 도덕원리의 탐구의 한
  유형이다.

근거가 될 수 있으며, 금지의 도덕은 바로 이 규범적 강제성에 의해 특징지어질 수 있기 때문이다.

이러한 논의의 출발점에서 필자가 주목하는 것은 '도덕'이 인간의 사회적 관계 — 초월적이거나 외재적이 아닌 — 에서 비롯되는 개념이며, 동시에 '도덕적인 것'이 기본적으로 '인간'이라는 종(種)의 담론이라는 점이다. 도덕적 실재론으로 분류될 수 있는 전통적인 이론들은 '좋음' 또는 '옳음'을 우리 밖에 존재하는 독립적 실체로 간주했으며, 그것을 도덕의 객관성을 확보하는 유일한 길로 받아들였다. 그러나 우리 밖의 객관성은 오직 '초월' 또는 '선험'이라는 통로를 통해서만 도달할 수 있는 어떤 것이었으며, 그것은 철학사를 통해 스스로의 철학적 정당성을 입증하는 데 성공하지 못했다.

초월이나 선험이라는 통로를 포기하게 되면 우리에게 열려 있는 또 다른 길은 실제적인 도덕성에 대한 적절한 경험적 해명으로 보인다. 이러한 길은 오늘날 흔히 '자연주의'(naturalism)라는 이름으로 불린다. 자연주의적 시각을 받아들이면 '도덕적인 것'을 포함해서 우리가 '가치'라고 부르는 평가적 개념들은 우리 밖에 존재하는 어떤 것의 이름이 아니라 세계, 그리고 타인과 상호작용하는 과정에서 이루어지는 다양한 경험의 방식들에 대한 술어일 뿐이다.[5] 이 때문에 윤리학의 핵심적 과제인 '도덕적인 것'에 관한 적절한 탐구는 우리의 경험의 본성과 구조에 관한 해명의 일부가 되어야 한다.

한편 우리가 중요하게 상기해야 할 또 하나의 평이한 사실은 도덕적 평가의 대상이 인간의 행위로 국한된다는 점이다. 우리는 자연 세계나 동식물의 세계에 대해 직접적으로 도덕적 책임을 묻지 않는다.

---

5 이 문제에 관한 좀 더 상세한 논의는 이 책 2장 「경험으로서의 가치」 참조.

수많은 종류의 자연재해는 물론, 맹수들의 잔인한 사냥에 대해 사람들
은 이런저런 정서적 동요를 겪겠지만 그것을 도덕 문제로 인식하지 않
는다. 때로 도덕적 용어를 사용해서 그것들을 평가한다 하더라도, 그
것은 다만 다른 사람들의 정서적 공감대를 불러일으키기 위한 '유비'
에 불과하다. 우리는 그것들에 대해 도덕적 책임을 묻지 않으며, 또 물
을 수 없다. 이러한 의미에서 도덕은 고유한 인간의 경험이다.

　이러한 평이한 사실을 오랫동안 가려 왔던 것은 전통적인 절대주의
도덕 이론들이다. 절대주의 도덕 이론들은 규범성의 보편적 근거를 찾
는 데 집중함으로써 하나의 이론으로서 실패했을 뿐만 아니라 우리의
실질적인 도덕적 경험에 대한 해명 또한 가로막아 왔다. 대신에 우리
가 다시 물어야 할 핵심적인 물음은 인간이 실제적으로 공유하고 있는
도덕성의 원천, 즉 내가 '도덕적이어야 한다'라는 믿음의 원천이다.
이 물음은 규범성의 원천에 관한 물음이다. 동서양의 지성사를 통해
지배적 주류로 알려진 도덕 이론 대부분은 이 물음에 대해 확정적 답
을 제시하지 못하고 있다. 대신에 도덕성은 그 자체로 존재하는 어떤
것으로 가정되거나 인간의 내재적 또는 선험적 본성의 한 부분으로 가
정된다.

　예를 들어 도덕학으로서의 유학은 송대 주희(朱熹)에 이르러 형이
상학적 체계화를 통해 정형화되었으며, 그것은 '성리학'이라는 이름
으로 조선 사회를 지배하는 주도적 도덕원리로 자리 잡게 되었다. 도
덕의 중요성에 대한 성리학의 과도한 강조는 도덕을 우리 삶의 궁극적
가치 또는 최상의 가치로 규정하는 데 이르게 되었다. 이것은 전형적
인 '도덕주의'의 한 표현이다. 주희는 이렇게 말한다.

　무릇 사람은 반드시 성현이 되는 것을 소임으로 삼아야 한다. 세상 사람

들은 대부분 성현을 높다고 여기고, 자신은 낮추어 보기 때문에 나아지려고 하지 않는다. 모르긴 해도 만약 성현은 본래 높고 자신은 다른 종류의 사람이라면, 밤낮으로 쉬지 않고 힘쓰는 것은 나와는 별개의 내 분수 밖의 일이기 때문에, 하지 않아도 되고 해도 된다. 그러나 성현이 품부받은 본성은 보통 사람과 같다. 보통 사람과 같다면, 또 어찌 성현이 되는 것을 자기의 소임으로 삼지 않을 것인가?[6]

여기에서 주자가 말하는 성현이란 물론 인의예지라는 사덕(四德)을 실현하는 사람을 가리킨다. 그러나 정작 왜 우리가 도덕적 가치를 최고의 가치로 받아들여야 하는지, 즉 왜 우리가 도덕적이어야 하는지에 관한 주희의 답은 우리의 세계에 있지 않다. 주희는 도덕성의 궁극적 근거가 우리를 넘어선 어떤 것에 의해 그 자체로 주어지는 것으로 가정한다.

천도가 유행하여 조화로써 모든 만물을 발육하는데, 무릇 소리, 냄새, 모양, 형상을 갖고 천지 사이에 가득 차 있는 것은 모두 사물[物]이다. 이미 사물이 존재하면 이 사물이 만들어지는 이유에 각각 당연한 법칙이 없을 수 없기에 만물 스스로가 그만둘 수 없다. 이것은 모두 하늘이 부여한 것을 얻은 것이지 사람이 어떻게 할 수 있는 것이 아니다.[7]

아마도 주자는 고대부터 유교적 전통이 가르쳐 왔던 것처럼 도덕만이 우리 인간을 동물들과 구별해 주는 유일한 징표이며, 따라서 그것

---

6 주희, 『朱子語類』 이주행 외 역 (서울: 소나무, 2001), 제8권 27.
7 주희, 『大學或問』, 『朱子全書』, 제6권 (上海: 上海古籍出版社, 2002), p. 526. (이 인용은 이향준 박사의 번역을 따랐다.)

이 인간의 '본질'이라는 가정을 자연스러운 것으로 받아들이고 있었을 것이다.

도덕성의 원천에 대한 불투명한 가정은 서구의 도덕적 전통에서도 큰 차이 없이 드러난다. 서구의 지배적 도덕 이론들은 도덕성의 원천에 대한 답으로 모두 인간의 '이성'(reason)을 든다. 여기에서 모든 인간은 이성을 공유하는 존재이며, 그것이 바로 우리의 도덕성의 근거라고 가정된다. 이러한 생각은 순수실천이성이라는 개념을 통해 도덕성의 본성을 해명하려고 했던 칸트(I. Kant)에 이르러 매우 정교한 방식으로 정형화되었다. 그래서 칸트는 최고의 보편적 도덕원리가 어떤 경험적인 것의 도움 없이도 이성의 능력 안에서 선험적으로(a priori) 발견될 수 있다고 믿었다.

> 모든 윤리적 개념들은 온전히 선험적으로 이성 안에 그것들의 자리와 근원을 가지며, 이 점은 가장 평범한 인간 이성에서나 최고로 사변적인 이성에서나 마찬가지로, 그것들은 어떤 경험적인 인식으로부터, 그렇기에 어떠한 한낱 우연적인 인식에서 추상될 수 없는 것이다. 그리고 바로 윤리적 개념들의 근원의 이 순수성에 그것들이 우리에게서 최상의 실천 원리들로 쓰이기 위한 존엄성이 놓여 있는 것으로, 사람들이 이것에다 경험적인 것을 덧붙이는 그만큼 사람들은 매번 행위들에 대한 그것들의 진정한 영향력과 행위들의 무제한한 가치를 덜어 내는 것이다.[8]

그러나 칸트의 문제는 훨씬 더 깊은 뿌리를 갖는다. 그것은 바로 이성에 대한 무비판적인 믿음이다. 칸트가 전적으로 의지했던 이성 개념

---

8 임마누엘 칸트, 『윤리형이상학 정초』, 백종현 역 (서울: 아카넷, 2005), IV411.

은 그 자체로 규정되거나 증명되지 않는다. 이성은 항상 순환적인 방식으로만 규정된다. 예를 들면 인간은 도덕적일 수 있기 때문에 이성적이라고 간주되며, 동시에 이성적이기 때문에 도덕적이라고 간주된다. 이러한 의미에서 이성은 순수하게 '철학적' 개념이다. 그 실체가 오직 특정한 이론적 요청에 의해서만, 즉 선험적으로만 입증될 수 있기 때문이다. 카울바하(F. Kaulbach)는 이성주의의 이러한 난점을 다음과 같이 표현한다.

> 실천이성은 공통적으로 사유하고 말하는 것에 대해 현전해 있다. 그럼에도 불구하고 이 이성은 '대상적으로는' 기술될 수 없으며, 경험적으로 주어진 규범으로서도 확인할 수 없다.[9]

그러나 이처럼 '초월'이나 '선험'에 의지하지 않는다면 우리가 실제적으로 확인할 수 있는 규범성의 뿌리는 사실상 '종(種)으로서의 인간이 공유하는 경험의 공공성'으로 추정된다.[10] 이러한 의미에서 우리의 도덕적 경험은 고유한 인간의 경험이다. 다시 말해서 도덕적 맥락이 형성되는 것은 항상 '인간'이라는 종 안에서이며, 이러한 의미에서 종적 유사성은 도덕적 맥락을 형성하는 기본적 조건이다. 듀이(J. Dewey)는 도덕적 경험이 다른 경험과 분리될 수 없는 인간 경험의 한 유형이라는 점을 이렇게 강조한다.

> 도덕성은 모든 주제 중에 가장 인간적인 주제다. 그것은 인간 본성에 가

---

9 F. 카울바하, 『윤리학과 메타 윤리학』, 하영석 · 이남원 역 (서울: 서광사, 1995), pp. 16-17.
10 이 책 3장 「규범성의 자연주의적 탐구」, 특히 pp. 69-70 참조.

장 가까운 것이다. 그것은 불가분하게 경험적이며, 신학적이지도 형이상
학적이지도 수학적이지도 않다. 그것이 인간 본성과 직접적으로 관련되어
있기 때문에 생리학, 의학, 인류학, 그리고 심리학을 통해 몸과 마음에 관
해서 알 수 있는 모든 것은 도덕적 탐구와 관련된다. 인간 본성은 환경 안
에서 존재하고 작동한다.[11]

듀이의 자연주의적 시각을 따라 도덕적 경험을 우리 경험의 한 유
형으로 받아들이면, 도덕적 절대주의자들이 추구해 왔던 '도덕적 객
관성'은 경험의 사실이라기보다는 모종의 철학적 열망의 산물이라고
추정할 수 있다. 도덕적 절대주의자들은 그러한 객관성이 이 세계 안
에 존재하지 않는다는 것을 누구보다도 잘 알고 있었으며, 이 때문에
이들은 그 객관성을 우리 밖의 세계에서 찾으려고 했다. 그렇게 해서
선택한 길이 바로 '선험' 또는 '초월'이다.

오늘날 철학적 논의에서 초월적인 것에 대한 미련이 완전히 사라진
것은 아니지만, 20세기의 분석적 반성 이후에 그러한 시각은 더 이상
학문적 정당성을 유지하기 힘든 것으로 보인다. 도덕적인 것의 본성이
규범적 강제성이라는 사실을 상기한다면, 또 규범적 강제성의 원천을
'초월'이나 '선험'을 통해서 도달하려는 것이 아니라면 규범적 강제
성을 정당화할 수 있는 현실적인 조건을 '타인에 대한 해악'에서 찾는
것은 자연스러운 귀결로 보인다.

11 John Dewey, *Human Nature and Conduct: The Middle Works 1899-1924*,
vol. 14, ed., Jo Ann Boydston (Carbondale, Ill.: Southern Illinois Universi-
ty Press, 1983), p. 204.

3. 금지와 권고 사이

전통적 규범윤리학이 제시하는 도덕적 규범들이 모두 동일한 본성을 갖는 것은 아니다. 도덕적 규범들은 그 본성에 따라 크게 '권고'와 '금지'로 구분될 수 있다. 권고의 도덕은 사람들이 추구할 수 있는 이상들을 제시하는 반면, 금지의 도덕은 대부분 개인과 공동체를 보호하고 유지하기 위해 사람들이 하지 않아야 할 행위들(의무를 포함해서)을 규정한다. 이러한 의미에서 권고의 도덕을 '좋은 것의 도덕'이라고 부를 수 있다면, 금지의 도덕을 '나쁜 것의 도덕'이라고 부를 수 있다.

금지의 도덕과 권고의 도덕 사이의 불투명한 구분은 종종 실제적인 도덕적 이해에 적지 않은 혼란을 불러온다. 이러한 혼란은 원리적인 것이라기보다는 대부분 사회적·문화적인 것이다. 한때 금지의 도덕에 속했던 것이 권고의 도덕으로 이동하며, 그 반대일 수도 있다. 이 과정에서 금지의 도덕의 역사를 갖는 문제들은 금지의 영역에서 벗어나도 관습적인 이유 때문에 여전히 '도덕적' 문제로 받아들여지기 쉽다. 금지/권고의 구분을 받아들인다면 동아시아의 도덕 이론들이 제시해 왔던 도덕적 덕목들 대부분이 권고의 도덕에 속한다는 것을 알 수 있다. 유가(儒家)와 도가(道家), 그리고 불교는 공통적으로 인간의 도덕적 이상들을 규명하고 규정하는 데 초점을 맞춘다.[12] 그럼에도 사적·문화적 관성을 따라 많은 사람들은 권고의 도덕에 속하는 문제를 여전히 '도덕적인 것'의 일부로 인식하고 있다.

예를 들어 과부의 개가는 고려 말부터 부정적으로 받아들여졌지만,

---

12 물론 유가나 불가에 금지의 계율이 없는 것은 아니지만, 그것은 적극적 이상의 성취를 위한 보조적 장치일 뿐, 그것이 자체적으로 적극적 의미를 갖는 것으로 보이지 않는다.

성종 때 완성된『경국대전』(經國大典)에 이르러 개가한 과부의 자식은
벼슬에 오를 수 없도록 규정함으로써 명시적인 금지의 도덕의 일부가
되었다. 그리고 그것은 1894년 동학의 '폐정개혁'에 의해 폐지될 때
까지 유지되었다. 오늘날 과부의 개가 문제는 더 이상 '도덕적' 문제
로 간주되지 않는다. 또한 삼강오륜이라는 이름으로 제시되었던 다양
한 덕목은 성리학적 도덕주의 안에서 당연히 핵심적인 '도덕' 문제였
지만, 오늘날 그것들 대부분은 더 이상 도덕적 의미를 갖지 못한다. 그
것들은 모두 도덕적 맥락을 상실한 것이다. 반면에 환경오염과 관련해
서 금지되는 수많은 행위는 20세기 이전에는 아예 도덕 문제로 인식
조차 되지 않았을 것이다. 과학적 지식의 성장은 중금속이나 다이옥신
과 같은 물질이 타인에게 장기적이고 직접적 해악을 미친다는 사실을
드러냄으로써, 환경오염은 명백한 공적 도덕의 문제로 전환되었다.

  이처럼 문화적·역사적 변이를 따라 도덕적 맥락을 상실하게 된 영
역을 우선 무도덕의 영역이라고 부르기로 하자. 이러한 영역을 새롭게
가르려고 하는 이유는 그것들이 전형적인 취향의 문제와는 달리 대부
분 '도덕적인 것'으로서 문화적·역사적 맥락을 갖기 때문이다. 즉 그
것들은 적어도 사회적 변동이나 시대적 흐름에 따라 도덕 문제로 간주
되었던 역사를 갖고 있다. 대신에 매우 이례적인 경우를 제외한다면
전형적인 개인적 취향의 문제, 예를 들면 빨간색보다 흰색을 좋아하거
나 클래식보다는 대중음악을 선호하는 문제에서는 그러한 역사를 거
의 찾아볼 수 없다.

  이러한 의미에서 무도덕의 영역은 실제로 존립하는 특정한 행위들
의 묶음을 가리키는 것이 아니라 사실상 적절한 도덕적 맥락에 속하지
않으면서도 사람들에 의해 여전히 도덕의 영역으로 혼동되는 영역이
다. 이러한 혼동을 부추기는 데 가장 큰 역할을 한 것은 바로 금지의

도덕과 권고의 도덕 사이의 불투명한 구분이다. 사회 구조의 변화와
함께 권고의 도덕 영역으로 편입된 행위들은 이미 사적 영역으로 편입
된 것이며, 따라서 그것은 실질적으로 더 이상 도덕적 판단의 대상이
아니다.

'도덕적인 것'의 역사뿐만 아니라 최근의 이론적 흐름 또한 이 혼동
을 부추긴다. 이러한 시각에서 주목할 만한 이론적 시도로 '덕 윤
리'(virtue ethics)를 들 수 있다. 덕 윤리는 분석의 세기를 거치면서
황폐화된 규범윤리학이 새로운 방식으로 부활할 수 있을 것이라고 기
대한다. 덕 윤리는 근세 이래로 서구 도덕 이론의 두 축을 이루어 왔던
칸트적 의무론과 공리주의적 결과론의 실패가 모두 '이성'에 근거한
도덕원리의 추구였다는 점에 주목한다. 대신에 덕 윤리는 이성의 도덕
을 넘어서 행위자의 도덕적 품성이나 동기 등을 강조함으로써 실패한
두 갈래의 규범윤리학을 넘어서는 새로운 대안으로 제시된다.[13] 그러
나 금지/권고의 구분을 따라 비추어 보면 덕 윤리가 주목하는 도덕적
덕목들은 여전히 권고의 도덕 영역에 속하는 것으로서 또 다른 '좋은
것들'의 묶음일 뿐이다.

이러한 일련의 혼동은 대부분 윤리학의 주류를 이루어 왔던 도덕적
절대주의의 후유증이라고 말할 수 있다. 규범윤리학의 주류를 이루어
왔던 도덕적 절대주의는 좋은 것과 나쁜 것을 동시에 규정해 줄 수 있
는 보편적 도덕원리의 발견이 가능할 것이라고 가정했다. 그러나 우리
의 삶에는 너무나 다양한 좋은 것이 존재하며, 너무나 다양한 나쁜 것
이 존재한다. 그것들은 하나의 원리로 포섭되기에는 너무나 다른 성격

---

13 Rosalind Hursthouse, *On Virtue Ethics* (Oxford: Oxford University Press,
    1999), "Introduction," 특히 pp. 1–3 참조.

을 갖고 있다. 대신에 우리는 실제적인 도덕적 경험에 대한 경험적 해명을 통해 절대적 보편성이 아니라 우리가 실제적으로 도달할 수 있는 보편성, 즉 경험적 보편성에 눈을 돌려야 할 것이다. 그것은 우리를 넘어서는 초월적인 방법을 통해서가 아니라 우리의 실제적인 도덕적 경험과 도덕적 이해에 대한 경험적 탐구를 통해 훨씬 더 성공적으로 이루어질 수 있을 것이다.

이러한 맥락에서 존슨(M. Johnson)은 절대주의적 도덕 이론가들을 도덕적 순수주의자로 규정하고, 이들이 공유하는 그릇된 가정들로 '사실과 가치의 이분법적 구분'과 '도덕적 탐구와 경험적인 것의 무관성'을 든다.[14] 나아가 존슨은 이러한 가정에 근거한 절대주의적 도덕 이론이 우리를 초월로의 도약 아니면 절망적 회의주의로 이끌어 갈 것이라고 지적하고 새로운 도덕적 탐구의 과제가 '도덕적 이해'(moral understanding)에 관한 경험적 탐구가 되어야 한다고 주장한다.

도덕 이론은 도덕적 이해의 이론이 되어야 한다. 그 목표는 자신과 타인들, 그리고 인간 존재의 복합성에 대한 깊고 풍부한 이해에서 비롯되는 도덕적 통찰, 그리고 안내와 지침이 되어야 한다. 도덕적 사유의 핵심에 자리 잡고 있는 것은 우리를 다른 사람들과 함께 잘 살 수 있게 해 주는 좀 더 포괄적인 목표들을 구성하고 실현하는 능력이다. 그것은 변화하는 경험을 조작하고 새로운 우연성들에 지성적으로 대처할 수 있을 만큼 충분히 유연한, 방대한 형태의 상상적 이성을 포함한다. 도덕적 지성의 핵심은 주어진 상황에서 행위의 가능성들을 상상적으로 파악하고, 어떤 행위가

14 Mark Johnson, "How Moral Psychology Changes Moral Theory," in Larry May et al., eds., *Mind and Morals: Essays on Cognitive Science and Ethics* (Cambridge, Mass.: MIT Press, 1996), pp. 63-64 참조.

의미와 평안함을 고양할 가능성이 가장 큰지를 식별하는 일이다.[15]

4. 나쁜 것의 윤리학으로

'도덕적인 것'을 규정하는 단일한 보편적 원리를 추구하는 절대주의의 가정을 포기하게 되면 우리에게 남은 가능성은 도덕적인 것에 관한 원리 탐구의 가능성 자체를 부정하는 허무주의 아니면 다수의 원리의 존재를 인정하는 다원주의가 될 것이다. 허무주의가 우리의 선택이 될 수 없다는 것은 분명하다. 그렇다면 우리의 물음은 다원주의적 시각 안에서 규범성이 어떻게 정당화될 수 있는지의 문제로 모아진다.

규범적 강제성의 원천에 대한 초월적이거나 선험적인 정당화를 받아들이지 않는다면, 그 원천이 경험 세계 안에서 발견되어야 한다는 것은 자연스러운 귀결이다. 경험 세계 안에서 "무엇이 좋은가?"라는 물음은 결코 단일한 방식으로 답해질 수 없을 것으로 보인다. 수많은 '좋음들' 중 유일한 하나의 '좋음'을 발견하는 일은 초월이나 선험이 아니고서는 불가능할 것이기 때문이다. 대신에 밀을 따라 '타인에 대한 해악'을 규범적 강제성의 근거로 삼을 수 있다면, 도덕적 탐구의 핵심적인 물음은 "무엇이 좋은가?"가 아니라 "무엇이 나쁜가?"가 될 것이다.

앞서 언급했던 것처럼 금지의 도덕은 본성상 우리가 추구해야 할 이상들을 제시하려는 것이 아니라 우리가 금지해야 할 나쁜 것을 규정하는 데 주된 목적이 있다. 바꾸어 말하면 금지의 도덕을 준수하는 것

---

15 같은 논문, p. 66.

은 이상의 실현을 겨냥한 것이 아니라 우리가 속한 공동체를 유지하기 위한 최소한의 조건을 확보하기 위한 것이다. 그것이 바로 우리가 실제적으로 합의하고 받아들일 수 있는 수준의 보편성을 드러내는 규범적 강제성의 원천으로 보인다.

이러한 시각에서 본다면 전통적인 절대주의 도덕 이론들이 제시했던 원리들은 사실상 대부분 권고의 도덕을 규정하고 있다. 그럼에도 반성적으로 되돌아보면 역사의 어느 시점에 권고의 도덕에 속하는 가치들이 금지의 도덕 영역을 규정하면서 대규모적인 도덕적 억압이라는 귀결을 낳았다. 권고의 도덕은 개개인의 삶을 이끌어 가는 중요한 가치들을 제시하겠지만, 그것이 더 이상 우리의 '도덕적' 논의의 중심에 있어야 할 이유는 없어 보인다. 왜냐하면 자유주의적 구도 안에서 권고의 도덕이 제시하는 덕목들은 대부분 사적 가치의 문제로 전환될 것이기 때문이다. 대신에 오늘날 윤리학적 논의는 나쁜 것의 폭을 결정하려는 사회적 합의에서 무엇이 어떤 방식으로 핵심적 제약이 되어야 할 것인지를 탐색하는 문제에 주목해야 할 것이다.

'나쁜 것'을 규정하는 문제가 특정한 시대와 문화에 의해 직접적으로 영향받는다는 사실을 인정하는 것은 우리를 곧바로 도덕적 상대주의 논쟁으로 이끌어 갈 것이다. 만약 모든 도덕적 척도가 단지 문화적 · 사회적 조건에 따라 결정된다면 그것은 도덕적 허무주의를 불러올 수 있기 때문이다. 그러나 이러한 우려는 절대주의/상대주의 이분법이 불러오는 가상일 뿐이다. 우리에게는 절대적 기준을 거부하면서도 도덕적 허무주의에 빠져들지 않는 제3의 길이 열려 있다. 이러한 길은 절대주의가 제시하는 확고한 도덕적 원리에 의존하지 않지만, 그렇다고 해서 모든 도덕적 경험을 무화시키는 귀결에 이르지도 않을 것이다. 퍼트남은 이러한 윤리학의 모습을 '흔들리지만 넘어지지 않는 탁자'에 비유한다.

> 나의 이미지는 다리가 여럿 달려 있는 탁자 이미지일 것이다. 다리가 여럿 달려 있는 탁자를 고르지 않은 바닥에 놓으면 흔들리겠지만, 막상 그것을 뒤집기는 아주 어렵다는 것을 우리 모두 잘 알고 있다. 그리고 이것이 내가 윤리학을 바라보는 방식이다. 다리가 여럿 달려 있는 탁자처럼, 많이 흔들리지만 뒤집기는 아주 어려운 것이 바로 윤리학이다.[16]

보편적 도덕원리에 대한 꿈은 그것이 '꿈'이라는 사실을 명백히 인식할 때에만 무해한 것일 수 있다. 이러한 절대주의적 환상을 벗어나면 '도덕적인 것'에 대한 우리의 실질적 관심사는 '나쁜 것'이라는 범주를 적절하게 해명하는 문제가 될 것이다. 그것은 윤리학이라는 고립적인 탐구의 과제가 아니라 우리가 경험의 본성과 한계에 관해 밝혀낸 모든 것과의 연관성 속에서 적절히 해명될 수 있는 문제다. 그러한 탐구는 초월적이거나 선험적인 방식이 아니라 경험적 방식을 통해 훨씬 더 적절하게 이루어질 수 있을 것이다. 그것은 퍼트남이 제시하는 것처럼 흔들리는 윤리학과 유사한 모습을 갖게 될 것이다.

이러한 관점에서 본다면 역설적이게도 '좋은 것의 윤리학'의 실패는 보편적 도덕원리를 제시하지 못했다는 사실에서 드러나는 것이 아니라 철학사를 통해 너무나 많은 보편적 도덕원리가 제시되었다는 사실을 통해서 드러난다. 그것들 중 어떤 것이 진정한 보편적 원리인가를 식별하기 위해서는 '신적 관점'이 요구되며, 더욱 중요한 것은 현

---

16 힐러리 퍼트남, 『존재론 없는 윤리학』, 홍경남 역 (서울: 철학과현실사, 2006), p. 53.

재와 같은 유기체적 조건을 가진 우리에게 그러한 능력이 주어지지 않는다는 점이다.[17] 이러한 상황에서 설혹 우리가 그중 어떤 것에 관해 합의에 도달한다 하더라도 그 합의는 불가피하게 왜곡된 것이거나 폭력적인 것일 수밖에 없다.

규범적 강제성의 근거로서 '나쁜 것'의 본성과 구조에 대한 탐구는 더 이상 '초월'이나 '선험'이라는 사변적 길을 요구하지 않는다. 그것은 매우 현실적인 방식으로 경험되고 관찰될 수 있으며, 그것이 바로 '도덕적인 것'의 핵심을 이룬다. 그것은 '좋은 것'에 대한 규정을 통해서 추정되어야 할 문제가 아니라 경험의 구조에 대한 경험적 해명을 통해 훨씬 더 성공적으로 이루어질 수 있을 것이다. 이 지점을 넘어서는 영역은 개개인의 성숙과 완성을 위한 사적 가치들로 채워질 것이다. 그럼에도 이러한 영역을 굳이 '도덕'이라고 부르려고 한다면 그것은 '권고의 도덕'이라고 부를 수 있을 것이다. 그러나 권고의 도덕은 더 이상 규범적 강제성을 갖지 않는다는 점에서 사실상 이미 '도덕적인 것'의 영역에서 벗어나 있다.

체계적이고 정교한 형태는 아니지만 로티(R. Rorty)는 공적 도덕과 사적 도덕의 구분을 통해서 이 문제를 다루고 있으며, 나아가 공적 도덕에 대한 탐구가 적절하게 이루어진다면 그것이 윤리학 또는 사회철학적 탐구를 대체할 수 있을 것이라고 제안한다.[18] 이러한 측면에서 현재의 필자의 문제의식은 크게 로티의 시각에 빚지고 있다고 할 수 있다. 그러나 로티는 '도덕성' 개념 자체를 단지 '우연적인 사회적 실

---

17 이러한 논점은 로티에게서 빌려 온 것이다. Richard Rorty, *Philosophy and Social Hope* (London: Penguin Books, 1999), p. 82 참조.

18 김동식, 『로티의 신실용주의』(서울: 철학과현실사, 1994), pp. 423-24, 439-40 참조.

천'이라는 포괄적 개념으로 특징지음으로써 그것에 관한 탐구의 가능성을 전적인 우연성의 문제로 열어 두고 있으며, 이 때문에 도덕적 허무주의의 우려를 불러일으킨다.[19]

대신에 필자는 '나쁜 것'의 본성과 구조가 경험적 탐구를 통해 훨씬 더 성공적으로 해명될 수 있으며, 동시에 허무주의적 우려에 훨씬 더 성공적으로 대처할 수 있다고 본다. 이러한 경험적 탐구의 한 갈래로 '신체화된 경험'(embodied experience)의 구조에 관한 체험주의적 해명은 매우 중요한 논의의 가능성을 제공해 주는 것으로 보인다.[20] 체험주의에 따르면 우리의 모든 경험은 신체적 근거를 갖고 있으며, 그것을 근거로 점차 추상적 층위로 확장된다. 이러한 의미에서 모든 경험은 '신체화되어' 있다. 체험주의의 주장이 옳다면「나쁜 것」이라는 범주 또한 신체적/물리적 층위의 원형적 구성원들을 중심으로 정신적/추상적 층위의 주변적 구성원들이 다양한 네트워크를 이룬다고 추정할 수 있다. 범주의 이러한 원형적 구조는 필요충분조건에 의해 규정되기보다는 비트겐슈타인(L. Wittgenstein)이 말하는 '가족유사성'(family resemblance)에 의해 훨씬 더 적절하게 설명될 수 있을 것이다.[21]

---

19 로티는 슈클라(J. Shklar)의 말을 빌려 '잔인성'(cruelty)이야말로 '우리가 행하는 가장 나쁜 짓'이라고 강조함으로써 허무주의적 전략이라는 우려를 비켜서는 것으로 보인다. 그러나 로티의 이러한 주장은 자신의 우연성 논제와 충돌을 불러일으키게 된다는 점에서 정형화된 논제로 제시하는 데 어려움을 안게 될 것이다. 리처드 로티,『우연성·아이러니·연대성』, 김동식·이유선 역 (서울: 민음사, 1996), 특히 pp. 22–23 참조.
20 경험의 이러한 두 층위에 관한 상세한 해명은 마크 존슨,『마음 속의 몸: 의미, 상상력, 이성의 신체적 근거』, 노양진 역 (서울: 철학과현실사, 2000) 참조. 또 체험주의의 철학적 함축에 관한 개괄적인 설명은 노양진,「체험주의적 접근」,『상대주의의 두 얼굴』(파주: 서광사, 2007) 참조.

이러한 생각을 받아들인다면 '나쁜 것'의 심층부를 구성하는 것은 바로 우리의 유기체적 조건과 그 활동을 직접적으로 훼손하는 것들이라고 추정할 수 있다. 즉 우리는 금지의 도덕의 규범들이 이러한 심층부를 중심으로 점차 추상적 영역으로 확장되어 있다고 말할 수 있다. 따라서 이 범주는 주변부로 갈수록 시대와 문화적 조건에 민감하게 반응할 것이며, 원형적 영역으로 갈수록 더 큰 공공성을 드러낼 것이다. 그리고 그 공공성이 바로 우리가 경험적 탐구를 통해 도달할 수 있는 규범적 보편성의 실제적 근거가 될 것이다. 우리는 그것을 경험적 보편성이라고 부를 수 있다. 그것은 절대주의적 도덕 이론이 기대했던 절대적 객관성을 보장해 줄 수는 없겠지만, 여전히 우리의 실제적인 도덕적 삶을 가능하게 해 주는 수준의 안정적 지반을 제공해 줄 것이다.

이러한 관점에서 '도덕적인 것'에 관한 경험적 탐구의 핵심적 과제는 "무엇이 좋은가?"라는 물음에 답하려는 것이 아니라 "무엇이 나쁜가?"라는 물음에 답하려는 시도가 되어야 한다. 이것은 다시 '도덕적인 것'을 다루는 윤리학의 실질적 과제가 보편적 도덕원리의 발견이 아니라 금지의 도덕의 영역과 한계를 결정하는 원리와 방법에 대한 탐구가 되어야 하며, 나아가 금지의 도덕을 규정하는 '나쁜 것'의 구조와 본성에 대한 좀 더 구체적인 탐구가 되어야 한다는 것을 말해 준다. 그것은 더 이상 '좋은 것의 윤리학'이 아니라 '나쁜 것의 윤리학'이다.

---

21 루트비히 비트겐슈타인, 『철학적 탐구』, 이영철 역 (서울: 책세상, 2006), 67–68절 참조.

5. 맺는말

전통적 도덕 이론들이 다루어 왔던 '도덕'은 그 본성상 크게 두 갈래로 나누어질 수 있다. 인간을 더 나은 상태로 이끌어 가려는 도덕적 이상을 제시하는 '권고의 도덕'과 인간이 행하지 않아야 할 금지의 영역을 규정하는 '금지의 도덕'이 그것이다. 이 구분은 전통적인 절대주의적 도덕 이론에서 흔히 간과되거나 무시되어 왔으며, 그것은 도덕적 탐구의 본성에 관한 논의에 근원적인 혼란을 불러온다. 절대주의적 도덕 이론은 공통적으로 보편적 도덕원리의 발견을 일차적 과제로 삼았으며, 이러한 시도는 모든 도덕적 영역을 규정하는 하나의 원리를 발견할 수 있을 것이라는 과도한 열망에 근거하고 있다. 그 과도성은 '초월' 또는 '선험'이라는 길로 드러난다.

권고의 도덕과 금지의 도덕은 '규범적 강제성'이라는 척도에서 비추어 볼 때 본성상 매우 다른 경험의 영역이다. 절대적 도덕이라는 환상이 사라지면 도덕은 이제 일상적 경험의 한 양상을 가리키게 된다. 금지와 권고의 두 영역은 본성상 매우 다른 경험을 구성하며, 따라서 그것은 도덕 이론의 본성과 구조에 관해서도 매우 중요한 변화를 요구한다. 즉 규범적 강제성을 정당화할 수 있는 유일한 근거는 '타인에 대한 해악'으로 국한되며, 그것이 바로 금지의 도덕을 규정한다. 반면에 권고의 도덕은 더 이상 '도덕'이라고 부를 수 있는 근거를 잃게 된다. 이러한 새로운 지적은 윤리학의 핵심적 과제가 금지의 도덕 영역을 규정하는 문제라는 것을 함축한다.

규범적 강제성이 '도덕적인 것'의 핵심적 본성이라는 점을 상기한다면 권고의 도덕은 더 이상 '도덕'이라는 이름을 가져야 할 이유가 없어 보인다. 그것은 자유주의의 구도 안에서 개인적 가치의 문제가 될 것이기 때문이다. 그렇다면 도덕적 탐구의 핵심적 관심사는 금지의 영역이 어떤 방식으로 정당화되며, 또 그 폭을 어떻게 결정할 것인지의 문제로 모아질 것이다. 이 물음에 대해 우리가 또다시 초월과 선험으로 회귀하지 않는다면 우리에게 열린 유일한 답은 밀이 제시했던 '타인에 대한 해악'이 될 것이며, 그 실제적 적용은 다양한 사회적 합의를 통해서 이루어질 것이다. 우리의 탐구 과제는 이러한 사회적 합의가 결코 절대주의적 방식에 따라 결정되는 것도 아니며, 그렇다고 해서 자의적인 허무주의로 나아가는 것도 아니라는 것을 드러내는 일이다. 그것은 「나쁜 것」이라는 범주에 대한 경험적 탐구를 통해 적절하게 이루어질 수 있을 것이다. 우리는 이러한 도덕적 탐구를 '나쁜 것의 윤리학'이라고 부를 수 있을 것이다.

제 6 장

덕과 윤리

1. 머리말

'덕 윤리'(virtue ethics)는 지난 세기 윤리학의 불투명한 지형도에 새로운 이론적 가능성으로 등장했다. 20세기 초 분석철학적 기류 속에서 '무의미'(nonsense)라는 낙인과 함께 전통적 규범윤리학이 무너지면서 윤리학의 학문적 가능성 자체에 대한 회의적 시각이 확산되었다. 그것은 전통적인 규범윤리학이 제시하는 도덕원리가 의미론적 정당성을 확보하는 데 실패했다는 것을 의미한다. 규범윤리학의 붕괴를 주도했던 분석철학이 지적 주류의 자리를 잃은 후에도 규범윤리학은 더 이상 과거로 되돌아갈 수 없는 곤경에 처해 있다. 역설적이게도 규범윤리학은 스스로를 지탱할 수도 없는 분석철학에 의해 무너질 만큼 취약한 기반 위에 유지되어 왔던 것이다.

윤리학의 이러한 곤경에도 불구하고 도덕적 경험은 여전히 우리 삶의 핵심적인 국면을 이루고 있으며, 따라서 여전히 우리의 일차적 관심사일 수밖에 없다. 덕 윤리는 전통적 규범윤리학의 이러한 곤경에서 벗어날 수 있는 새로운 대안을 자처한다. 근세 이후 규범윤리학의 두 축을 이루어 왔던 것은 행위에서 의무나 규칙을 강조하는 '의무론'(deontology)과 그 결과를 중시하는 '공리주의'(utilitarianism)다.

이 두 견해는 공통적으로 도덕적 행위를 규정해 주는 보편적 도덕원리의 탐구라는 목표를 공유한다. 반면에 덕 윤리는 행위자의 도덕적 품성이나 성향, 동기 등에 대한 관심을 회복함으로써 규범윤리학의 대안으로서의 위상을 정립하려고 시도한다.[1] 덕 윤리의 옹호자들은 대부분 아리스토텔레스(Aristotle)나 아퀴나스(T. Aquinas), 홉스(T. Hobbes), 니체(F. Nietzsche)와 같은 과거의 철학자들에 대한 회귀적 관심을 통해 새로운 윤리적 논의의 방향을 탐색한다.

필자는 이 글에서 이러한 덕 윤리가 규범윤리학의 문제를 넘어서는 데 부분적으로 성공할 수 있다 하더라도, 여전히 '규범적 강제성'의 정당화라는 윤리학의 핵심적인 물음을 비켜섬으로써 규범윤리학과 동일한 난점에 직면하게 된다는 점을 지적하려고 한다. 필자는 '도덕적 경험'의 본성이 '규범적 강제성'에 있다고 보며, 그것을 축으로 '금지의 도덕'과 '권고의 도덕'을 구분했다.[2] 즉 규범적 강제성을 정당화해 주는 것은 '나쁜 것'을 금지하는 문제이며, 반면에 '좋은 것'은 강제성의 문제가 아니라 '권고'의 문제로 구획된다. 이 구분에 따르면 전통적인 규범윤리학이 추구했던 보편적 도덕원리들은 좋은 것의 묶음이며, 그것은 권고의 도덕에 속하는 것으로 자유주의적 구도 안에서 사실상 '사적 가치' 이상의 것이 아니다.

이러한 관점에서 필자는 윤리학적 탐구의 핵심적 과제가 '나쁜 것'의 영역을 규명하는 일이라고 보았으며, 그것을 '나쁜 것의 윤리학'이라고 불렀다.[3] 이러한 시각에서 덕 윤리는 논의의 주제를 행위에서 품

---

1 Rosalind Hursthouse, *On Virtue Ethics* (Oxford: Oxford University Press, 1999), pp. 2–3 참조. 허스트하우스는 이런 측면에서 덕 윤리가 낡은 동시에 새로운 시도라고 말한다.

2 이 책 5장 「도덕의 영역들」, pp. 112–13 참조.

성으로 바꾸고 있을 뿐 여전히 '좋은 것의 윤리학'이라는 기본적 시각에 묶여 있다. 덕 윤리는 덕의 본성에 대한 해명을 통해 악덕의 문제가 부수적으로 해명될 수 있을 것이라는 그릇된 가정에 근거하고 있으며, 그것은 규범윤리학의 실패를 반복하는 일이다. 이러한 관점에서 덕 윤리는 규범윤리학의 대안으로서 실패한 기획일 뿐만 아니라, 오히려 윤리학의 핵심적 문제에 대한 우리의 시각을 가리는 결과를 낳을 것이다.

2. 덕의 부활

덕 윤리는 20세기 후반에 등장한 비교적 느슨하고 새로운 윤리학적 흐름이다. 전통적 규범윤리학이 구체적인 도덕적 행위를 규정해 주는 보편적 도덕원리나 법칙에 대한 탐구로 특징지어지는 반면, 덕 윤리는 행위자의 지속적이고 내재적인 품성이나 성향을 주된 관심사로 삼는다. 이러한 변화에 대한 요청은 물론 전통적인 규범윤리학이 실패했다는 인식에 근거한 것이다. 20세기 초 규범윤리학의 붕괴의 핵심적 이유는 규범성의 의미론적 근거를 정당화하지 못했다는 데 있다. 즉 '~해야 한다'(ought to)라는 문장의 보편적 규범성을 확립할 수 없다는 분석철학의 핵심적 논점이며, 의무론이든 공리주의든 전통 윤리학은 이 비판에 대처하는 데 실패함으로써 그 철학적 근거를 잃게 되었다.

20세기 중반에 덕 윤리 부활의 신호를 알린 것은 앤스컴(G. E. M. Anscombe)의 논문 「현대의 도덕철학」으로 알려져 있다.[4] 앤스컴은

---

3 이 책 pp. 116-21 참조
4 G. E. M. Anscombe, "Modern Moral Philosophy," in Roger Crisp and Michael Slote, eds., *Virtue Ethics* (Oxford: Oxford University Press, 1997,

여기에서 서구 도덕철학의 두 줄기를 이루어 왔던 의무론과 공리주의의 부적절성을 지적하면서 도덕철학적 탐구를 중단하고 도덕심리학의 성과들을 기다려야 한다고 주장했다. 인간의 번영을 언급하는 과정에서 앤스컴은 아리스토텔레스의 『니코마코스 윤리학』에서 제시된 덕 개념에 대한 회귀적 관심을 제안한다. 이러한 맥락에서 허스트하우스 (R. Hursthouse)는 도덕철학적 탐구에서 덕의 우선성을 이렇게 설명한다.

> 덕 윤리에 따르면 …… 거짓말이 만약 나쁜 것이라면 그것은 부정의하다는 점에서 나쁜 것이 아니라 그것이 부정직하며, 부정직은 악덕이라는 점에서 그렇다. 살인이 나쁜 것이라면 그것은 생명의 권리를 위배한다는 점에서 나쁜 것이라기보다는 대개 비정한 것이며 자비라는 덕에 반한다는 점에서 그렇다.[5]

허스트하우스는 여기에서 고전적인 윤리학의 핵심적 관심사였던 의무 개념에 의존하지 않고서도 여전히 중요한 윤리적 덕목들을 다룰 수 있다고 제안하고 있다. 나아가 이러한 제안에 동의하는 일련의 논의들은 섬세한 차이에도 불구하고 전통적 규범윤리학의 논의가 구체적인 행위의 문제에 국한되어 있으며, 대신에 도덕적 논의의 핵심적 주제가 행위자의 도덕적 품성이나 성향, 동기의 문제가 되어야 한다는 입장으로 모아진다. 말하자면 덕 윤리는 구체적 행위 윤리에 비해 훨씬 더 장기적이고 포괄적인 인간적 삶의 국면에 초점을 맞추는 것이다.

---

original 1958) 참조.

5 Hursthouse, *On Virtue Ethics*, p. 6.

덕 윤리의 옹호자들은 행위의 옳음/그름에 대한 판단이 도덕적인 것 또는 도덕적 삶을 설명하는 데 실패했거나 적어도 충분치 않았다는 시각에서 출발한다.[6] 그러나 덕 윤리의 시각 전환이 우리를 더 나은 상황으로 이끌어 가는 것은 아니다. 여전히 품성을 판단하는 새로운 기준이 필요하기 때문이다. 이러한 관점에서 라우든(R. Louden)은 덕 윤리가 덕과 악덕을 구분해 주는 객관적 기준을 전제하며, 그것을 확립하지 못할 경우 덕 윤리 자체가 적용 가능성을 잃을 것이라고 지적한다.[7]

역설적이게도 행위에서 품성으로의 전환은 행위 윤리학의 난점을 극복하기보다는 오히려 더 복잡한 문제를 불러오는 것으로 보인다. 우선 행위와 품성의 관계를 설정하는 데에서부터 그 불투명성은 배가된다. 예를 들어 모두가 인정하는 훌륭한 도덕적 품성을 가진 사람이라도 일순간의 부주의로 심각한 교통사고를 냈다면 그는 여전히 자신의 행위에 대해 도덕적 책임을 지게 된다. 이 경우 결과적으로 그가 좋은 도덕적 품성을 가진 것이 아니라고 말한다면 그것은 품성의 문제가 행위에 의해 결정된다는 것을 의미한다.[8] 반대로 좋은 도덕적 품성을 가진 사람이 평생 아무런 도덕적 행위도 하지 않는다면 그는 더 이상 좋은 도덕적 품성을 가진 것으로 받아들여지지 않을 것이다. 이 경우에

---

6 Gary Watson, "On the Primacy of Character," in Daniel Statman, ed., *Virtue Ethics* (Washington, D.C.: Georgetown University Press, 1997), p. 60 참조.

7 Robert Louden, "On Some Vices of Virtue Ethics," in Roger Crisp and Michael Slote, eds., *Virtue Ethics* (Oxford: Oxford University Press, 1997), p. 210 참조.

8 같은 논문, pp. 209-10 참조. 라우든은 좋은 품성을 가졌다는 이유만으로 때로 옳지 않은 개별적 행위를 허용하게 될 수 있으며, 그것은 '도덕적 퇴행'(moral backsliding)을 불러올 것이라고 지적한다.

도 품성은 행위에 의해서 결정된다. 바꾸어 말하면 행위를 전제하지 않는 품성의 문제는 공허한 이론적 개념일 뿐이다. 더 곤란한 것은 행위와 품성의 기준이 항상 일치하지 않는다는 사실이다. 나쁜 품성을 가진 사람도 종종 훌륭한 행위를 할 수 있으며, 좋은 품성을 가진 사람도 종종 나쁜 행위를 할 수 있기 때문이다. 적어도 덕 윤리의 옹호자에게 이 논란을 잠재울 확정적인 논변은 없어 보인다.

그렇다면 우리가 왜 좋은 품성을 가져야 하는가라는 물음에 대한 덕 윤리의 답은 무엇이 될 것인가? 만약 그 답이 "좋은 품성은 좋은 것이기 때문에" 또는 "좋은 품성은 삶의 번영과 평안에 좋은 것이기 때문에"라면 그것은 사실상 동어 반복에 불과하다. 반면에 덕 윤리가 좋은 것에 대한 독립적인 기준을 갖는다면 덕 윤리는 규범윤리학이 그랬던 것처럼 또다시 그 좋음의 척도에 대한 의미론적 정당화 문제에 부딪히게 될 것이다. 덕 윤리가 행위 윤리에 비해 더 포괄적이고 편재적인 도덕 문제를 다루기 때문에 더 포괄적이고 풍부한 것일 수 있다는 주장은 이 핵심적 물음에 답하는 길이 아니라 그 물음을 비켜 가는 길이다. 규범윤리학이 무너진 결정적인 이유는 주제가 행위 문제에 국한되었기 때문이 아니라 스스로가 제시하는 규범성을 정당화하는 데 실패했기 때문이다. 즉 이론적 정당화라는 관점에서 볼 때 덕 윤리는 전통적인 규범윤리학에 비해 아무것도 나아진 것이 없다.

필자가 이 글에서 지적하려는 것은 덕 윤리가 직면하는 이 난점이 덕 윤리의 옹호자들이 생각했던 것보다 훨씬 더 깊은 뿌리를 갖는다는 점이다. 덕 윤리의 옹호자들은 행위 중심의 규범윤리학이 곤경에 처하게 된 결정적 이유를 논의 주제의 제한성에서 찾는다. 즉 행위 문제에 관한 탐색만으로 우리의 도덕적 삶을 포괄하기에 충분치 않다는 것이다. 이러한 맥락에서 덕 윤리의 옹호자들은 덕 윤리만이 윤리학의 핵심이라고 주장하기보다는 적어도 덕에 대한 고려 없이 적절한 도덕 이론이 구성될 수 없다고 주장한다.[9] 그러나 이것은 덕 윤리가 그 출발점에서부터 완전한 도덕 이론에 대한 미련을 버리지 못하고 있다는 것을 의미한다. 더 심각한 것은 규범윤리학이 포기되어야 할 기획이 아니라 덕 윤리를 통해 보완되어야 할 기획이라고 받아들인다는 점이다. 그러나 사실상 규범윤리학의 붕괴의 뿌리는 훨씬 더 깊은 곳에 있다. 규범윤리학의 실패의 주된 이유는 주제나 범위의 부적절성 때문이 아니라 그것이 의지하는 훨씬 더 근원적인 가정에 있기 때문이다.

3. 덕의 규범성

윤리학의 핵심적 탐구 주제가 무엇이든 여전히 선결되어야 할 과제는 '도덕적인 것'의 본성과 구조를 밝히는 일이다. 이 문제에 접근하기 위해 필자가 주목하는 것은 '도덕적인 것'이 우리 밖의 사물의 이름도 아니며, 우리와 분리되어 존립하는 추상적인 원리도 아니라는 것이다. 필자는 도덕적인 것이 바로 우리 '경험'의 한 국면을 가리키는 이름이라는 시각에서 이 물음에 접근하려고 한다.[10]

도덕적인 경험을 다른 경험과 구별해 주는 핵심적 징표는 '규범적 강제성'이다. 전통적 규범윤리학은 이 규범성의 근거를 제시하려는

---

9 David Solomon, "Internal Objections to Virtue Ethics," in Daniel Statman, ed., *Virtue Ethics: A Critical Reader* (Washington, D.C.: Georgetown Unversity Press, 1997) pp. 165–66 참조.

10 '도덕적인 것'은 가치의 한 유형이며, 그것은 외재적 사물이나 속성의 이름이 아니라 우리 경험의 한 국면이다. 이 책 2장 「경험으로서의 가치」 참조.

일련의 노력으로 특징지어질 수 있으며, 그것은 분석철학의 도전을 통해 붕괴되고 말았다. 전통적인 규범윤리학의 명제들은 그 의미론적 근거를 제시하는 데 실패함으로써 '무의미'로 단정되었다. 퍼트남(H. Putnam)은 논리실증주의자들의 기준을 이렇게 요약한다.

> 논리실증주의자들은 모든 추정된 판단에 대해 삼분법적 구분을 도입했다. 이 분류에 따르면 판단은 먼저 '종합적' 판단(논리실증주의자들에 따르면 경험적으로 검증 가능하거나 반증 가능한), '분석적' 판단(논리실증주의자들에 따르면 논리적 규칙에만 근거해서 참 또는 거짓인), 그리고 잘 알려진 것처럼 윤리적, 형이상학적, 미학적 판단을 포함한 '인지적으로 무의미한'(cognitively meaningless) 판단(비록 위장된 명령으로서 실제적인 기능을 가지거나 서로의 태도에 영향을 미칠 수도 있지만)으로 구분된다.[11]

논리실증주의자들의 구분에 따르면 '~해야 한다' 또는 '하지 않아야 한다'라는 형태의 규범적 명제는 참/거짓을 결정할 수 있는 객관적 근거가 없다. 그것은 발화자의 느낌을 표현하고 있으며, 따라서 그것은 발화자의 느낌에 관해서 참/거짓을 결정할 수 있을 뿐이다.[12] 따라서 덕 윤리가 규범윤리학을 넘어서는 또 다른 윤리학이 되기 위해서는 논리실증주의자들이 제시했던 '유의미성' 문제에 답하거나 이 문제 자체를 비켜설 수 있어야 한다.

---

11 힐러리 퍼트남, 『사실과 가치의 이분법을 넘어서』, 노양진 역 (파주: 서광사, 2010), p. 31.

12 알프레드 J. 에이어, 『언어·논리·진리』, 송하석 역 (서울: 나남, 2010), pp. 162-63 참조.

이 물음에 답하는 대신에 덕 윤리는 "누가 유덕한 인간인가?"라는 물음으로 옮겨 간다. 즉 유덕한 인간이 덕스러움의 척도가 되는 것이다. 그러나 이것이 논리실증주의가 제기했던 물음에 대한 적절한 답이 될 수 없다는 것은 자명하다. 누가 유덕한지를 명백히 밝힌다 하더라도 "왜 우리가 유덕한 인간과 유사하게 '되어야 하는가'?"라는 규범성 물음은 여전히 답해지지 않고 있으며, 또 덕 윤리가 답할 수 있을 것으로 보이지도 않기 때문이다. 이러한 관점에서 규범성의 문제를 비켜선 덕이 왜 '윤리학'의 주제가 되어야 하는가라는 원론적인 물음이 다시 제기된다. 만약 덕 윤리가 다루는 덕이 규범적 강제성의 문제가 아니라고 말한다면, 규범적 강제성을 갖지 않은 어떤 품성이나 성향이 단지 사적 가치의 문제가 아니라 왜 윤리학의 문제가 되어야 하는가를 물을 수 있기 때문이다.

이러한 딜레마는 규범윤리학 아니면 덕 윤리라는 근거 없는 가정 자체에 대한 근원적인 재고를 요구한다. 이러한 관점에서 패파스(G. Pappas)는 덕 윤리가 행위 윤리와 덕 윤리의 이분법적 대립 속에서 행위 윤리의 문제에 대한 비판을 통해 스스로를 정당화해 왔다고 보며, 그것은 이 두 견해를 넘어서는 제3의 대안이 결여되었기 때문에 가능했다고 지적한다.[13] 이러한 관점에서 패파스는 듀이(J. Dewey)의 윤리학이 이 두 견해를 넘어서는 제3의 통로가 어디인지를 제안하고 있다고 주장한다.

도덕적 삶이라는 듀이적 개념의 특징은 현대 덕 윤리의 과도성이나 환

---

13 Gregory Pappas, *John Dewey's Ethics: Democracy as Experience* (Blooming-
    ton, Ind.: Indiana University Press, 2008), pp. 137-38 참조.

원주의에 빠져들지 않고 성품(또는 그와 관련된 관심사)의 중요성을 회복하려는 것이다. 반면에 그것은 행위 이론가들이 상술했던, 도덕적 삶에 대한 원자론적 견해에 빠져들지 않고 도덕적 삶의 상황적 국면을 강조한다. 바꾸어 말하면 그것은 덕 윤리도 행위 중심 윤리학도 아닌 윤리학의 가능성을 제안하며, 이 두 견해의 강점들을 회복하려고 한다.[14]

전통적인 규범윤리학이 가정하는 도덕적 객관성에 대한 믿음은 지난 한 세기 동안의 지속적인 비판 속에서 그 근거를 잃은 것으로 보인다. 그것은 도덕 또는 도덕적 삶이 사라진다는 것을 의미하는 것이 아니라 우리의 도덕적 삶이 절대주의적 윤리학이 가정하는 객관성 안에서 이루어지지 않으며, 또 그래야 할 이유도 없다는 것을 의미한다. 로티(R. Rorty)의 어법을 빌리면 설혹 보편적 도덕원리가 존재한다고 하더라도 우리 자신에게 그것이 실제로 보편적인지를 식별할 능력이 없기 때문이다.[15] 대신에 도덕은 다른 모든 담론과 마찬가지로 '종(種)으로서의 인간'이 수행하는 종적 담론이며, 그러한 맥락에서 인간적 경험의 한 부분을 이룬다.

지난 한 세기를 뒤흔들었던 언어적 전환과 포스트모더니즘이라는 급진적인 지적 반성을 진지하게 받아들인다면 철학적 탐구에서 더 이상 '초월'이나 '선험'에 의존하는 보편적 도덕원리의 여백은 존재하지 않는 것으로 보인다. 보편적 도덕원리의 꿈에서 벗어난다면 도덕의 문제는 우리의 도덕적 경험에 관한 문제이며, 이러한 관점에서 존슨(M. Johnson)은 도덕 이론이 '도덕적 이해'(moral understanding)에

14 같은 책, p. 138.
15 Richard Rorty, *Philosophy and Social Hope* (London: Penguin Books, 1999), p. 82 참조.

관한 해명이 되어야 한다고 주장한다.[16]

보편적 도덕원리의 탐구라는 절대주의적 구도에서 벗어나면 도덕적 경험에 대한 해명은 우리에게 새로운 과제를 제시해 준다. 그 중요한 귀결은 도덕적 판단과 행위가 초월적이나 선험적인 어떤 원리에 근거하고 있는 것이 아니라 '도덕적 상상력'에 근거하고 있다는 것이다. 도덕적 숙고는 다른 모든 탐구와 마찬가지로 열려 있는 조건들 속에서 다양한 고려와 시도가 시험되고 검증되는 과정에 있다. 행위와 판단을 결정해 주는 단일한 원리의 체계가 있다는 믿음은 이미 특정한 도덕적 체계를 전제했을 때에만 가능하다. 그것은 우리를 도덕적으로 만들어 주는 것이 아니라 전승되어 온 도덕적 전통을 답습하는 방식으로만 가능하다. 우리에게 전승되어 온 도덕적 믿음의 체계가 실제적인 도덕적 숙고에서 고려의 대상이 될 수 있지만, 결코 절대적인 근거를 갖는 것일 수는 없다. 모든 도덕적 개념과 이론들은 처음부터 끝까지 은유적 구성물이기 때문이다.[17]

4. 나쁜 것의 윤리학과 덕의 본성

덕 윤리는 그 출발점에서 고전적인 규범윤리학에 대한 비판을 주된 계기로 삼지만, 그것은 행위의 문제에서 품성의 문제로 시각을 옮겨

16 Mark Johnson, "How Moral Psychology Changes Moral Theory," in Larry May et al., eds., *Mind and Morals: Essays on Cognitive Science and Ethics* (Cambridge, Mass.: MIT Press, 1996), p. 66 참조.

17 마크 존슨, 『도덕적 상상력: 체험주의 윤리학의 새로운 도전』, 노양진 역 (파주: 서광사, 2008), 특히 pp. 143, 171 참조.

가고 있다는 점을 제외하면 여전히 '좋은 것의 윤리학'의 한 변형일 뿐이다. 분석철학적 전통 안에서 '학'으로서의 위치를 잃은 규범윤리학은 그것이 추구하는 보편적 도덕원리의 의미론적 근거를 제시하는 데 실패했다. 덕 윤리는 규범윤리학의 이러한 곤경에서 벗어나기 위해 자연주의적 행로를 선택하지만, 그 귀결은 다원주의적 덕들의 열거로 이어진다.

규범윤리학의 대안적 탐구로서 덕 윤리의 성패는 행위의 탐구에 대한 덕의 탐구의 우선성을 입증하는 데 달려 있다. 만약 덕 윤리의 기치가 다만 "우리는 덕 있는 삶을 살아야 한다" 또는 "우리는 덕이 있는 행위를 해야 한다"라면 칸트주의자도 공리주의자도 그 주장들에 쉽게 동의할 수 있을 것이다. 대신에 칸트주의자는 도덕법칙에 따르는 것이 덕이 있게 사는 것이며, 공리주의자는 전반적인 쾌락을 확장하는 것이 덕이 있게 사는 것이라고 말할 수 있기 때문이다. 말하자면 덕 윤리는 덕이 왜 단지 도덕법칙에 따르는 것이 아니며, 쾌락의 증대에 기여하는 문제가 아닌지를 설득력 있게 제시할 수 있어야 한다. 즉 기존의 도덕법칙 이론이 제시하는 척도들에서 벗어나서 덕 자체의 합리성을 입증해야 하는 것이다.[18]

덕 윤리 옹호자 대부분은 덕 개념의 원천으로 아리스토텔레스에 주목한다. 물론 덕은 탁월함, 뛰어남 등을 의미하는 그리스어의 '아레테'(aretē)에서 온 것이지만, 덕 윤리에서 일차적인 주제가 된 것은 지혜, 용기, 절제, 정의와 같은 도덕적 덕이다.[19] 사실상 아리스토텔레스

---

18 Roger Crisp and Michael Slote, eds., *Virtue Ethics* (Oxford: Oxford University Press, 1997), pp. 2-3 참조.

19 지혜, 용기, 절제, 정의는 플라톤이 제시했던 네 가지 덕이지만 아리스토텔레스와 아리스토텔레스를 따르는 아퀴나스는 지혜를 도덕적 덕이라기보다는 '지적

제6장 덕과 윤리 | **137**

에게 유덕한 인간이 되는 길은 유덕한 인간과 유사하게 되는 것이다.
이 때문에 아리스토텔레스에게 유덕한 인간이 되기 위한 규칙들의 묶
음은 없다. 엄슨(J. O. Urmson)은 이러한 아리스토텔레스 윤리학의
난점을 이렇게 지적한다.

> 만약 특정한 경우에 어떻게 행위할 것인지를 아리스토텔레스에게 묻는
> 다면 그는 일차적으로 우리가 (실천적) 지혜의 지적 탁월성에 주목함으로
> 써 행위해야 한다고 답할 것이다. 무엇이 지혜인가를 묻는다면 그 답은 더
> 길어질 것이다. …… 지혜로운 인간이 사용할 수 있는 단일한 결정 과정은
> 없다.[20]

덕 윤리가 이 순환적 곤경에서 벗어나는 유일한 길은 덕의 객관적
척도를 발견하는 길이다. 그러나 만약 덕 윤리가 덕의 객관적 척도를
찾으려고 한다면 덕 윤리는 품성과 성향이라는 새로운 주제와 함께 또
다시 규범윤리학이 직면했던 낡은 곤경으로 되돌아오게 된다. 이 물음
에 적절하게 대처하지 못한다면 덕 윤리는 '윤리학'이라는 이름을 잃
고 좋은 것들에 관한 덕담으로 전락할 수 있다.

덕 윤리의 이러한 이론적 곤경은 단지 전략이나 접근 방식의 결함
에서 비롯되는 것이 아니라 훨씬 더 깊은 뿌리에서 비롯된다. 그것은

덕'(intellectual virtue)으로 보았다. Philippa Foot, *Virtues and Vices and
Other Essays in Moral Philosophy* (Oxford: Oxford University Press, 2002),
p. 2 참조.

20 J. O. Urmson, "Aristotle's Doctrine of the Mean," in Amélie Rorty, ed.,
Essays on Aristotle's Ethics (Berkeley, Cal.: University of California Press,
1981), p. 162.

윤리학이 주제로 삼는 '도덕적인 것'의 본성에 대한 이해 방식의 차이에서 비롯된다. 필자는 체험주의를 따라 도덕적인 것의 본성을 경험의한 국면으로 보았으며, 따라서 도덕적인 것에 대한 탐구가 도덕적 경험의 본성에 대한 탐구로 전환되어야 한다고 보았다. 이러한 관점에서도덕적 경험을 지적 경험이나 미학적 경험과 같은 다른 유형의 경험과구분해 주는 결정적인 척도는 '규범적 강제성'이다.[21] 우리 경험에서규범적 강제성을 정당화해 주는 일차적인 근거는 어디에 있는 것일까? 그것은 나쁜 것에 대한 금지다. 밀(J. S. Mill)의 자유주의 원칙을따라 나쁜 것의 원형을 '타인에 대한 해악'(harm to others)에서 찾을수 있다.

> 이 논문의 목적은 …… 대단히 간단한 한 원칙을 주장하려는 것이다. 그
> 원칙은 인류가 개인적으로나 집단적으로 어느 한 개인의 자유에 정당하게
> 간섭을 하는 유일한 목적은 자기방어라는 것이다. 권력이 문명사회의 한
> 구성원에게 본인의 의사에 반해서 정당한 제재를 가할 수 있는 유일한 목
> 적은 타인에 가해지는 해악을 방지하는 것이다.[22]

도덕적 경험은 타인과의 상호작용의 문제이며, 여기에서 일차적 관심사는 타인에 대한 해악을 금지하는 문제다. 대신에 전통적인 규범윤리학은 좋은 것, 즉 최고선을 규정함으로써 나쁜 것의 문제는 부수적으로 해명되는 것으로 간주해 왔다. 그러나 최고선을 규정하는 문제는결코 성공적이지도 않으며, 동시에 최고선이 나쁜 것을 부수적으로 규

---

21   이 책 5장 「도덕의 영역들」, p. 103 참조.
22   존 스튜어트 밀, 『자유론』, 김형철 역 (서울: 서광사, 1992), pp. 22-23.

정해 줄 것이라는 가정은 근거가 없다.

덕 윤리는 덕을 규정함으로써 악덕이 규정될 수 있을 것이라고 가정하는 것으로 보인다. 그 가정은 본성상 절대주의 윤리학의 기본 가정과 다르지 않다. 절대주의 윤리학은 최고선을 규정하는 것이 윤리학의 핵심적 과제이며, 그러한 탐색을 통해 악의 문제는 자연적으로 해명될 수 있을 것이라고 가정한다. 필자는 규범윤리학의 이러한 가정이 '좋은 것의 윤리학'의 전통을 이루어 왔다고 보았다. 덕 윤리는 전통적인 규범윤리학과 마찬가지로 '좋은 것의 윤리학'으로 스스로를 규정하며, 역설적이게도 바로 그 이유 때문에 규범윤리학의 대안으로서 적절치 않을 뿐만 아니라 여전히 규범윤리학의 근원적 문제로부터 자유롭지 못하다. 이러한 문제는 애덤스(R. Adams)의 다음과 같은 말을 통해 선명하게 드러난다.

> 나는 좋음이 나쁨보다 더 기초적이라고 생각하기 때문에 이 책에서 나는 악덕보다 덕에 초점을 맞추고 있다. 좋음과 나쁨은 각각의 축이 대등하게 기본적인 방식으로 양극을 이루는 것이 아니다. 오히려 나쁨은 좋음에 기생적이며, 따라서 좋음의 관점에서 좋음의 결여 또는 좋음의 대립물로 이해되어야 한다.[23]

이러한 상황에서 우리가 주목해야 할 더 중요한 사실은 근원적으로 도덕적 문제의 핵심은 '좋은 것'에 있는 것이 아니라 '나쁜 것'에 있

---

[23] Robert Adams, *A Theory of Virtue: Excellence in Being for the Good* (Oxford: Oxford University Press, 2006), p. 36. 애덤스는 도덕적 덕을 '좋음을 지향하는 삶에서의 지속적인 탁월성'(persisting excellence in being for the good)이라고 정의하며, 자신이 제안하는 덕 윤리를 실질 윤리학(substantive

다는 점이다.[24] 앞서 지적했던 것처럼 도덕적 경험의 본성을 규범적 강제성이라는 사실을 받아들이면 우리는 도덕적 경험이 일차적으로 금지의 문제에서 출발한다는 것을 알 수 있다. 이러한 관점에서 우리가 전통적으로 '도덕'이라고 불러 왔던 것은 두 국면으로 구획될 수 있다. '금지의 도덕'과 '권고의 도덕'이 바로 그것이다.[25] 이러한 구도에서 본다면 덕 윤리가 강조하는 덕들은 '권고의 도덕' 영역에 속하는 것들이며, 따라서 그것들은 '금지의 도덕' 영역을 해명하는 데 직접적으로 기여하지 못한다. 덕 윤리가 옹호하려는 덕들은 오히려 금지의 도덕 영역에서 벗어나 있다는 바로 그 이유 때문에 '덕'이라는 이름을 얻게 된 것이다. 이 때문에 덕들은 스스로의 위계를 결정할 수 있는 근거를 찾지 못한다. 이러한 난점은 고전적인 규범윤리학이 제시했던 보편적 도덕원리들이 부딪히는 문제와 크게 다르지 않다. 만약 덕 윤리가 다루는 덕목들이 그 자체로 도덕적 덕목이라고 주장하려고 한다면 그것들이 다른 가치들, 예를 들면 미학적 가치들과 어떻게 구별될 수 있을 것인지를 밝힐 수 있어야 한다.

만약 덕 윤리가 "훌륭한 사람과 동일한 성품을 지녀야 한다"라고 말하려는 것이라면 그 주장이 갖는 규범성의 근거는 무엇인가? 그 유일한 근거는 앞선 사람들의 '훌륭함'일 것이다. 이 때문에 덕 윤리의 본성이 규범성을 탐색하는 문제라고 받아들이는 덕 윤리학자는 없어 보인다. 반면에 덕 윤리가 "훌륭한 사람과 동일한 성품을 지니는 것은 좋은 일이다"라고 말하는 것이라면 그것은 과연 "렘브란트를 감상하는 것은 좋은 일이다"라고 말하는 것과 어떻게 구분될 수 있을까? 우

---

ethics)이라고 부른다. 같은 책, p. 24 참조.

24 같은 논문, pp. 342-45 참조.

25 이 책 5장 「도덕의 영역들」, pp. 112-13 참조.

리는 후자가 도덕적 문제가 아니라 미적 취향의 문제라는 것을 잘 알고 있다. 덕 윤리가 이 둘 사이에 선명한 구분을 제시할 수 없다면 그것을 또 다른 윤리학의 문제라고 말하는 것은 근거를 잃게 된다. 이 둘을 구분해 주는 원리적 기준을 찾는 일은 불가능한 것으로 보인다.

요약하면 덕 윤리는 규범성의 문제를 다루고 있는 것이 아니다. 규범성의 본성이 '강제성'이라는 점에 주목하면 강제성을 잃은 '도덕적 덕'은 다양한 예술적·미적 가치와 명확하게 구분될 수 없다. 덕 윤리가 제시하는 덕은 더 나은 삶이라는 포괄적 목표에 부합하는 다양한 활동의 양상일 수 있으며, 그것은 더 이상 규범성의 문제가 아니라 다양하게 열린 사적 가치의 문제가 된다.

규범윤리학적 전통에서 오랫동안 잊혀 왔던 개인의 품성이나 탁월성에 관한 논의를 환기해 준다는 점에서 덕 윤리는 중요한 제안이다. 근세 이래로 규범윤리학적 탐구는 개인의 품성이나 성향의 탁월성에 주목하기보다는 구체적 행위의 도덕/부도덕을 가르는 하나의 원리를 발견하는 데 치중했기 때문이다. 그러나 규범윤리학의 핵심적 문제는 규범성의 원천에 대한 의미론적 근거를 제시할 수 없다는 데 있다는 점을 상기한다면 덕 윤리가 도덕적 주제를 행위의 문제에서 품성의 문제로 확장한다고 해서 이 문제가 해소되는 것은 아니다.

그러나 우리가 주목해야 할 사실은 덕 윤리가 사실상 권고의 도덕 영역에서의 사적 가치의 문제에 초점을 맞추고 있다는 점이다. 만약 필자가 지적했던 것처럼 '타인에 대한 해악'을 규범적 강제성의 근거로 삼는다면 덕 윤리가 제시하는 다양한 덕은 규범적 강제성의 문제로부터 멀어져 있다. 대신에 그것들은 '더 낳은 삶'을 위한 가치들이다. 그렇다면 우리는 왜 그것들을 사적 가치라고 부르는 대신에 '도덕적'이라고 불러야 하는가? 그것이 만약 도덕적인 문제라면 그것은 내가 산보다 강을 더 좋아하고 차보다 커피를 더 좋아하는 것과 어떻게 다른가?

덕 윤리는 덕의 문제보다는 악덕의 문제로 시각을 전환함으로써 이러한 난점에 대응할 수 있다고 제안할지도 모른다. 그러나 오늘날 덕 윤리 안에서 이러한 시각 전환은 이루어지지도 않았으며, 또 이루어진다고 하더라도 전통적인 행위 윤리학의 구도를 따라 '악한 행위'보다는 '악한 품성이나 성향'에 대해 주목하는 것이 어떤 측면에서 윤리학적으로 더 나은지 알 수 없다. 이러한 관점에서 덕 윤리는 전통적인 행위 윤리의 난점을 극복한다기보다는 오히려 윤리학의 본성을 새로운 베일로 가리는 결과를 낳게 되었다.

덕 윤리의 옹호자들은 '덕의 좋음'이 증명 이전의 문제라고 생각하는 것처럼 보인다. 규범윤리학이 행위의 기준의 의미론적 근거 문제에 부딪힌 것이라면 덕 윤리가 제안하는 품성의 기준은 과연 그 근거 문제를 성공적으로 대처할 수 있을까? 우리는 덕 윤리의 옹호자들에게서 그 답을 찾을 수 없다. 덕 윤리는 처음부터 이 물음으로부터 멀어지는 길을 선택했지만, 덕 윤리가 '도덕성'의 문제를 다루고 있다고 주장하는 한 이 물음에서 결코 자유로울 수 없다.

도덕적 절대주의가 추구하는 도덕적 객관성이 선험적이거나 초월적인 어떤 것에 의지하지 않고서는 확립될 수 없다는 난점을 감안한다면, 도덕적인 것에 대한 자연주의적 탐구는 처음부터 그러한 객관성이나 보편성에 대한 희망을 접을 때에만 열리게 된다. 덕을 강조하는 것은 초월성이나 선험성을 가정하지 않고서도 도덕적 담론이 가능하다고 주장한다는 점에서 고전적인 규범윤리학이 빠졌던 초월의 늪에서 벗어나는 데에는 성공적인 것으로 보인다. 그러나 다양한 덕이 '윤리학'의 주제가 될 수 있을 것이라는 생각은 오직 그 덕들이 '금지의 도덕' 영역을 구성하는 데 어떤 역할을 하는지를 규명할 수 있을 때에만 진정한 의미에서 '윤리학'의 문제가 될 수 있을 것이다. 이 핵심적 물음에 관한 한 덕 윤리의 상황은 규범윤리학과 다르지 않다.

단일한 도덕법칙이나 도덕원리에 대한 희망을 거부하면서 덕 윤리가 대안적으로 제안하고 있는 덕의 영역은 사실상 '규범적 도덕성'의 중심적 영역이 아니다. 덕 윤리의 옹호자들이 제시하는 덕을 굳이 '도덕'의 범주에 넣으려고 한다면 그것은 필자가 구획하는 '권고의 도덕' 영역에 포섭될 것이며, 그것은 다시 오늘날 자유주의적 구도 안에서 '사적 가치'를 부르는 다른 이름일 뿐이다. 덕 윤리는 규범윤리학이 그랬던 것처럼 도덕적 경험의 핵심적 물음에서 멀어져 있다. 덕 윤리가 규범윤리학의 대안으로서 제안된 것이라면 덕 윤리는 실패한 기획일 수밖에 없다.

5. 맺는말

덕 윤리는 분석철학이 휩쓸고 간 규범윤리학의 폐허 속에서 대안적 건축물로서 새로운 위상을 모색한다. 규범윤리학은 경험적 검증이라는 분석철학의 도전 앞에서 보편적 도덕원리의 의미론적 근거를 제시하는 데 실패함으로써 전면적인 붕괴에 이르게 되었다. 규범윤리학의 붕괴는 더 근원적으로 규범성 자체를 어떻게 정당화할 것인지의 문제를 불러온다. 규범적 도덕 이론의 붕괴에도 불구하고 우리 삶은 여전히 도덕적 문제들에 직면하며, 또 현실적으로 경험하는 규범적 강제성을 외면할 수 없기 때문이다.

덕 윤리는 도덕적 판단의 문제를 개별적 행위에 국한하지 않고 행위 주체의 품성이나 성향에 주목함으로써 더 적절한 도덕 이론을 구성할 수 있을 것이라고 본다. 그러나 덕 윤리가 여전히 '좋은 것의 윤리학'의 길을 취하는 한 그것은 전통적인 규범윤리학이 부딪혔던 문제에서 벗어날 수 없다. 만약 덕의 문제가 규범성의 문제가 아니라면 그것은 더 이상 윤리학의 핵심적 축으로 남아 있어야 할 이유가 없어 보이며, 만약 그것이 규범성의 문제라면 그 규범성을 새로운 방식으로 정당화해야 하는 숙제를 안게 된다. 이 때문에 덕 윤리는 의무론이나 공리주의를 대체할 대안이 될 수 없다. 덕 윤리는 규범윤리학의 대안을 제시하고 있는 것이 아니라 사실상 매우 다른 층위의 이야기, 즉 '권고의 도덕'에 관해 이야기하고 있는 것이다.

전통적인 규범윤리학의 문제는 오히려 규범성의 원천에 대한 잘못된 가정에서 비롯된 것이며, 따라서 전통적인 규범윤리학의 실패는 규범성의 원천에 대한 새로운 탐구를 요청한다. 이 문제에 답하기 위한 새로운 가능성은 도덕적 경험의 본성에 대한 자연주의적 탐구를 통해 열리게 될 것이다. 즉 규범성을 우리 경험의 중요한 한 부분으로 인정하고, 그 경험의 본성과 근거를 추적하는 것이 윤리학의 실질적인 과제라는 것이다.[26] 그것은 보편적 도덕원리를 탐색하는 작업이 아니라 우리의 실제적인 도덕적 경험의 구조를 밝히는 방식으로 이루어질 수 있을 것이다.

덕 윤리는 서구의 전통적인 윤리학이 간과해 왔던 인간적 덕목들에 대한 강조를 통해 윤리학적 관심사를 새롭게 확장하는 것으로 보일 수 있다. 그러나 덕 윤리가 제시하는 이러한 덕목들은 자유주의적 도덕

---

26 이 문제에 관한 좀 더 상세한 논의는 이 책 3장 「규범성의 자연주의적 탐구」 참조.

이론에 따르면 사적 가치의 영역의 문제이며, 이 때문에 덕 윤리는 '윤리학'의 핵심적 과제인 '도덕적인 것'의 본성, 즉 규범성의 본성에 대한 탐구에서 멀어지고 있다. 더욱이 덕 윤리가 금지의 도덕/권고의 도덕 구분에 무감각해질 때, 그것은 또 다른 유토피아적 도덕 이론으로 되돌아가는 위험성을 안게 된다.

제7장
퍼트남의 존재론 없는 윤리학

1. 머리말

퍼트남(H. Putnam)의 철학은 끊임없이 흔들리며 진화한다. '개략적인 현대철학사'[1]라고 불릴 만큼 여러 차례 중요한 입장 변화를 보였던 퍼트남은 1980년대 초반에 '내재적 실재론'(internal realism)이라는 시각에 이르게 되었다. 이후 퍼트남의 철학적 논의는 내재적 실재론의 지속적 확장의 형태를 띠고 있으며, 여기에서 퍼트남의 중심적 관심사로 떠올랐던 것은 사실/가치 이분법을 극복하는 문제였다. 이러한 퍼트남의 최근 논의를 통해 선명하게 드러나는 특징으로 '실용주의'(pragmatism)로의 점진적 이행을 들 수 있으며,[2] 그것은 필연적

---

1 John Passmore, *Recent Philosophers* (La Salle, Ill.: Open Court, 1985), p. 97.
2 내재적 실재론을 전개하고 있는 *Reason, Truth and History* (Cambridge: Cambridge Unversity Press, 1981) 이후에도 퍼트남은 지속적인 탐구를 통해 *The Many Faces of Realism* (La Salle, Ill.: Open Court, 1987); *Representation and Reality* (Cambridge, Mass.: MIT Press, 1988); *Realism with a Human Face*, ed. James Conant (Cambridge, Mass.: Harvard University Press, 1990); *Renewing Philosophy* (Cambridge, Mass.: Harvard University Press, 1992); *Words and Life*, ed. James Conant (Cambridge, Mass.: Harvard University Press, 1994); *Pragmatism: An Open Question* (Oxford: Blackwell, 1994); *The Threefold Cord: Mind, Body, and World* (New York: Columbia University

으로 내재적 실재론의 기본 구도에 대한 근원적 수정으로 이어진다.[3]

이러한 퍼트남의 철학은 이제 윤리학적 탐구의 본성에 대한 새로운 논의로 이어진다. 윤리학이 모종의 '존재론'(ontology)에 근거하고 있어야 한다는 믿음은 철학사를 통해 오랜 역사를 가질 뿐만 아니라 매우 낯익은 것이기도 하다. 퍼트남은 윤리학의 존재론 요구가 '객관성'의 추구에서 비롯된 것이라고 지적하며 존재론에 의지하지 않는 윤리학의 가능성을 제안한다.[4] 퍼트남의 이러한 지적은 탁월한 철학적 통찰의 산물이면서 동시에 옳은 것으로 보인다. 퍼트남은 객관성에의 열망에 근거한 존재론 자체를 오도된 탐구 형태로 간주하며, 따라서 그의 과제는 존재론에 의지하지 않고서도 우리가 원하는 윤리학적 객관성을 해명하는 일이라고 할 수 있다. 이러한 맥락에서 퍼트남이 제시하는 '실용주의적 다원주의'(pragmatic pluralism)는 전통적인 객관성을 거부하면서도 회의주의에 빠져들지 않는 제3의 길인 셈이다.

그러나 실용주의적 다원주의가 퍼트남 자신의 철학적 구도 안에서 정합성을 유지하기 위해서는 근원적으로 풀어야 할 숙제가 있다. 무엇보다도 퍼트남이 유지하고 있는 이성 개념은 그의 실용주의적 전향에 결정적인 장애가 된다. 바꾸어 말하면 퍼트남이 이성 개념을 유지하는 한 자신이 천명한 실용주의적 다원주의라는 견해는 내적 정합성 문제

Press, 1999); *The Collapse of the Fact/Value Dichotomy and Other Essays* (Cambridge, Mass.: Harvard University Press, 2002) 등을 출간했다.

3 Hilary Putnam, *The Threefold Cord: Mind, Body, and World*, p. 18, 특히 각주 41 참조.

4 힐러리 퍼트남, 『존재론 없는 윤리학』, 홍경남 역 (서울: 철학과현실사, 2006)./ Hilary Putnam, *Ethics without Ontology* (Cambridge, Mass.: Harvard University Press, 2004) 참조. 이 책의 인용은 원칙적으로 우리말 번역본을 사용했으며 문맥상의 필요에 따라 부분적인 수정을 가했다.

를 불러오게 된다. 이러한 관점에서 필자는 퍼트남이 표방하는 실용주의적 다원주의가 불안정한 자기 조정 작업의 산물이라는 평가를 넘어서서 안정되고 일관성 있는 철학적 시각으로 정립되기 위해서는 그의 이성 개념이 훨씬 더 적극적으로 자연화되어야 한다는 점을 제안하려고 한다.

2. 존재론을 넘어서

지난 세기 초 분석철학의 쇄도와 함께 전통적인 규범윤리학은 지적 미아가 되고 말았으며, 그것은 윤리학이라는 탐구 자체가 불가능한 것일 수 있다는 회의주의적 시각으로 이어졌다. 규범윤리학 붕괴의 핵심적 이유는 규범윤리학이 규범성의 원천에 대한 의미론적 근거 제시에 실패했다는 데 있다. 그러나 우리가 주목해야 할 사실은 보편적 도덕원리의 탐구가 윤리학의 유일한 주제도 아니며, 규범성의 의미론적 정당화가 유일한 정당화 방식도 아니라는 점이다. 보편적 도덕원리에 대한 희망이 거부되었다 하더라도 '도덕적인 것'은 여전히 우리 삶의 핵심적 국면을 이루고 있으며, 그것의 본성과 구조에 대한 경험적 해명은 여전히 열려 있는 길이기 때문이다. 윤리학의 사멸이라고 알려진 20세기의 지적 사건은 '보편성 아니면 전무'라는 이분법적 시각에서 비롯된 것이다.

따라서 퍼트남의 새로운 윤리학적 제안은 보편성이라는 굴레를 벗어나면서도 도덕적 허무주의에 빠져들지 않는 제3의 길이 되어야 한다. 퍼트남은 윤리학적 탐구가 존재론에 의지해 왔던 주된 이유가 '도덕적 객관성'의 추구에 있다고 지적하고, 존재론을 넘어선 윤리학의 가능성을 탐색한다. 여기에서 퍼트남의 과제는 존재론과 함께 절대적 객관성을 거부하면서도 여전히 도덕적 회의주의에 빠져들지 않는 제3의 길을 찾는 일이다. 퍼트남은 그 가능성을 듀이(J. Dewey)의 실용주의에서 찾고 있으며, 그렇게 해서 제시되는 입장을 '실용주의적 다원주의' 라고 부른다.

윤리학적 탐구가 모종의 존재론에 의지한다는 것은 어떤 의미에서 매우 자연스러운 일이다. 왜냐하면 도덕적인 것을 규정하기 위해서는 우리 자신은 물론 세계에 대한 선결적 이해가 요구되기 때문이다. 존재론은 그러한 요구에 대한 답이 되어 왔다. 그러나 퍼트남은 전통적인 존재론들이 극단적인 갈래를 선택함으로써 윤리학의 근거를 제공하기보다는 오히려 윤리학의 자리를 불안정하게 만들었다고 보며, 이제 존재론을 벗어난 윤리적 탐구의 가능성을 모색한다. 퍼트남은 이렇게 말한다.

현대철학을 개별적인 '분야들'로 나누는 부적절한 시도가 …… 종종 동일한 논변들과 문제들이 다양한 분야에 걸쳐 제기된다는 사실을 은폐하게 된다. 예를 들면 윤리학에서 '반실재론'(antirealism)을 옹호하는 논증은 수리철학에서 반실재론을 옹호하는 논증과 동일하다. 하지만 수리철학에서 그러한 논증에 반대하는 철학자는 대개 윤리학에서 그러한 논증에 찬성한다. 한 철학적 입장이나 논증이 이러한 특정한 '분야들' 중에서 오직 하나에 관한 것이어야 한다는 생각을 잠시라도 무시할 수 있을 때에만, 우리는 철학이 항상 열망해 온 통합된 시각을 되찾을 수 있다.[5]

---

5   같은 책, pp. 17-18.

퍼트남은 자신이 비판하려는 존재론을 크게 '팽창존재론'(infla-tionary ontology)과 '축소존재론'(deflationary ontology)으로 구분한다. 먼저 팽창존재론은 플라톤의 이데아론을 필두로 '플라톤주의'라는 이름을 얻게 된 이후의 이론들, 나아가 20세기 초반 무어(G. E. Moore)의 철학에서 드러난다. 팽창존재론은 우리의 일상적 지각이나 상식을 넘어선 초월적 형상이나 추상적 실재 등과 같은 대상을 설정하며, 그것을 최고선이라고 가정한다. 퍼트남은 이러한 존재론이 단순히 우리를 넘어서 존재를 가정했다는 점에서 잘못된 것이라기보다는 다양한 윤리적 현상, 문제, 물음, 나아가 모든 가치 문제를 단일한 주제, 즉 좋음(Good)의 존재 문제로 수렴시킨다는 점에서 잘못된 것이라고 지적한다.[6]

반면에 축소존재론에는 환원주의(reductionism)나 제거주의(elim-inationism)가 있다. 환원주의란 주어진 것을 더 단순한 어떤 것으로 환원하려는 태도를 말한다. 예를 들면 전통적으로 데모크리토스의 원자론이 환원주의의 전형이나, 윤리학 분야에서는 "선은 다만 쾌락일 뿐"이라고 주장하는 공리주의자들이나 "윤리적 발화는 단지 정서의 표현일 뿐"이라고 주장하는 정서주의자들이 환원주의에 속한다. 제거주의란 주어진 개념들이 공허하거나 아예 그릇된 것이라는 점을 들어 그 존재성을 근원적으로 부정하려는 태도를 말하며, 버클리(G. Berkeley)의 관념론이 그 전형적 표현이다.[7]

퍼트남은 이 두 유형의 존재론이 모두 윤리학의 관심사를 하나의 축으로 수렴시킨다는 점에서 동일한 오류를 범하고 있다고 본다. 퍼트

---

6 같은 책, pp. 39-41 참조.
7 같은 책, pp. 41-43 참조.

남은 이제 윤리학적 탐구에서 어느 쪽의 존재론도 우리의 실질적 과제를 수행하는 데 적절한 토대일 수 없으며, 따라서 그것들을 넘어서는 새로운 윤리학적 시각이 필요하다고 말한다. 만약 퍼트남의 시도가 성공적이라면 그것은 한때 플라톤과 아리스토텔레스의 깊은 철학적 통찰들을 담으려고 했지만 이제는 쓸모가 없어져서 '악취를 풍기는 시체'가 되어 버린 존재론의 부고장인 셈이다.[8]

윤리학적 탐구에서 존재론적 지반을 추구하는 일차적인 이유는 그것이 보편적 도덕원리 궁극적 지반을 제공할 수 있다는 점 때문이었다. 따라서 필연적인 것은 아니라 하더라도 퍼트남의 존재론 거부는 단일한 객관주의적 도덕원리 탐구의 포기를 함축한다. 도덕적인 것의 근거를 존재론적으로 접근하는 것은 동·서양의 지성사를 통해 주류 이론들이 선택했던 전형적인 길이기도 하다. 플라톤은 소크라테스의 입을 빌려 이렇게 말한다.

"그 뭔가는 '있는'(존재하는: on) 것인가, 아니면 '있지 않은'(존재하지 않는: mē on) 것인가?"

"있는 것입니다. 있지 않은 것이 도대체 어떻게 알려질 수 있겠습니까?"

"그런데 우리는 다음 사실을, 비록 여러 관점에서 검토해 볼지라도 족히 알 수 있겠지? 즉 '완벽하게 있는 것'(to pantelōs on)은 완벽하게 인식될 수 있지만, '어떤 식으로도 있지 않은 것'은 무슨 방법으로도 인식될 수 없는 것이란 사실을 말일세."[9]

---

8 같은 책, p. 135 참조.
9 플라톤,『국가·政體』, 박종현 역주 (서울: 서광사, 1997), 476e–477a.

우리는 여기에서 "중요한 것은 존재해야 한다"라는 플라톤적 믿음을 읽어 낼 수 있다. 이러한 믿음은 단지 인식 문제에 국한된 것이 아니라 곧바로 도덕적 논의로 확장된다. 그래서 플라톤의 이데아는 참된 존재성 자체이며, 그 이데아들의 정점에 있는 것이 바로 '좋음의 이데아'이기도 하다. 그러나 우리가 익히 알고 있는 것처럼 도덕적인 것의 근원으로 설정되는 '있음'은 결코 평이한 물리적 세계의 존재자들이 아니다. 플라톤이 가정하는 존재는 현상계의 존재자들을 가능하게 해 주는 근거이자 원인인 동시에 존재자들이 추구해야 할 모형이다.

철학적 동기가 무엇이든 도덕성의 원천을 '초월적인 것'에서 찾는 모든 시도는 필연적으로 하나의 역설에 부딪히게 된다. 초월은 처음부터 우리를 넘어선 것으로 가정되며, 따라서 그것은 우리와 분리되어 있다. 그러나 만약 그 초월적인 것이 우리와 완전히 분리된 것이라면 그것은 우리에게 의미가 없다. 이 때문에 초월적인 것은 우리와 완전히 단절되어 있으면서도 우리의 인과적 체계에 개입해야 하는 역설적 요구를 안고 있다. 그래서 플라톤이든 주자든 도덕적인 것의 원천을 초월적인 것에서 찾으려는 시도는 예외 없이 '관여'(methexis)라는 문제에 직면하게 된다. 본성상 초월적인 것이 어떤 방식으로 우리의 인과적 세계에 개입하는지를 해명해야만 하는 것이다. 이 문제를 해결하기 위해 수많은 '은유들'이 제시되지만 그것들이 '초월의 역설'을 해소할 수 있는 것은 물론 아니다.

퍼트남은 이제 '도덕적인 것'이 (초월적 형이상학을 포함한) 존재론적인 믿음이 없이도 정당화될 수 있다고 말한다. 그러나 앞서 언급했던 것처럼 플라톤적인 존재론적 해명이 도덕의 객관성을 확보하려는 의도에서 비롯된 것이라면 존재론적 정당화를 포기하려는 퍼트남은 새로운 방식으로 도덕적 객관성을 해명해야만 한다. 전통적인 규범윤리학의 핵심적 축을 이루고 있는 '규범성'은 본성적으로 모두에게 공유되어야 한다는 의미에서 모종의 객관성을 전제하기 때문이다. 퍼트남은 이렇게 말한다.

> 수학이 객관성에 관한 존재론적인 설명을 제공하려는 시도가 사실상 수학적 진술들의 진리를 드러내기 위하여 수학의 일부가 아닌 이유들을 제공하려는 시도라고 본다. 그리고 윤리학의 객관성에 관한 존재론적인 설명을 제공하려는 시도는 윤리적 진술들이 진리를 드러내기 위하여 윤리학의 일부가 아닌 이유들을 제공하려는 시도라고 본다. 나는 이 두 시도가 모두 크게 잘못된 것이라고 생각한다. 그것들이 잘못되었다는 사실과 어떻게 잘못되었는지를 아는 것은, 이 분야에서 우리의 상식을 회복하는 절대적인 선결 요건이다.[10]

퍼트남은 윤리학이 보편적 도덕원리의 탐구라는 전통적 견해를 거부하고 대신에 윤리학을 "상호 연관되어 있고 상호 지지할 뿐만 아니라 부분적인 긴장 관계 속에 있는 것으로 생각되는 관심들의 체계"[11]라고 말한다. 이러한 윤리학적 시각은 퍼트남 자신이 인정하는 것처럼 듀이적 실용주의에서 온 것이다. 이러한 관점에서 퍼트남은 자신이 제안하는 '실용주의적 다원주의'를 다음과 같이 설명한다.

> 내가 주장하는 것은 실용주의자들을 따라, 또 비트겐슈타인(L. Wittgenstein)을 따라 실용주의적 다원주의가 우리의 언어게임의 배후에 있는

10 퍼트남, 『존재론 없는 윤리학』, p. 20. (고딕은 원문의 강조.)
11 같은 책, p. 45.

신비적이거나 초감성적인 대상을 추구해야 할 필요가 없다는 것이다. 즉 진리는 언어가 실제적으로 작동할 때 우리가 실제로 사용하는 언어게임 안에서 말해질 수 있으며, 다소 실용주의적으로 바꾸어 표현하면 철학자들이 그 언어게임들에 부가했던 팽창들은 비트겐슈타인이 말했듯이 '엔진 공회전'(the engine idling)의 사례들이다.[12]

탈형이상학적 태도는 20세기 초반의 분석철학이 가져다준 지적 귀결의 한 단면이다. 그러나 탈형이상학은 초기 분석철학의 지배적 흐름이 이미 붕괴된 오늘날에도 여전히 철회할 수 없는 지적 합의의 하나가 된 것으로 보인다. 형이상학적 열망은 절대적 객관성의 추구에서 비롯된다. '객관성'(objectivity)이라는 말은 오랫동안 '주관성'(sub-jectivity)이라는 말에 대비되는 것으로서 '대상적'(objective)이라는 의미로 이해되어 왔다. 이러한 대비는 우리 인식이 대상에 의존하는가 아니면 인식 주관에 의존하는가를 구분하기 위한 것이다. 따라서 이러한 구도 안에서 주관성은 곧 상대성을 함축한다. 퍼트남은 이 개념의 역사적 연원을 플라톤까지 거슬러 올라간다.

플라톤의 형상 이론은 초기에 나타난 두 가지 영속하는 철학적 생각들을 대변한다고 흔히 해석하곤 한다. 그러한 생각들 중 하나는 한 주장이 객관적으로 참이라면 그 주장이 '대응하는' 대상들(objects)이 있어야 한다는 생각이다. 이는 바로 '객관적'(objective)이라는 단어의 어원에 내재되어 있는 생각이다. 그리고 다른 하나의 생각은 객관적으로 참인 주장을 참되게 할 속성들을 갖는, 명백하게 자연적인 대상들이 존재하지 않는다면

---

12 같은 책, p. 44.

당연히 '진리 제작자'의 역할을 하는 어떤 비자연적인 대상들이 존재해야 한다는 생각이다.[13]

퍼트남은 '객관(대상) 없는 객관성'(objectivity without objects)이라는 구호를 따라 대상에 관한 이론, 즉 존재론 없이도 우리가 여전히 모종의 객관성을 유지할 수 있는 길을 모색하는 것이다. 그러한 객관성은 전통적인 의미에서 초월적이거나 선험적인 객관성이 아니라 우리가 의미 있는 삶을 이끌어 가기 위해 필요한 수준의 객관성이 될 것이다.

이러한 관점에서 퍼트남은 듀이적 실용주의를 '오류주의 겸 반회의주의'로 특징짓는다.[14] 이러한 오류주의와 반회의주의의 융합은 전통적인 철학적 태도, 특히 확실성의 탐구로 특징지어지는 근세 인식론적 태도와 선명한 대비를 이룬다. 인식론적 전통 안에서 모든 믿음이 수정 가능하다는 오류주의는 자연스럽게 회의주의로 나아가는 길로 간주되었기 때문이다. 대신에 실용주의는 우리의 모든 믿음이 오류 가능하면서도 여전히 회의주의로 전락하지 않는 길을 열고 있는 것이다.

듀이는 도덕성이 지속적인 인간 활동의 한 국면이라고 보며, 이러한 점에서 도덕성은 인간의 본성과 가장 밀착된 주제다. 이러한 관점에서 듀이는 도덕성의 문제가 초월적인 것도 선험적인 것도 아닌 경험적인 문제이며, 따라서 다른 모든 경험적 탐구와 마찬가지 방식으로 이루어져야 한다고 주장한다.

---

13 같은 책, p. 87. (고딕은 원문의 강조.)
14 같은 책, p. 152 참조.

도덕성은 모든 주제들 중에 가장 인간적인 주제다. 그것은 인간 본성에 가장 가까운 것이다. 그것은 불가분하게 경험적이며, 신학적이지도 형이상학적이지도 수학적이지도 않다. 그것이 인간 본성과 직접적으로 관련되어 있기 때문에 생리학, 의학, 인류학, 그리고 심리학을 통해 몸과 마음에 관해서 알 수 있는 모든 것은 도덕적 탐구와 관련된다. 인간 본성은 환경 안에서 존재하고 작동한다.[15]

듀이가 제안하는 윤리학적 탐구는 다른 모든 탐구와 마찬가지로 결코 완결되지 않는 열린 탐구의 하나일 뿐이다. 이러한 듀이의 시각에서 전통적 윤리학이 추구하는 보편적 도덕원리는 우리의 경험에 주어지지 않는 이론적 요청의 산물이다. 퍼트남은 확정적인 원리들의 단일한 체계를 발견하려는 윤리학적 시도들이 존재론이라는 그릇된 가정 위에 서 있으며, 이제 듀이의 시각을 따라 그것을 넘어서는 새로운 길을 제안한다. 여기에서 퍼트남은 자신이 그리는 윤리학을 '다리가 많은 탁자'에 비유한다.

오늘날에 이르기까지 대부분의 윤리학자들은 여전히 내가 열거했던 관심사들 중 어떤 하나를 선택하거나 혹은 단지 쾌락의 최대화(최대 다수의 최장기간 동안의 최대 행복 또는 그러한 정식화의 계승자들)라는 공리주의적 관심사를 선택하고서는 다른 관심사들을 부정하거나 그것들을 자신들이 선호하는 관심사들로 환원하려고 한다. 그것은 마치 윤리학을 단일한 기둥 꼭대기에 서 있는 웅장한 조각상으로 간주하려는 것과 같다.

---

15 John Dewey, *Human Nature and Conduct: The Middle Works, 1899-1924*, Vol. 14, ed. Jo Ann Boydston (Carbondale, Ill.: Southern Illinois University Press, 1983), p. 204.

내가 가진 영상은 다소 다르다. 내가 생각하는 영상은 다리가 많은 탁자
같은 것이다. 우리는 다리가 많은 탁자가 바닥이 고르지 않을 때는 흔들리
겠지만 쉽게 넘어지지 않는다는 것을 잘 알고 있다. 그것이 내가 생각하는
윤리학이다. 많이 흔들리지만 잘 넘어지지 않는 다리 많은 탁자.[16]

퍼트남이 제안하는 윤리학의 모습은 이처럼 이중적인 모습을 갖는
다. 우리에게 확정적인 보편적 원리를 보장해 주는 우리 밖의 기준은
가능해 보이지 않지만, 그것이 윤리학이라는 탐구 자체를 무너뜨릴 정
도의 불안정성은 아니라는 것이다. 여기에서 우리는 이렇게 물을 수
있다. "실제적으로 경험되는 다양한 변이를 인정하면서도 여전히 윤
리학이 와해되지 않도록 지탱해 주는 것은 무엇인가?"

3. 이성과의 화해

'내재적 실재론' 이래로 퍼트남의 지속적인 철학적 논의에서 주목
할 만한 방향성으로 실용주의에 대한 관심의 확장을 들 수 있다. 내재
적 실재론이 칸트의 인식론적 구도에 묶여 있다는 사실에 비추어 볼
때 퍼트남의 실용주의적 전환은 불가피하게 내적 정합성 문제를 불러
올 수밖에 없다. 이 때문에 퍼트남의 윤리학은 칸트와 듀이 사이에서
'흔들리는' 모습으로 나타난다. 이것은 우연이 아니다. 칸트와 듀이
사이에는 화해하기 힘든 철학적 괴리가 존재하며, 그것은 부분적인 수
정이나 보완을 통해 조정될 수 있는 성질의 것이 아니기 때문이다. 퍼

---

16 퍼트남, 『존재론 없는 윤리학』, p. 53.

트남의 실용주의적 다원주의의 핵심적 난점 또한 여기에 있다.

퍼트남의 지속적인 철학적 여정을 살펴본다면 이러한 불안정성은 결코 낯선 것이 아니다. 내재적 실재론 이전의 퍼트남은 영어권의 철학적 흐름을 특징지을 만큼 중요한 몇 차례의 입장 전환을 보였다. 퍼트남은 내재적 실재론을 통해 자신이 초기에 주창했던 기능주의에 대한 가장 강력한 비판자가 되었으며, 동시에 자신이 과거에 유지했던 (형이상학적) 실재론을 버리게 된다.[17] 이러한 빈번한 철학적 입장 변화에는 중요한 철학적 이유가 있다. 퍼트남은 그것이 단순히 이론에서 이론으로의 이행이라기보다는 철학의 본성에 관한 근원적으로 대립적 시각들 사이의 갈등에서 비롯된다고 말한다.[18] 그는 철학적인 문제들이 본성상 궁극적으로 해결 불가능한 것이라는 비트겐슈타인(L. Wittgenstein)의 생각을 따라 우리는 다만 이 문제들을 탐구하기 위한 올바른 방법을 모색하는 데에서 그 철학적 의미를 찾아야 할 것이라고 언급한다.[19]

퍼트남의 실용주의적 전환을 오랫동안 가로막고 있었던 것은 자신의 내재적 실재론이었다. 내재적 실재론을 통해 퍼트남이 극복하려고 하는 일차적인 문제는 이분법적 사고방식이다. 내재적 실재론은 퍼트남이 '형이상학적 실재론'이라고 부르는 전통적인 객관주의와 오늘날 성행하는 극단적인 상대주의 사이의 이분법적 대립을 넘어서기 위해

---

17 데비트는 하버드대학교에서 퍼트남의 제자이며 퍼트남에게 실재론의 철학적 신념을 배웠다. 그는 후일 스승의 실재론 포기를 일종의 변절로 간주하고 그의 책의 한 장에 '변절자 퍼트남'(renegade Putnam)이라는 제목을 붙이고 있다. Michael Devitt, *Realism and Truth*. 2nd ed. (Oxford: Basil Blackwell, 1991), 12장 참조.

18 Putnam, *Representation and Reality*, p. xii 참조.

19 Putnam, *Realism with a Human Face*, p. 19 참조.

이 두 대립적 진영 사이의 중간 지대를 복잡하고도 정교한 방식으로
탐색하고 있다. 그러나 이러한 퍼트남의 의도에도 불구하고 내재적 실
재론은 칸트적인 구도를 넘어서지 못하고 있으며, 이 때문에 내재적
실재론은 '세계 자체'라는 수수께끼에 묶이게 된다. 이것은 칸트가 부
딪혔던 '물자체'의 수수께끼와 다르지 않다.[20]

그러나 퍼트남은 최근 '자연적 실재론'(natural realism)을 제안함
으로써 실질적으로 내재적 실재론의 기본 구도를 포기한 것으로 보인
다.[21] 물론 퍼트남은 내재적 실재론이 향하고 있었던 문제의식, 즉 실
재론과 반실재론의 중간 지대의 필요성과 가능성에 대한 문제의식을
포기한 것은 아니다. 대신에 그는 내재적 실재론이 실재론과 반실재론
사이의 정교한 '줄타기'가 실재론과 반실재론의 기본 가정, 즉 객관과
주관의 분리라는 기본 가정에 묶여 있다는 사실에 대해 스스로 의구심
을 제기하고 있는 것으로 보인다.[22] 그것은 실용주의적 전환의 과정에
서 필연적인 이행의 하나로 보이며, 내재적 실재론에 대한 반복적인
비판을 통해 오랫동안 예고되어 왔던 전환이기도 하다.

그러나 내재적 실재론의 포기에도 불구하고 퍼트남의 실용주의적
전환은 여전히 화해 불가능한 갈등을 안고 있다. 그 갈등의 소재는 바

---

20 퍼트남은 스스로 "적어도 내게 거의 모든 철학의 문제들은 오로지 칸트의 저작
을 통해서만 참된 의미를 얻는 형태를 갖는다"고 말한다. 같은 책, p. 3 참조.

21 Putnam, *The Threefold Cord: Mind, Body, and World*, p. 18, 각주 41 참조.

22 칸트의 '물자체'라는 수수께끼 또한 주체/대상 분리라는 구도가 불러온 불운한
산물이다. 주체와 대상이 분리되고, 주체의 자발적 인식 능력이 인정되는 순간
주체에 주어지지 않은 상태의 대상은 해명할 수 없는 수수께끼로 남게 되는 것
이다. 퍼트남의 내재적 실재론은 이러한 칸트의 인식론적 구도가 언어철학적으
로 재구성된 것이다. 칸트의 물자체가 인식할 수 없는 어떤 것이라면 퍼트남의
'세계 자체'는 말해질 수 없는 어떤 것이다.

로 퍼트남이 지속적으로 유지해 왔던 규범적 '이성' 개념이다. 듀이적 실용주의는 규범적 이성 개념에 대한 근원적 거부로 특징지어질 수 있다는 점에서 이성 개념에 대한 미련은 퍼트남의 실용주의적 전환에 필연적으로 이론적 갈등을 불러온다. 어떤 형태든 '보편적 규범성'을 전제하는 이성 개념은 근원적으로 다원주의와 양립할 수 없기 때문이다. 이러한 상황에서 퍼트남의 위치는 "현대의 도덕철학자들이 칸트와 듀이 사이에서 꼼짝없이 갇혀 있다"[23]는 로티(R. Rorty)의 지적으로부터 자유로울 수 없어 보인다.

실용주의적 선회를 제안하는 퍼트남에게 이성의 지위는 난감한 문제로 드러난다. 이 문제에 관한 퍼트남의 입장은 모호한 것이 될 수밖에 없다. 퍼트남은 자신이 주목하는 듀이적 실용주의를 플라톤의 계몽과 17~8세기의 계몽에 이어 '세 번째 계몽'이라고 부른다. 세 번째 계몽은 그것이 전통적인 '이성' 개념에 의존하고 있지 않다는 점에서 앞의 것들과 구분될 수 있다. 퍼트남은 이렇게 말한다.

> 듀이는 사실 '이성'이라는 용어를 그다지 선호하지 않으며(확실히 큰 '이성'이라는 용어를 선호하지 않으며), 문제 해결을 위한 지성의 사용에 관하여 말하려고 하는 편이다. 그리고 용어상의 그러한 변화는 전통 철학에 대한 심층적인 비판을 보여 주는 것이다. 전통적인 의미에서 '이성'은 무엇보다도 이러저러한 부류의 변치 않는 진리에 도달할 수 있는 수단이라고 가정된 인간의 능력이었다. 경험론자들이 이미 이러한 개념을 비판한 것은 사실이지만, 듀이는 이성에 대한 경험론자의 비판이 심각한 결함을

---

23 리처드 로티, 「칸트와 듀이 사이에 갇힌 도덕철학의 현상황」(이유선 역), 『구원적 진리, 문학문화, 도덕철학』, 석학연속강좌 특별강연 (2001 봄), p. 83.

가지고 있다고 보았다. 듀이는 적어도 전통적인 철학 교육을 받은 사람들
에게서, 처음에는 전통적인 경험론이 놀랍게도 전통적인 합리론만큼이나
선험주의적인 방식을 취하고 있음을 발견한다.[24]

듀이는 '확실성의 탐구'로 특징지어지는 근세의 인식론적 구도 자
체를 거부하며, 따라서 그 핵심적 축을 이루었던 합리주의의 이성 개
념 자체도 거부한다. 듀이는 도덕적 판단과 선택의 문제 또한 지속적
인 실험의 과정으로 보며, 이러한 과정을 이끌어 가는 주된 능력으로
'지성'(intelligence)을 제안한다.

경험과 유리된 능력으로서의, 우리에게 보편적 진리의 고차적인 영역을
소개하는 능력으로서의 '이성'은 이제 우리와 무관하고, 시시하며 중요하
지 않은 것으로 여겨진다. 경험에 일반성과 규칙성을 도입하는 칸트적인
능력으로서의 이성은 우리에게 더욱더 불필요한 것으로 여겨진다. 즉 그
것은 전통적인 형식주의와 정교한 전문용어에 빠진 인간의 불필요한 창조
물이다. 과거의 경험에서 나온 구체적인 제안들, 현재의 요구와 결핍의 조
명을 받아 발전하고 성숙한 제안들, 특정한 재구성의 목표와 방법으로 채
택되고, 그런 재조정의 작업을 수행함에 있어서 겪게 되는 성공과 실패에
의해 검증된 구체적인 제안들로 충분하다. 구성적인 방식으로 새로운 목
표를 위해 사용된 그런 경험적인 제안들에 대해서 '지성'이라는 명칭이 주
어진다.[25]

24 퍼트남, 『존재론 없는 윤리학』, p. 151.
25 존 듀이, 『철학의 재구성』, 이유선 역 (서울: 아카넷, 2010), pp. 132-33.

　듀이의 이러한 제안은 전통적 이성 개념의 수정이 아니라 이성 개념 자체의 거부를 의미한다. 이러한 관점에서 과인록(J. Gouinlock)은 듀이의 '사회적 지성' 개념이 전통적인 '이성주의'를 넘어서는 획기적인 성과라고 지적한다.[26] 보편적 도덕원리를 거부하는 듀이의 윤리학은 전통적인 윤리학자들에게 낯설고 모호한 것일 수밖에 없다. 라폴레트(H. LaFollette)는 이러한 실용주의 윤리학을 이렇게 묘사한다.

　　실용주의 윤리학은 표준적이지 않은 표준을 받아들인다. 그것은 절대주의적이지 않으면서도 객관적이다. 그것은 상대주의적이지 않으면서도 윤리적 판단이 상대적이라는 것을 인정한다. 또 그것은 자의적이지는 않으면서도 모종의 도덕적 차이들을 허용(사실상 환영)한다.[27]

　퍼트남이 이성 문제에 관해 유보적 태도를 취하는 이유는 대체로 분명해 보인다. 퍼트남은 개념적 상대성이나 다원성을 수용하면서도 여전히 이성만이 허무주의적 분기에 이르지 않는 궁극적 제약이라고 생각하기 때문이다. 이러한 관점에서 퍼트남은 이성의 규범적 본성에 대해 완고한 믿음을 유지하고 있다.

　만약 이성이 동시에 초월적이며 내재적이라면, 항구적인 물음들에 대한 문화 상대적 성찰과 논증으로서의 철학은 동시에 시간과 영원 안에 있다.

26　James Gouinlock, "Dewey and Contemporary Moral Philosophy," in John Stuhr, ed., *Philosophy and the Construction of Culture* (Albany, N.Y.: SUNY Press, 1993), p. 83 참조.
27　Hugh LaFollette, "Pragmatic Ethics," in Hugh LaFollette, ed., *The Blackwell Guide to Ethical Theory* (Oxford: Blackwell, 2000), p. 400.

우리는 아르키메데스의 점에 이를 수 없다. 우리는 항상 시간과 공간의 언어로 말한다. 그러나 우리가 말하는 것의 옳음과 그름은 단지 시간과 공간의 문제가 아니다.[28]

물론 퍼트남이 이러한 이성 개념을 통해 유지하려는 것은 객관성의 궁극적 근거다. 적어도 이성주의자에게 그 근거를 잃는 것은 허무주의에 대한 굴복을 의미하기 때문이다. 이러한 이성은 적극적인 의미에서 지적/도덕적 원리를 제공하는 능력이라기보다는 다원적 원리들 사이에서 허무주의적 분기를 막아 주는 '제약으로서의 이성'이다. 필자는 그것을 '후퇴한 이성'이라고 부르며, 그것은 오늘날 고전적 의미의 이성 개념의 과도성을 벗어나려는 이성주의자들이 택하는 전형적인 전략의 하나이기도 하다.[29]

그러나 적극적이든 소극적이든 이성의 존재는 도덕적인 것의 실재성과 마찬가지로 오직 '초월론적' 논증에 의해서만 증명될 수 있다. 즉 이성주의자는 이성의 존재를 그 자체로 입증하기보다는 스스로 규정한 이성이 존재하지 않았을 때 생겨나는 난점을 들어 이성의 존재를 옹호하는 것이다. 이때 이성은 이 논증에 앞서 이러저러한 것으로 규정되어 있어야만 한다. 즉 이성주의자는 자신의 증명에 앞서 이성이

---

28 Putnam, "Why Reason Can't Be Naturalized," in his *Realism and Reason: Philosophical Papers 3* (Cambridge: Cambridge University Press, 1983), p. 247. (고딕은 원문의 강조.)

29 필자는 하버마스(J. Habermas)의 '의사소통적 합리성'(communicative rationality)이 이러한 후퇴한 이성의 전형이라고 보며, 퍼트남과 데이빗슨(D. Davidson), 설(J. Searle)을 포함해서 이성주의적 전통을 옹호하는 소수의 철학자들이 유사한 입장을 취한다고 본다. 노양진, 「이성의 이름」, 『몸·언어·철학』(파주: 서광사, 2009), pp. 247-53 참조.

무엇인지를 이미 알고 있는 것이다. 퍼트남 또한 예외가 아니다. 퍼트남의 난점은 바로 이 이성 개념을 유지한 상태에서 자신의 철학적 구도를 실용주의적으로 이행해 가려는 데에서 비롯된다.

이성 개념이 안고 있는 이러한 순환성은 그 자체로 무해한 것으로 말해질 수 있지만, 적어도 이성의 본성을 규정하는 데 실질적인 기여를 할 수 없다는 것 또한 분명하다. 이 때문에 초월론적으로 증명된 '이성'은 그에 앞서 가정된 이론적 요청의 산물이라고 할 수 있다. 서구 지성사를 통해 지배적 주류를 형성해 왔던 이성주의는 이러한 요청에 의해서만 정당화되며, 이성주의자들은 이 문제에 관한 한 칸트에서 한 걸음도 더 나아가지 못한 것으로 보인다.[30]

이러한 상황에서 퍼트남의 철학적 논의가 최근 점차 실용주의적 성향을 강하게 드러내고 있다는 것은 이성에 대한 그의 믿음이 점차 후퇴하고 있다는 것을 함축한다. '흔들리는 철학자'(wobbling philosopher)라고 불릴 수 있을 만큼 자신의 입장을 자주 바꾸어 왔던 퍼트남은 여전히 흔들리고 있는 것으로 보인다. 그것은 그의 철학의 실패를 말해 주는 것이기보다는 오히려 철학의 본성에 대한 진지한 '철학적 고민'의 증거일 수 있다. 이러한 퍼트남에게 자신의 철학적 영상을 '흔들리지만 잘 넘어지지 않는 탁자'로 표현하는 것은 그저 우연한 '수사'(rhetoric)만은 아닐 것이다.

---

30 칸트 윤리학의 현대적 재해석이라는 관점에서 주목받는 코스가드(C. Korsgaard)의 논의에서도 이 문제는 가감 없이 드러난다. 코스가드는 규범성의 원천으로 전통적 이성 대신에 '인간성'(humanity)을 제시한다. 나아가 코스가드는 '인간성'이 요구하는 도덕적 정체성이 상충하는 다양한 실천적 정체성을 가능하게 하는 궁극적 근거라고 주장하며, 그것이 '초월론적'(transcendental)으로 증명될 수밖에 없다는 점을 반복적으로 언급한다. 크리스틴 코스가드, 『규범성의 원천』, 강현정 · 김양현 역 (서울: 철학과현실사, 2011), pp. 205, 207 참조.

4. 윤리학의 자연화

윤리학적 탐구에서 존재론적 가정을 제거하려는 퍼트남의 시도는 전적으로 새로운 제안만은 아니다. 퍼트남 자신이 스스로 지적하고 있으며, 또 앞에서 살펴보았던 것처럼 이러한 통찰은 대부분 듀이와 비트겐슈타인에게서 비롯된 것이다. 듀이와 비트겐슈타인이 공통적으로 강조하는 것은 전통적인 철학적 탐구가 빠져들었던 사변의 늪으로부터의 해방이다. 퍼트남이 제거하려는 존재론 또한 그 사변의 핵심적 축을 이루어 왔다.

보편적이고 절대적인 원리를 포기하게 되면 우리에게 주어지는 선택은 크게 두 갈래로 나누어진다. 그 하나는 다수의 원리를 인정하는 다원주의를 선택하는 길이며, 또 다른 하나는 어떤 원리도 인정하지 않는 허무주의에 빠져드는 길이다. 두 번째 길은 누구에게도 열려 있지 않다. 그것은 '정신적 자살'(mental suicide)과 다르지 않기 때문이다.[31] 다원주의만이 우리에게 열려 있는 유일한 선택이라는 것은 분명하지만, 단지 "나는 다원주의를 옹호한다"라는 선언만으로 충분한 것은 아니다. 제약되지 않은 '다원성'은 곧바로 허무주의적 우려를 불러오기 때문이다.

퍼트남은 명시적으로 자신이 듀이와 비트겐슈타인으로부터 실용주의적 태도를 읽어 내고 있다고 말하지만, 정작 그의 이성주의적 미련은 실용주의적 전향을 결정적으로 가로막고 있다. 다른 모든 이성주의자들처럼 퍼트남 또한 이성에 관한 한 초월론적 논증을 벗어날 수 없으며, 그것은 그의 이론의 핵심적 지주인 동시에 결정적인 취약점이기

---

31 퍼트남, 『이성 · 진리 · 역사』, 김효명 역 (서울: 민음사, 2002), p. 205 참조.

도 하다. 불운하게도 퍼트남의 철학에서 우리는 이성주의와 실용주의
라는 두 갈래의 대립적 전통이 화해될 수 있는 계기를 찾을 수 없기 때
문이다. 퍼트남은 한 평면 위에 '둥근 사각형'을 그리고 있는 셈이다.
이것은 퍼트남이 실용주의적 전환을 위해 훨씬 더 근원적으로 자연화
되어야 할 필요가 있다는 것을 의미한다.

　이 문제와 관련해서 존슨(M. Johnson)은 중요한 전환의 실마리를
제공한다. 존슨은 보편적 도덕원리의 탐구로 특징지어지는 전통적인
윤리학적 탐구를 '절대주의'로 특징짓는다.[32] 존슨에 따르면 보편적
도덕원리 추구의 배후에는 도덕적 경험이 본성상 우리의 다른 경험과
구분되는 것이라는 그릇된 가정이 자리 잡고 있다. 이러한 가정에서
벗어난다면 도덕적 경험에 대한 우리의 탐구는 다른 모든 경험에 대한
탐구와 마찬가지 방식으로 이루어질 수 있다.[33] 이러한 관점에서 존슨
은 이제 도덕적 탐구가 보편적 도덕원리에 관한 탐구가 아니라 '도덕
적 이해'(moral understanding)에 관한 탐구로 전환되어야 한다고 주
장한다.[34]

---

[32]　마크 존슨, 『도덕적 상상력: 체험주의 윤리학의 새로운 도전』, 노양진 역 (파주:
　　서광사, 2008), p. 30 참조.

[33]　'체험주의'(experientialism)를 주도하는 존슨이 사용하는 '경험' 개념은 '감각
　　적 지각에 직접적으로 주어지는 것'이라는 의미의 전통적인 경험주의적 경험 개
　　념과 매우 다른 폭을 갖는다. 존슨은 "우리를 인간 …… 으로 만들어 주는 모든
　　것"을 포괄하는 넓은 의미로 사용하는데, 그것은 신체적/물리적 층위의 경험과
　　그것을 근거로 확장된 정신적/추상적 층위의 경험을 포괄하는 넓은 폭을 갖는
　　다. 이러한 폭넓은 경험 개념은 본성상 듀이의 경험 개념과 다르지 않다. 존슨,
　　『마음 속의 몸: 의미, 상상력, 이성의 신체적 근거』, 노양진 역 (서울: 철학과현
　　실사, 2000), p. 32 참조.

[34]　Mark Johnson, "How Moral Psychology Changes Moral Theory," in Larry
　　May et al., eds., *Mind and Morals: Essays on Cognitive Science and Ethics*
　　(Cambridge, Mass.: MIT Press, 1996), p. 66 참조.

이러한 탐구는 더 이상 '초월'이나 '선험'처럼 우리를 넘어선 어떤 것에서 출발하지 않으며, 또 그래야 할 이유도 없다. '도덕적인 것'에 대한 탐구는 우리의 경험의 문제이자 이해의 문제이기 때문이다. 사실상 지난 세기 후반에 급속히 확산되었던 탈초월적/탈이론적인 급진적 담론들은 초월적이거나 실재론적인 믿음의 허구를 드러내는 데 충분히 성공적이었던 것으로 보인다. 그럼에도 많은 철학자는 여전히 초월적인 객관주의의 주변을 서성거린다. 그것은 객관성에 대한 적극적 확신 때문이라기보다는 대부분 객관성을 잃으면 우리가 곧 허무주의에 이르게 될 것이라는 '이분법적 불안' 때문일 것이다.

이러한 관점에서 필자는 규범성의 원천이 현재와 같은 몸을 가진 우리 인간이 종(種)으로서 공유하는 경험의 공공성을 넘어설 수 없다고 주장했다. 이러한 시각에서 규범성은 초월적이거나 선험적인 이성의 산물이 아니라 우리 경험의 공공성에서 확장되어 나오는 특수한 경험의 한 방식일 뿐이다.[35] '도덕적인 것'은 그 자체로 존립하는 특수한 어떤 것이 아니라 우리의 성장적 삶을 가로막는 다양한 제약을 극복하려는 인간적 경험의 한 갈래를 가리키는 이름이다. 그것은 초월적인 도약을 통해서 도달되거나 물리적 세계에서 완결된 형태로 발견되는 어떤 것도 아니다. 그것은 우리의 지속적 경험의 한 양상이기 때문이다.

퍼트남이 윤리학적 탐구에서 존재론이라는 짐을 벗겨 내는 것은 형이상학이라는 환상의 길을 버리면서도 경험주의적인 암흑으로 빠져들지 않는 제3의 길을 지향한다는 것을 의미한다. 필자는 퍼트남 자신의 제안처럼 이러한 제3의 흐름이 듀이가 제안하는 자연주의적 탐구를 통해 가장 적절하게 이루어질 수 있다고 본다. 그렇지만 퍼트남은 자

---

35 이 책 3장 「규범성의 자연주의적 탐구」 참조.

신의 명시적인 실용주의적 방향 전환에도 불구하고 여전히 칸트적 이성주의의 늪을 완전히 빠져나오지 못하고 있으며, 그것은 그의 철학적 구도 자체에 치명적인 내적 정합성 문제를 불러온다. 이러한 퍼트남은 과거에 그랬던 것처럼 또다시 칸트와 듀이 사이에서 흔들리고 있다. 그렇지만 퍼트남의 철학적 탐구는 여전히 무너지지 않고 있다. 마치 그가 그리는 윤리학의 모습처럼.

5. 맺는말

'실용주의적 다원주의'가 드러내는 다원주의적 선회에도 불구하고 퍼트남이 유지하고 있는 이성의 규범적 본성은 내적 정합성 문제를 불러온다. 이성 개념에 대한 미련을 버리지 못하는 한 퍼트남은 결코 진정한 의미에서 다원주의자가 될 수 없을 것이다. 그렇게 제시되는 다원주의는 아무리 완화된 것이라 하더라도 여전히 이성이라는 '궁극적' 척도를 배후에 숨기고 있으며, 따라서 그것은 숨겨진 이성에 의해 재단되는 '위장된 다원주의'의 한 형태가 될 것이기 때문이다.

퍼트남의 이러한 난점은 근원적으로 이성 개념의 본성적인 불투명성에서 비롯되며, 따라서 그것은 퍼트남뿐만 아니라 이성주의적 전통 안에 있는 모든 철학자의 공통적인 난점이기도 하다. 즉 이성 개념을 유지하면서 어느 정도까지의 다원성을 인정할 수 있는지에 대한 구획조차도 다시 이성 개념에 의존할 수밖에 없기 때문이다. 자신이 제안하는 실용주의적 전환을 위해서 퍼트남에게는 이성의 자연화라는 결단이 필요해 보인다. 그렇지 않는 한 퍼트남의 실용주의적 지향과 이성주의적 미련은 결코 쉽게 화해되지 않을 것이며, 그가 제안하는 실용주의는 자연주의적 정신이 유보된 '변형된 실용주의'일 수밖에 없다. 물론 퍼트남이 미국의 전통적인 실용주의 진영에 가담해야만 할 이유는 없다. 그러나 퍼트남이 명시적으로 실용주의적 접근을 표명하는 한, 그것이 불러오는 이론적 난맥은 불가피한 딜레마로 남을 수밖에 없어 보인다.

실용주의적 전환을 표방하는 퍼트남의 철학적 논의는 '분석'의 망령을 넘어서서 우리의 철학적 논의가 지향해야 할 방향을 매우 진지한 목소리로 제시하고 있다. 그러나 체계의 정합성이라는 측면에서 퍼트남의 철학적 시도는 여전히 넘어서야 할 또 하나의 숙제를 안고 있다. 그것은 퍼트남이 화해할 수 없는 두 갈래의 철학적 이념들 사이에서 흔들리고 있기 때문이다. 퍼트남의 행보는 칸트와 듀이 사이를 이어주는 내적 고리를 발견하지 못한 채로 '흔들리고' 있다. 퍼트남이 그리는 윤리학의 새로운 배는 실용주의라는 돛을 올리지만 여전히 이성주의의 닻을 걷어 올리지 못하고 있다.

제 8 장

레비나스와 로티[*]

1. 머리말

레비나스(E. Levinas)와 로티(R. Rorty)는 '포스트모던'이라는 느
슨한 이름으로 묶일 수 있지만, 이들을 묶어 주는 또 하나의 갈래가 있
다. 그것은 '나쁜 것의 윤리학'(ethics of the bad)이다.[1] 이 갈래는 전
통적인 규범윤리학적 시각에서 본다면 낯설고 거북한 것이다. 보편적
도덕원리를 추구하는 '절대주의 윤리학'은 공통적으로 '좋은 것'의
원리를 탐색해 왔다.[2] 절대주의 윤리학은 '최고선'을 규정함으로써 그
것을 보편적 원리로 삼으려고 한다. 도덕적 절대주의는 보편적 도덕원
리가 존재하며, 그것이 구체적인 도덕적 행위를 규정해 준다고 주장한
다. 역설적이게도 절대주의 도덕 이론은 보편적 도덕원리를 제시하지
못해서 실패한 것이 아니라 너무나 많은 도덕원리를 제시했다는 점에

---

* 이 장은 원래 독립적인 논문 형태로 구상되었지만 논문으로 발표할 기회를 갖지
  못한 채로 이미 출간된 필자의 『몸이 철학을 말하다: 인지적 전환과 체험주의의
  물음』(파주: 서광사, 2013), pp. 150-54에 요약되어 포함되었다. 이 때문에 이
  장은 오히려 앞의 책의 내용을 섬세하게 확장한 형태를 갖게 되었다.
1 이 책 5장 「도덕의 영역들」 참조.
2 마크 존슨, 『도덕적 상상력: 체험주의 윤리학의 새로운 도전』, 노양진 역 (파주:
  서광사, 2008), p. 30 참조.

서 실패했다. 그것들 중 어떤 것을 절대적인 것으로 선택하기 위해 또 다른 절대적 원리를 필요로 할 것이기 때문이다. 그것은 우리를 무한 퇴행이라는 곤경으로 이끌어 간다.

20세기에 들어 절대주의 도덕 이론에 대한 급진적인 비판이 이루어 지면서 절대주의 도덕 이론은 그 근거를 잃은 것으로 보인다. 좋은 것 의 윤리학을 무너뜨리는 것은 지적 흥분을 불러일으키는 일이지만, 그 결과가 단지 지적 흥분으로 그치는 것은 아니다. 보편적 도덕원리의 거부는 허무주의적 상대주의라는 우려를 불러오기 때문이다. 이러한 이분법적 상황 안에서 많은 사람은 보편적 원리에 대한 확신이 없음에 도 여전히 보편주의 부근을 서성거린다. 도덕적 노숙자가 될 수도 있 다는 불안이 이들을 붙잡고 있기 때문이다.[3]

절대주의 도덕 이론이 무너진 낯선 땅에 이르는 길은 열렸지만, 그 곳에 정착하는 일은 또 다른 과제다. 급진적인 반객관주의자들의 논의 가 단지 전략적인 지적 실험이 아니라면 객관주의가 무너진 그 자리에 머무는 일이 어떻게 가능한지를 밝혀야 한다. 로티는 이 문제 관한 한 자유주의적 낙관에 의지한다. 레비나스는 새로운 땅에 혼자서 머무는 대신에 새 옷을 갈아입은 낡은 형이상학과의 새로운 동거를 요구한다. 초월적인 것과 또 다른 방식으로 화해하는 것도, 모든 것이 열린 우연 속으로 나아가는 것도 우리에게는 낯설 뿐만 아니라 거북한 길이다. 뿌리 없는 낙관이든 무제약적인 초월이든 우리가 반복적으로 경험했 던 과도한 열광으로 이끌어 갈 수 있다.

두 갈래의 극단을 벗어난 새로운 길은 '경험적으로 책임 있는 윤리

---

3 도덕적 영역에서 이러한 이분법적 상황은 지적 영역에서와 동일한 방식으로 드러 난다. 노양진, 『몸 · 언어 · 철학』 (파주: 서광사, 2009), p. 6 참조.

학'(empirically responsible ethics)의 길이다.[4] 경험적인 것은 그 자체로 철학적이지 않다. 철학적 사유는 항상 경험적인 것을 넘어서서 확장되지만, 그것은 경험적인 것에 근거하고 있어야 한다. 철학적 확장은 경험적인 것에 의해 최종적으로 확증될 수는 없지만 결정적으로 반박될 수는 있기 때문이다. 사유의 역사는 반복적으로 그것을 보여준다. 경험적 책임을 외면하는 철학은 결국 경험적인 것에 의해 외면받게 될 것이기 때문이다.

2. 레비나스와 타자의 얼굴

레비나스의 시각에서 서구의 지성사는 타자를 동일자로 환원하는 '전체성'의 역사다. 레비나스는 전체성의 이념을 거부하고 개인의 가치와 타자에 대한 책임을 중심으로 새로운 윤리학을 제안한다. 이러한 논의를 위해 레비나스가 출발하는 곳은 하이데거(M. Heidegger)의 '존재'(Sein) 개념이다. 레비나스는 하이데거의 존재가 또 다른 전체성의 가상이라고 보며, 그 가상에서 깨어나는 것을 도덕적 삶의 단초로 삼는다.

> 존재는 본질적으로 낯선 자이며 또 우리를 거역한다. 우리는 밤처럼 숨막히는 존재의 속박을 감내한다. 그러나 존재는 대답하지 않는다. 그것이 존재의 악(le mal)이다.[5]

---

4 마크 존슨, 『도덕적 상상력: 체험주의 윤리학의 새로운 도전』, 노양진 역 (파주: 서광사, 2008), p. 46 참조.
5 레비나스, 『존재에서 존재자로』, 서동욱 역 (서울: 민음사, 2003), p. 30.

존재자의 길은 자기/자아 관계를 벗어나서 타자와의 관계로 나아가는 길이다. 레비나스는 존재로부터 깨어나 존재자로 나아가는 것이 전체성을 벗어나 개별자의 세계로 나아가는 길이라고 말한다. 존재에서 존재자로 깨어남의 길목에는 '고통받는 타자의 얼굴'이 있다. 그것은 거부할 수 없는 계시로 드러난다. 그것은 다른 어떤 것으로도 환원될 수 없는 근원적 얼굴이다. 여기가 레비나스가 제안하는 도덕성이 출발하는 지점이다.

> 타인은 신의 육화(incarnation)가 아니다. 그러나 타인은 바로 그의 얼굴 — 여기에서 타인은 탈육화(disincarnate)된다 — 을 통한 높은 것의 현시이며, 그 안에서 신이 드러난다.[6]

레비나스의 철학을 따라가면 우리는 낯선 곳에서 또 다른 신을 마주치게 된다. 옷을 바꾸어 입은 '늙은 그 사람'이 거기에 서 있다. 레비나스에 와서 달라진 것이 있다면 신이 우리 삶의 한가운데서 나타난 것뿐이다. 전통적으로 철학적 논의에서 초월적 존재는 거의 대부분 모든 것의 시원 아니면 종말에 등장한다. 삶의 한 가운데서 나타난 레비나스의 신은 '데우스 엑스 마키나'(deus ex machina)와 다름없다. 우리는 왜 레비나스의 신이 그 시점에 거기에 있어야만 하는지에 관해 아무런 설명도 찾을 수 없기 때문이다. 레비나스는 우리에게 새로운 이름을 가진 낡은 형이상학과 함께 살아갈 것을 제안한다. 그것은 지난 한 세기의 지적 노력이 도달했던 탈형이상학이라는 철학적 합의를

---

6 Emmanuel Levinas, *Totality and Infinity: An Essay on Exteriority*, trans. Alphonson Lingis (Pittsburgh, Pa.: Duquesne University Press, 1969), p. 79.

외면하고 또 다른 형이상학으로 회귀한다는 것을 의미한다. 전체성의 거부라는 이름으로 출발한 레비나스의 철학은 또다시 과거로 되돌아온 것이다.

레비나스의 타자철학은 전체성의 이념을 벗어나기 위한 통로로서 출발한다. 그러나 그의 타자철학은 또 다른 신의 이념을 통해 구체화되며, 그것은 레비나스 철학의 배경을 이루고 있는 유대주의에 뿌리를 둔다. 레비나스의 타자철학은 처음부터 신과 함께 출발했지만 그 신의 등장 방식을 바꾸었다. 레비나스가 제안하는 타자철학은 오늘날 우리가 지향하는 타자 중심의 윤리적 가치들과 중요한 점에서 중첩된다. 만약 레비나스가 제안하는 윤리적 목적들이 신의 등장 없이도 정당화될 수 있는 것이라면 레비나스는 사실상 불필요하며, 나아가 위험한 신의 개념을 윤리학에 '끼워 넣은' 셈이다. 이것은 정확한 가격을 알 수 없는 사은품 속에 끼워 넣은 수수료 청구서처럼 거북한 것이다.

레비나스에게서 달라진 것이 있다면 전통적인 초월적 윤리학이 그랬던 것처럼 자신의 목소리에서 출발해서 타자의 고통에 대한 관심으로 나아간 것이 아니라 타자의 고통을 통해 신으로 나아가는 길을 택하고 있다는 점이다. 레비나스의 신은 스스로가 윤리학 이론에 무임승차하는 존재로 다루어지는 것을 우리와 마찬가지로 (아마도 우리와 다른 이유 때문이겠지만) 원치 않을 것이다.

레비나스의 철학은 적어도 그 출발점에서만 본다면 플라톤 이래로 지배적 전통을 이루어 왔던 '좋은 것의 윤리학'과의 결별을 의미한다. 플라톤 이래로 좋은 것의 윤리학은 최고선의 원리를 설정하고 그것으로부터 선과 악의 갈래, 나아가 행위의 구체적 규범을 규정하는 경로를 따른다. 그러나 이처럼 선의 이데아를 정점으로 하는 플라톤의 철학은 '악'의 문제를 해명하는 데 어려움을 겪는다.

레비나스는 '좋은 것'에서 출발하는 대신에 '나쁜 것', 즉 고통을 윤리적 사유의 출발점으로 삼고 있다. 그것은 플라톤적 길을 거꾸로 걷는 것처럼 보인다. 이러한 역전은 물론 레비나스 사유의 독창성을 나타내는 징표로 읽힐 수 있다. 그러나 필자는 레비나스의 이러한 독창성이 사실상 외견적이고 다분히 전략적인 것일 수 있다고 본다. 레비나스는 신이 우리에게 현현하는 방식만을 수정하고 있을 뿐, 신의 관념이나 역할 자체를 수정하고 있는 것은 아니기 때문이다.

말하자면 '고통받는 타자의 얼굴'이라는 출발점을 넘어서서 레비나스가 우리에게 제시할 수 있는 윤리적 덕목들은 오직 또다시 신에 의해서만 정당화될 것이기 때문이다. 레비나스의 윤리학에서 '현현하는 신'은 그 현현 이전에 이미 스스로 존재하는 신이다. 그 '숨겨진 신'은 여전히 최고선의 모습을 가지며, 이 때문에 레비나스의 윤리학은 우리와 신의 조우 방식만을 바꾼 또 다른 '좋은 것의 윤리학'의 한 버전일 수밖에 없다.

3. 로티의 자유주의적 반어주의

로티에게는 '윤리학'이 없다. 적어도 전통적인 윤리학적 시각에서 본다면 로티의 작업은 윤리학의 해체를 의미한다. 그러나 윤리학의 해체만으로 도덕 문제가 사라진 것은 아니다. 우리는 여전히 현실적인 도덕적 갈등 속에 있으며, 도덕은 우리 삶의 핵심적 일부를 이루고 있기 때문이다. 따라서 로티의 길을 따른다 하더라도 현실적인 도덕 문제에 대한 해명은 여전히 숙제로 남아 있다. 대신에 로티는 전통적인 윤리학이 제기했던 문제들은 자신의 사회·정치철학적 논의를 통해

해소된다고 보며, 따라서 나머지 문제들은 실용주의적 삶의 국면 안에서 다루어질 수 있다고 본다.[7]

로티의 이러한 포스트모던적 시각은 근세 인식론에 대한 급진적 비판에서 출발한다. 로티의 인식론 비판의 핵심적 표적은 로크-데카르트-칸트적 전통이 가정하는 '대문자 진리'(Truth), 즉 절대적 진리 개념이다. 로티의 비판은 절대적 진리 개념 자체를 향하기보다는 우리 자신이 왜 그런 진리에 부합하지 않은 존재인지를 드러내는 방식으로 이루어진다.

> 진리 추구의 난점은 만약 당신이 실제로 진리에 도달했다 하더라도 그것을 식별할 수 없다는 점이다. 그러나 당신이 더 나은 정당화, 즉 더 큰 의심을 완화하는 것은 실제로 **가능**하다. 마찬가지로 '옳은 행위'를 추구하는 것은 불가능하다. 왜냐하면 당신이 정말로 표적을 맞추었는지 알 수 없을 것이기 때문이다. 당신이 죽고 난 먼 후일, 더 지혜롭고 정교한 사람이 당신의 행동을 비극적인 실수였다고 판단할 수도 있기 때문이다. 마치 그들이 당시의 과학적 믿음을 낡아 빠진 패러다임에 의거해서만 이해 가능한 것으로 판단할 수 있는 것처럼. 그러나 당신이 여전히 고통에 대한 더 큰 감수성, 그리고 더 다양한 욕구들에 대한 더 큰 충족을 추구하는 것은 실제로 **가능**하다.[8]

로티는 절대적 진리가 사라진 자리를 채우게 될 대안으로 '자유주의적 반어주의'(liberal ironism)을 제안한다. 로티가 말하는 반어주

---

7 Richard Rorty, 'Ethics without Principles,' in his *Philosophy and Social Hope* (London: Penguin Books, 1999) 참조.

8 같은 책, p. 82. (고딕은 원문의 강조.)

의자는 자신의 '최종적 어휘'(final vocabulary)를 포기할 준비가 되어 있는 사람이다. 반어주의자는 자신의 최종적 어휘가 자신의 언어와 문화라는 한계 안에 있다는 사실을 인식하는 사람이며, 따라서 그것이 결코 절대적인 것이 아니라는 사실을 인식하는 사람이다.

자유주의적 반어주의 안에서 모든 사회적 실천은 '우연'(contingency)의 문제가 된다. 사회적 실천을 이끌어 갈 어떤 선결적이거나 필연적인 원리도 존재하지 않기 때문이다. 따라서 우리가 절대적이거나 보편적이라고 받아들이는 기준은 사실상 우리의 언어와 문화 안에서만 정당화된 국지적 기준일 뿐이다. 로티는 이처럼 모든 선결적 원리가 근원적으로 해체된 지적 공간을 블룸(H. Bloom)이 제안하는 '대담한 시인들'(strong poets)의 참신한 은유로 채워 가야 한다고 제안한다.[9]

로티는 진리나 옳음에 관한 모든 기준이 우리의 언어나 문화를 넘어서서 주어질 수 없다는 자신의 입장을 '자문화중심주의'(ethnocentrism)라고 부른다. 그러나 로티의 자문화중심주의는 다양한 문화나 언어 사이에 공약 불가능한 척도들이 존재한다는 것을 함축하며, 그것은 자연스럽게 상대주의라는 혐의를 받게 된다. 그러나 로티는 자신에게 향하는 상대주의라는 비판에 대해 자신은 결코 "모든 것은 상대적"이라거나 "무엇이든 된다"라고 주장한 적이 없다고 항변한다. 대신에 자신은 우리의 모든 믿음이 자문화중심적 근거를 넘어서서 정당화될 수 없다는 순수하게 부정적인 주장을 할 뿐이라고 말한다.

왜 '상대주의'라는 말이 실용주의자가 지지하는 자문화중심주의적인

9 리처드 로티, 『우연성·아이러니·연대성』, 김동식·이유선 역 (서울: 민음사,

제3의 견해에 해당되는지는 분명치 않다. 왜냐하면 실용주의자는 어떤 것이 다른 것에 상대적이라는 입장을 내세우지 않기 때문이다. 대신에 그는 다만 우리가 지식과 의견의 전통적 구분 — 실재에 대한 대응으로서의 진리와 유효하게 정당화된 신념들에 대한 권고적 용어로서의 진리를 구분하기 위해서 만들어진 — 을 포기해야 한다는 순수하게 부정적인 주장을 할 뿐이다.[10]

그러나 로티가 제안하는 자문화중심주의가 드러내는 상대성이 어디에서 제약될 수 있는지를 해명하지 못하는 한 로티는 허무주의적 상대주의의 우려에서 벗어날 수 없다. 로티는 이러한 우려에 정면으로 답하지 않으며, 또 답할 수도 없을 것으로 보인다. 그는 처음부터 어떤 객관적 척도도, 우선성도 근원적으로 인정하려고 하지 않기 때문이다.

한편 로티는 철학이 대안적인 이론이나 체계의 건설이라는 희망을 접어 두고 순수하게 과거의 문제를 해소하는 치유적 활동에서 멈추어야 한다고 주장한다. 이 때문에 로티는 '포스트모던' 철학자로 분류되며, 다른 모든 포스트모던 철학자들과 함께 '철학적 무책임'이라는 비판에 직면하게 된다.[11]

그러나 로티의 철학관에 대한 교차되는 견해들에도 불구하고 로티의 자유주의적 반어주의에는 좀 더 신중하게 주목해야 할 국면이 있다. 적극적으로 내세우지는 않지만 로티의 자유주의적 반어주의의 배

1996), 특히 1장 참조.

10 Rorty, *Objectivity, Relativism, and Truth: Philosophical Papers 1* (Cambridge: Cambridge University Press, 1991), pp. 23-24.
11 힐러리 퍼트남, 『과학주의 철학을 넘어서』, 원만희 역 (서울: 철학과현실사, 1998), p. 182 참조.

후에는 무제약적 상대주의로 전락하는 것을 막아 주는 결정적인 고리
가 있기 때문이다. 그것은 바로 '잔인성'(cruelty)에 대한 로티의 언명
이다. 로티는 자유주의자에게 잔인성이야말로 우리가 할 수 있는 가장
나쁜 것이라는 슈클라(J. Shklar)의 주장을 되풀이한다.[12] 이 잔인성이
도덕성의 적극적 척도나 기준이 아니라는 것은 자명하다. 오히려 잔인
성은 자유주의자가 물러설 수 없는 최소한의 지반이라고 해야 할 것이
다. 바꾸어 말하면 잔인성은 도덕적 논의의 출발점으로 설정되어 있
다. 로티는 잔인성을 거부하는 것이 자유주의자라면 누구도 거부할 수
없는 자명한 직관이라고 말한다.

> 자유주의 [반어주의자]에게는 "왜 잔인해서는 안 되는가?"라는 물음에
> 대한 대답은 없다. 바꿔 말해서 잔인성은 소름끼치게 하는 것이라는 신념
> 에 대한 비순환적인 어떠한 이론적 근거도 그들에게는 없다. …… 이런 유
> 의 물음에 대해 잘 근거 지어진 이론적인 대답이 존재한다고, 즉 이런 유
> 의 도덕적 딜레마를 푸는 알고리즘이 존재한다고 생각하는 사람은 누구라
> 도 가슴 깊은 곳에서는 여전히 신학자이자 형이상학자다. 그런 사람은 인
> 간이 존재하는 요점을 결정하며 동시에 책임의 우선순위를 수립해 주는,
> 시간과 기회를 넘어선 어떤 질서를 믿고 있다.[13]

로티가 도덕성에 관한 어떤 적극적 기준도 제시하려고 하지 않는 이
유는 분명해 보인다. 로티는 어떤 담론이나 기준도 우선성을 가질 수
없다는 포스트모던적 믿음에서 출발하고 있으며, 따라서 그가 제시하

---

12 로티, 『우연성·아이러니·연대성』, p. 22 참조.
13 같은 책, p. 23.

는 어떤 적극적 기준도 스스로의 비판에 직면하게 될 것이기 때문이다.

그러나 이러한 로티에게도 여전히 답해야 할 근원적 물음이 있다. 그것은 "우리는 왜 잔인성을 피해야 하는가?"라는 물음이다. 이 물음에 대한 로티의 답이 무엇이든 적어도 '잔인성'은 로티의 윤리학 안에서 우리가 더 이상 물러설 수 없는 궁극적 제약으로서 자리 잡고 있다. 역설적이게도 로티의 철학은 우연성에 대한 강조 때문에 '근거 없는 수사학'이라는 비판의 표적이 되어 왔다.[14] 로티의 표면적 주장을 따라 모든 지적·도덕적 문제가 우연성의 문제로 간주된다면 어떤 객관적 기준도 찾을 수 없을 것이기 때문이다.

로티는 도덕 문제의 본성이 도덕원리의 추구가 아니라는 점에 주목하며, 도덕의 문제가 독립적인 도덕적 영역을 갖는다는 믿음도 거부한다. 로티는 인간에게 도덕이란 이 세계에 성공적으로 대처하려는 실용주의적 목표에 이르는 한 국면일 뿐이라고 생각하며, 이 때문에 도덕에 관한 독립적인 담론, 즉 '윤리학'은 이미 그 실질적 유용성이 소진된 희망이라고 본다.

'잔인성'은 로티의 도덕성 개념이 경계를 이루는 곳이다. 로티는 좋은 것의 윤리학을 쓸모의 문제로 해체하며, 거기에는 어떤 원리도 없다고 주장한다. 대신에 로티는 금지의 도덕에 대한 경계를 '잔인성'으로 제시하고 있다. 잔인성은 그의 이론의 전면에 하나의 원리로 제시되고 있지 않지만 물러설 수 없는 도덕의 경계가 된다. 그는 "잔인성이 왜 나쁜가"라는 물음을 동어 반복적인 자명한 것으로 받아들인다. 그 자명한 경계선에서 '나쁜 것의 윤리학'을 제안하고 있는 것이다.

14　김동식은 궁극적 지반이 드러나지 않는 로티의 철학을 이렇게 부른다. 김동식, 『로티의 신실용주의』(서울: 철학과현실사, 1994), p. 471 참조.

4. 나쁜 것의 원천

레비나스와 로티는 매우 다른 두 갈래의 길을 가고 있지만 '나쁜 것의 윤리학'에서 하나의 접점을 이룬다. 레비나스와 로티는 보편적 도덕원리를 추구하는 '좋은 것의 윤리학'을 버리고 우리가 더 이상 물러설 수 없는 지점, 즉 '잔인성'을 축으로 새로운 윤리학의 구도를 열고 있다. 이러한 구도 안에서 좋은 것의 문제는 사적 가치의 영역으로 분산되어 해체된다. 좋은 것은 사적 가치의 문제로 구획되는 것이다. 그것은 더 이상 규범적 강제성을 갖지 않는다는 점에서 더 이상 '도덕'이라는 이름을 필요로 하지 않는다. 여전히 그것들을 '도덕'이라는 이름으로 부른다면 '권고의 도덕'이라는 이름을 얻게 될 것이다.

'나쁜 것의 윤리학'은 도덕적 다원주의의 한 표현이다. 도덕적 다원주의는 일차적으로 보편적 도덕원리로 특징지어지는 도덕적 절대주의를 거부한다. 적어도 20세기 후반에 들어 도덕적 절대주의에 대한 거부는 탈형이상학이라는 지적 기류와 맞물려 일종의 지적 상식이 되었다. 그러나 '절대주의의 거부'가 그 자체로 온전한 귀결은 아니다. 단일한 기준이 거부되었을 때 자연스럽게 허무주의적 상대주의에 대한 우려가 제기되기 때문이다. 따라서 도덕적 다원주의자가 된다는 것은 절대적 원리를 거부하면서도 허무주의적 상대주의로 빠져들지 않는 제3의 입장에 선다는 것을 의미한다. 그것은 단순히 "우리는 제3의 입장을 필요로 한다"거나 "나는 제3의 입장을 지지한다"는 언명만으로 충분한 것은 아니다. 이 두 갈래의 극단을 비켜서는 중간 지대가 어떻게 가능한지를 밝혀야 하기 때문이다.

우리는 도덕적 경험이 드러내는 '공공성'(commonality)에 주목함으로써 허무주의에 대한 '제약' 문제에 훨씬 더 성공적으로 접근할 수 있다. '좋은 것의 윤리학'은 최고선이라는 상위적 원리를 발견함으로써 이 문제를 해결하려고 했으며, 그것은 필연적으로 '선험'과 '초월'의 길로 나아간다. 이들은 모두 경험 세계에 절대적 기준이 존재하지 않는다는 명백한 사실에 암묵적으로 동의하고 있으며, 적어도 이 점에서는 자연주의자와 다르지 않다. 그러나 자연주의자는 경험 세계 안에 절대적 기준이 존재하지 않는다 하더라도 여전히 경험 세계 안에서 무엇이 도덕의 허무주의적 분기를 막아 주는가를 물을 수 있다.

플라톤 이래로 '나쁜 것'은 철학적 해명의 역사에서 비켜서 있었다. 플라톤에게 나쁜 것은 형이상학적 문제가 아니라 현실의 문제였으며, 해명되어야 할 문제가 아니라 해소되어야 할 문제였다. 플라톤에게 이데아는 최선의 존재다. 플라톤은 존재하는 모든 것이 그 모형 또는 근원으로서 각각의 이데아를 갖지만 나쁜 것 또는 하찮은 것에도 이데아가 존재한다고 말하는 것이 불합리하다는 것을 스스로 깨닫고 있었다.[15] 이 세계의 시원에 좋은 것으로서의 이데아가 있으며, 그것에서 어떤 나쁜 것이 비롯된다는 것은 자가당착일 수밖에 없다. 플라톤의 이 딜레마는 수 세기가 지나서야 플로티누스의 입을 통해 좀 더 선명한 방식으로 해명되었다. 플로티누스에 따르면 나쁜 것은 그 자체로 존재하지 않으며, '덜 존재하는 것' 또는 '존재의 결여(privatio)'일 뿐이다. 플라톤적 전통 안에서 나쁜 것은 존재하지 않는 것이다.

그러나 나쁜 것의 윤리학에서 '나쁜 것'은 더 이상 해소되거나 해체되지 않는다. 오히려 나쁜 것은 우리의 도덕성을 출발시키는 핵심 축이 된다. 나쁜 것의 '보편성'에 관심을 돌리는 것은 서양철학사의 지

---

15 Plato, *Parmenides: The Dialogues of Plato*, Vol. 2, trans. B. Jowett, 4th ed. (Oxford: Clarendon Press, 1953), c1-e4 참조.

배적 전통에 비추어 본다면 역설적이면서도 기이한 작업이다. 서양의 지배적 전통 안에서 나쁜 것은 처음부터 보편적이 않으며, 바로 이 보편성의 결여 때문에 나쁜 것으로 규정되었기 때문이다.

그러나 '나쁜 것'이 단순히 존재론적 구분이 아니라 또 다른 '범주화'의 일종이라는 생각에 이르면, 그것은 원형적 구성원들과 주변적 구성원들로 구성된 방사상 범주(radial category)의 일종이다. 다른 모든 범주와 마찬가지로 이 범주에는 '원형적인 나쁜 것들'을 중심으로 그것들과 이런저런 다양한 관계를 갖는 수많은 '주변적인 나쁜 것들'이 자리 잡고 있을 것이다. 이러한 구도 안에서 원형적인 나쁜 것을 규명하기 위해 초월적이거나 선험적인 것을 향해야 할 이유가 없어 보인다. 그것은 우리 자신의 조건에 대한 경험적 성찰만으로도 충분히 가능해 보이기 때문이다.

나쁜 것의 윤리학은 우리가 추구할 가치를 향해서 열리는 것이 아니라 우리가 물러설 수 없는 영역을 향해서 전개된다. 그것은 좋은 것의 윤리학에 대한 근원적인 반성에 근거한 것이다. 레비나스와 로티를 따라 '나쁜 것의 윤리학'에 발을 딛는 것은 플라톤적 세계의 반대편에서 새롭게 출발한다는 것을 의미한다. 그러나 레비나스와 로티는 우리를 새로운 방향으로 이끌어 주고 있지만, 우리가 정착해야 할 땅을 열어 주지는 못했다. 로티는 이 문제에 관해 침묵하며, 레비나스는 새 옷을 갈아입은 낡은 형이상학으로 우리를 이끌어 간다. 이들이 보여 준 새로운 땅이 단지 사고 실험을 위한 땅이 아니라면, 그것은 '경험적으로 책임 있는 윤리학'[16]이라는 길을 따라 다시 개간되어야 한다. 그것은 더 이상 초월적인 형이상학을 통해서가 아니라 현재와 같은 몸을

---

16 존슨, 『도덕적 상상력』, p. 46.

가진 유기체로서 우리 자신의 근원적 조건에 대한 경험적 해명을 통해서 이루어질 것이다.

5. 맺는말

낡은 존재론에서 출발해서 존재자의 세계로 나아가는 레비나스와 처음부터 존재론을 떠난 로티는 매우 다른 경로를 통해 '나쁜 것의 윤리학'이라는 유사한 갈래에 이른다. 그러나 역설적이게도 이들은 적어도 이론적으로 서로를 마주치려고 시도하지도 않을 것이며, 또 그렇게 의도하지도 않을 것이다. 레비나스의 나쁜 것은 존재-신학적 통로를 통해 제시되며, 로티의 '잔인성'은 왜 나쁜지에 대한 증명 대신에 자유주의자의 낙관을 통해 드러나고 있기 때문이다. 이들은 너무나 다른 지적 전통에서 출발하고 있으며, 너무나 다른 곳을 향해 가고 있다.

플라톤 이래로 서양철학사를 통해 나쁜 것은 존재론적으로 해명되는 대신에 해소되어야 할 문제였다. 그것은 항상 좋은 것의 놀이에 가려 독립적인 범주로 다루어지지 않았다. 플라톤은 나쁜 것의 문제를 미해결의 난문으로 남겨 두었으며, 그것은 후일 플로티누스에 이르러 '존재의 결여'로 해명되었다. 플로티누스의 해명은 '존재론'이라는 덫에 묶인 곤혹스러운 설명 방식의 하나다. '나쁜 것'은 존재하는 것의 이름이 아니라 우리가 사물이나 행위를 경험하는 방식의 이름이다. 그것은 우리 가르기의 산물이다. 적어도 인지적으로 좋은 것이 나쁜 것에 비해 더 우선적이어야 할 이유나 근거는 없어 보인다. 좋은 것의 우선성은 철학적 이론들이 만들어 낸 가상으로 보인다.

나쁜 것의 윤리학은 레비나스와 로티를 통해 너무나 다른 얼굴로 제시된다. 레비나스는 '타자의 고통'을 통해 신의 길로 되돌아가며, 로티는 더 이상 물러설 수 없는 잔인성에서 멈춘다. 그러나 나쁜 것의 윤리학을 택한 우리에게 두 갈래의 선택만이 있는 것은 아니다. 아니 사실상 그 어느 것도 우리의 선택이 될 수 없어 보인다. 나쁜 것은 규범적 강제성을 수반하는 금지의 도덕을 정당화해 주는 유일한 근거다.

보편적 도덕원리가 거부된 자리에서 우리의 선택은 사실상 하나로 집약된다. 절대적 원리를 포기하는 대신에 우리의 도덕적 관념과 행위에 대해 허무주의적 분기를 막아 주는 제약이 무엇인지를 묻는 것이다. 그 제약은 '나쁜 것'에 대한 경험적 탐구를 통해서 드러날 것이다. 체험주의적 시각에 따르면 우리가 의지할 수 있는 실제적 보편성의 소재는 우리의 신체적/물리적 경험에서 드러나는 현저한 '공공성'이다. 그러한 공공성은 절대주의 이론이 원하는 절대적 기준을 제공하지 않지만, 왜 우리의 도덕적 경험이 개개인의 자의적 결정에 의해 이루어지지 않는지를 보여 준다. 이 공공성이 바로 도덕적 다원성의 허무주의적 분기를 막아 주는 제약이 된다.

제 9 장

도덕주의를 넘어서

1. 도덕주의의 부도덕성

도덕 이론에 대한 지난 세기의 급진적 비판과 대안적 고민 속에서도 여전히 표면에 선명하게 드러나지 않은 하나의 완고한 태도가 있다. '도덕주의'(moralism)가 바로 그것이다. 도덕주의란 도덕이 다른 모든 가치를 수렴하는 최고의 가치이며, 동시에 그것이 우리의 삶의 궁극적 목적이자 완성이라고 믿는 태도를 말한다. 도덕주의는 도덕의 중요성에 대한 과도한 믿음이 낳은 이론적 가정이다. 인간의 삶에서 도덕의 중요성을 이야기하는 것은 새삼스러운 일이다. 도덕적 질서가 사회적 존재인 인간의 생존과 번영을 위한 필수 조건이라는 것은 분명하다. 그러나 이러한 중요성이 도덕적 가치가 다른 모든 가치에 우선한다는 생각을 정당화해 주는 것은 아니다. 필연적인 것은 아니지만 '좋은 것의 윤리학'은 거의 대부분 이러한 도덕주의적 믿음과 긴밀하게 묶여 있다.

좋은 것의 윤리학이 안고 있는 묵시적 가정의 하나는 좋은 것과 나쁜 것이 이분법적으로 구분된다는 것이다. 그러나 좋은 것을 행하지 않는다고 해서 모두 나쁜 것이 되지 않으며, 나쁜 것을 행하지 않는다고 해서 모두 좋은 것이 되는 것도 아니다. 좋은 것과 나쁜 것의 이분법적 구분 사이에는 무한히 열려 있는 도덕 외적 중간 지대가 있으며, 그것이 우리 삶의 대부분을 구성한다. 이러한 중간 지대를 설정하지 않은 채로 어떤 행위를 도덕적으로 판단하려고 할 때, 모든 행위는 도덕/부도덕이라는 이분법에 의해 구획된다. 절대적 도덕 이론의 위험성은 일차적으로 이러한 이분법적 구도에서 비롯된다.

좋은 것들의 단일한 위계를 결정하려는 좋은 것의 윤리학은 필연적으로 최고선의 위상을 수립하는 데 집중한다. 최고선을 기점으로 다양한 좋은 것들이 위계적으로 배열될 수 있다고 믿는 것이다. 필자는 이처럼 수렴적 척도를 확립하려는 모든 철학적 이론을 '꼭짓점 이론'(apex theory)이라고 부르며, 그것이 필연적으로 폭력성을 안게 된다고 지적했다.

꼭짓점 이론에 묶인 사람에게 남아 있는 일은 그것을 널리 유포하는 일 뿐이다. 역설적이게도 꼭짓점 이론 안에서는 더 나아질 아무런 여백도 없지만 더 나빠질 수 있는 모든 가능성은 완전히 열려 있다. 그렇지만 꼭짓점 이론의 옹호자들은 설혹 꼭짓점 이론이 현실적으로 나쁜 결과를 불러온다 하더라도 (그 이론의 결함을 되돌아보는 대신에) 이 결과를 그 이론을 받아들이지 않는 사람들의 잘못으로 돌릴 수 있다. 꼭짓점 이론의 은밀한 폭력성은 바로 여기에 있다. 우리 자신을 완전한 존재라고 받아들이지 않는 한 그 폭력성은 피할 수 없는 귀결이다.[1]

초월적인 것은 모두에게 열려 있는 것처럼 보이지만 실제로 누구의

---

1 노양진, 『몸이 철학을 말하다: 인지적 전환과 체험주의의 물음』 (파주: 서광사, 2013), p. 265.

것도 아니다. 그것은 이론적 정당화의 불가능성을 의미하며, 결과적으
로 힘에 의해 선택된다는 것을 의미한다. 초월적인 것과 도덕적인 것
의 결합은 필연적으로 소수의 독단을 낳으며, 그것은 바로 도덕적 폭
력의 원천이 된다. 인류사를 통해 대규모적이거나 지속적인 억압은 다
양한 이름에도 불구하고 대부분 '도덕적 이상'이라는 이름으로 정당
화되어 왔다. 도덕이라는 이름의 부도덕이 현실화되는 것이다.

도덕주의의 위험성은 존슨(M. Johnson)이 지적하는 '도덕적 근본
주의'(moral fundamentalism)의 위험성과 다르지 않다. 존슨은 도덕
적 근본주의를 "보편적 강제성의 형식을 갖는 절대적이고 무조건적인
도덕법칙이나 절대적이고 토대적인 도덕적 사실이 존재한다는 입장"[2]
이라고 규정한다. 존슨은 도덕적 근본주의가 인지적 사실에 부합하지
않는 그릇된 가정에 근거하고 있을 뿐만 아니라 그 귀결조차도 부도덕
한 것이라고 지적한다.

더 나쁜 것은 [도덕적 근본주의가] 부도덕하다는 점인데, 우리는 이제
그 이유를 알 수 있다. 도덕적 근본주의가 부도덕한 이유는 그것이 모든
진지한 형태의 도덕적 탐구를 가로막기 때문이다. 그것은 도덕적 진리를
자명하게 주어진 것으로 본다. 도덕적 근본주의가 하나의 기본적 고려를
도덕적 문제 상황에서의 결단에 대한 유일한 해답이라고 받아들이는 한
경험의 복잡성, 깊이, 풍부함, 그리고 변화하는 본성을 거부한다. 더 나쁘
게도 그것은 경험이 초시간적 법칙에 지배받는 폐쇄적이고 확정된 체계를
형성한다는 가정 아래 도덕적 탐구의 진전을 가로막는다.[3]

---

2 Mark Johnson, *Morality for Humans: Ethical Understanding from the Perspective of Cognitive Science* (Chicago: University of Chicago Press, 2014), p. 164.
3 같은 책, p. 190. (고딕은 원문의 강조.)

인간의 유한한 존재 조건에 비추어 본다면 도덕적 근본주의는 인간에게 본능적 유혹이라는 것이 분명하다. 그러나 도덕 이론으로서의 도덕적 근본주의는 실패한 기획일 수밖에 없다. 존슨에 따르면 "도덕적 근본주의는 인간의 유한성과 오류 가능성을 극복하려는 절망적이고 그릇된 시도"[4]일 뿐이다. 우리는 도덕주의에 대해서도 같은 말을 할 수 있다.

2. 사적 가치로서의 도덕적 이상

도덕은 우리 삶에서 드러나는 다양한 가치의 한 갈래이며, 따라서 도덕적 가치가 다른 모든 가치를 수렴해야 할 아무런 실질적 근거도 당위성도 없다. 도덕이 최고의 가치라는 믿음은 도덕의 중요성에 대한 과도한 이론이 낳은 위험한 가상이다. 우리는 도덕적이기 위해 살아가는 것이 아니라 더 나은 삶을 위해 다른 많은 것과 함께 도덕을 필요로 한다. 즉 도덕은 우리를 넘어선 초월적 목표가 아니라 더 나은 삶을 열어 가기 위한 기본적 조건이다.

보편적 도덕원리에 대한 탐구를 거부하는 것은 우리 자신의 경험의 구조에 대한 자연주의적 해명이 불러온 자연스러운 귀결이다. 돌이켜 보면 초월이나 선험은 철학적 사유의 특권이 아니라 오히려 우리의 탐구가 더 이상 나아갈 길을 알지 못한다는 것을 의미한다. 오늘날 경험적 지식의 성장, 특히 제2세대 인지과학의 탐구 성과는 우리가 결코 보편적 도덕원리에 부합하지 않는 인지적 존재라는 사실을 보여 준다.

---

4 같은 책, p. 219.

우리가 아직 보편적 도덕원리에 이르는 길을 찾지 못한 것이 아니라 더 근원적으로 우리의 인지적 능력이 보편적 도덕원리에 이를 수 없다는 것이다.

사람들은 여전히 자신의 사적 믿음이나 가치가 어떤 형태든 하나의 '도덕 이론'에 의해 정당화되기를 기대할지도 모른다. 그러나 어떤 사적 가치에 '도덕적'이라는 이름을 주는 것은 '심리적 위안'이 될 수 있겠지만, 그것이 도덕 이론으로 정당화될 수 없다는 것은 더 분명한 사실이다. 자신이 발견한 좋음이 모두의 좋음이 되어야 한다는 욕구는 인간에게 자연스러운 것일 수 있지만, 그 자연스러움이 이론들을 정당화해 주는 것은 아니다. 특정한 좋음이 '보편'이나 '절대'라는 이름을 얻기 위해서는 다른 좋은 것들에 대한 배타적 억압을 피할 수 없으며, 배타적 억압은 그 자체로 '타인에 대한 해악'으로 변질된다. 이 난점에 답하지 않은 채로 여전히 '절대'나 '보편'의 필요성과 중요성을 이야기하는 것은 사실상 또 다른 형태의 '철학적 무책임'일 뿐이다.[5]

보편적 도덕원리에 대한 희망이 사라진 도덕 이론은 이제 더 이상 과거와 같은 종류의 도덕 이론이 될 수 없다. 아마도 과거의 철학적 기록을 고귀한 지적 유산으로 받아들이는 사람들에게 유구한 전통적 사유에 대한 비판은 현대의 짧은 지적 성장에 대한 과도한 믿음에서 비롯된 지적 오만으로 읽힐 수 있다. 그러나 과거의 모든 지적 사유가 역사의 산물이었다는 사실을 상기하면, 우리 시대에는 우리 역사에 부합하는 새로운 사유가 필요하다는 것을 인정해야 한다. 그러한 작업은

---

5 퍼트남(H. Putnam)은 대안적 재구성의 필요성을 거부하는 포스트모던 철학자들에 대해 철학적 무책임이라는 비판을 제기한다. 필자는 오히려 객관주의적 이론의 내재적 폭력성을 외면하는 것이 훨씬 더 큰 무책임의 형태라고 본다. 힐러리 퍼트남, 『과학주의 철학을 넘어서』, 원만희 역 (서울: 철학과현실사, 1998), p. 182 참조.

선결적으로 우리의 현재 조건에 대한 적절한 이해를 요구하며, 동시에 그에 부합하는 철학사의 재구성을 요구한다. 과거와의 단절은 우리의 선결적 목표가 아니라 미래를 향한 탐구의 결과일 뿐이다.

존슨은 듀이(J. Dewey)적 입장에 서서 우리에게 전승되어 온 도덕 원리나 법칙이 초월적 절대성을 지닌 것이 아니라 특정한 전통이나 문화가 축적해 온 도덕적 숙고의 요약이라고 지적한다.

> 나는 도덕법칙들이 존재하며, 또 그 일부는 행위에 있어서 인간적 보편성에 매우 근접한 것일 수도 있다는 점을 인정한다. 비록 필연적으로 도덕법칙들은 구체적 상황에서 어떻게 행위해야 하는지에 관한 지침으로서만 유용할 정도로 일반적이기는 하지만. 어떤 전통이나 문화의 도덕적 지혜의 축적물로서 도덕법칙은 사람들의 경험의 요약으로 기능할 수 있다. 그러나 그 사실로부터 도덕적으로 행위하는 것이 합리적으로 도출된 규칙들의 체계에 정확히 부합하게 행위하는 것으로 환원될 수 있다는 결론이 따라 나오는 것은 결코 아니다. 나는 도덕성에 대한 「도덕법칙」 견해가 인간의 도덕적 숙고에서 핵심적인 상상적 활동을 간과하고 있다고 주장하려고 한다. 현존하는 규칙들이 어떤 의미인가를 얻는다면 그것은 오직 그 규칙들에 대한 우리의 해석을 통해서만 가능하며, 모든 해석은 성격상 근원적으로 상상적이다. 나아가 나는 도덕적으로 행위하는 것이 도덕적 문제 상황에서 우리에게 열려 있는 가능성들에 대한 상상적 탐색을 요구한다는 점에서 도덕성이 결코 단순히 엄격한 규칙을 준수하는 문제가 아니라고 주장할 것이다.[6]

---

6 존슨, 『도덕적 상상력』, pp. 82-83.

절대성을 잃은 '좋은 것들'은 '규범적 강제성'의 근거를 제시할 수 없는 한 특정한 문화나 사회, 나아가 개인이 유지하는 가치들의 다발일 뿐이다. 이렇게 열리는 가치들은 개인이나 집단의 번영에 기여하는 방식으로 다양하게 수용되고 확장될 수 있을 것이다. 설혹 특정한 좋음이 시대나 문화를 넘어서 사실상 인간 모두에게 좋은 것이라 하더라도 그것을 '도덕'이라는 이름으로 부르려고 한다면, 우리는 어떻게 그것이 '보편적인 규범적 강제성'을 가질 수 있는지를 되물어야 한다.

좋음의 문제를 개인이나 집단이 공유하는 '사적 가치'로 구획하는 것만으로 우리의 모든 이야기가 끝나는 것은 아니다. 사적 가치란 그 부정적 귀결을 개인의 책임으로 돌릴 수 있다는 것을 의미할 뿐이다. 종종 과도하게 확장된 사적 가치는 스스로의 지반을 무화하는 귀결로 나아간다.

1997년 '천국의 문'(Heaven's Gate)이라는 종교집단 신도들의 집단자살은 '기호적 유폐'가 스스로의 지반까지도 무화시켜 버린 극단의 사례다. 캘리포니아 샌디에이고를 거점으로 활동하던 '천국의 문' 신도 39명은 헤일밥 혜성이 지구에 근접하는 날을 택해 외계인의 세계 ─ 이들이 우리 인간 문명의 기원이라고 믿었던 ─ 로 가기 위해 스스로 목숨을 버렸다. 이들이 건설한 새로운 세계는 기호적 세계이며, 그것이 불러오는 기호적 유폐는 결국 우리의 세계조차도 거부하는 강력한 힘을 보여 주었다. 기호적 존재론이 유지하는 내적 정합성만이 어떤 믿음을 평가하는 유일한 척도라면, 또 초월에의 열망이 어떤 믿음의 근거에 대한 유일한 정당화라면 그 믿음의 밖에 서 있는 우리는 천국의 문을 비판할 근거를 잃게 된다.[7]

---

7 노양진, 『몸이 철학을 말하다: 인지적 전환과 체험주의의 물음』 (파주: 서광사,

만약 확장된 이상이 유일한 도덕적 척도라면 우리는 '천국의 문'의 선택을 평가해야 할 아무런 척도도 가질 수 없다. 고양된 이상들 자체가 초월적인 층위까지 확장되어 있으며, 그것들은 각각의 기준으로 작동하기 때문이다. 여기에서 우리는 왜 좋은 것을 향한 초월적 도약이 근원적으로 도덕적 평가 문제에 대한 '해결책'이 될 수 없는지를 알 수 있다. 대신에 우리는 창발적 가치들이 근거하고 있는 공유된 지반을 되돌아봄으로써 무엇이 '나쁜' 이상인지 되물을 수 있다.

여기에서 우리는 듀이가 제안하는 '성장'(growth)이라는 개념을 상기할 필요가 있다. 현재와 같은 몸을 가진 유기체로서 인간은 다른 모든 유기체와 마찬가지로 성장하는 존재이며, 그것이 왜 좋은가를 묻는 것은 마치 떡갈나무가 왜 성장해야 하는가를 묻는 것처럼 무의미한 일이다. 듀이는 이렇게 말한다.

정적인 성과나 결과보다는 성장, 개선, 진보의 과정이 의미 있는 것이 된다. 최종적으로 고정된 목적으로서의 건강이 아니라 필요한 건강상의 개선 — 지속적인 과정 — 이 목적이자 선이다. 목적은 더 이상 도달해야 할 종착점이나 한계가 아니다. 그것은 현존하는 상황을 변화시키는 능동적인 과정이다. 최종적인 목표로서의 완성이 아니라, 완성시키고 성숙해지며 다듬어가는 부단한 과정이 삶에서의 목표다. 건강, 부, 학식과 마찬가지로 정직, 근면, 절제, 정의도 마치 그것들이 획득해야 할 고정된 목표를 표현하는 것인 양 소유되어야 할 선들은 아니다. 그것들은 경험의 질적인 변화의 방향이다. 성장 자체는 유일한 도덕적 '목적'이다. [8]

2013), p. 269.
8 존 듀이, 『철학의 재구성』, 이유선 역 (서울: 아카넷, 2010), p. 203.

삶은 유기체가 주변 환경과 보조를 맞추지 못했을 때 노력을 통해, 또는 운 좋게 조화를 회복하는 단계들로 이루어진다. 그리고 성장하는 삶 속에 서 그 회복은 결코 단순히 그 이전의 단계로 되돌아가는 것이 아니다. 왜 냐하면 성장하는 삶은 그 삶이 성공적으로 대처해 온 불균형과 저항 상태 에 의해 오히려 풍부해지기 때문이다. 만약 유기체와 환경 사이의 간극이 너무 크면 생명체는 죽게 된다. 또 만약 유기체의 활동이 일시적으로 소외 때문에 더 이상 고양되지 않는다면, 그것은 단지 존속으로 멈추게 될 것이 다. 그러므로 삶은 일시적인 일탈이 유기체의 에너지와 그 삶의 조건들의 에너지 사이의 좀 더 확장된 균형으로 전환될 때 성장한다.[9]

듀이가 말하는 '성장'은 다양한 가치의 서열을 정해 주는 객관적 원 리나 척도가 아니라 무한히 열려 있는 과정으로서 좋음의 본성을 가리 키는 말이다. 따라서 듀이의 성장은 좋음을 결정하기 위한 척도라기보 다는 필자가 제안하는 나쁜 것의 문제를 되돌아보기 위한 중요한 조망 점을 제공해 준다.

3. 도덕주의적 열망을 넘어서

도덕주의자는 드러나지 않은 가상 위에서 자신의 열망을 이야기하 고 있으며, 그 열망을 정당화하는 유일한 근거는 '사람 대부분'이 유 사한 열망을 갖고 있다는 사실뿐일 것이다. 문제는 우리가 열망을 갖

---

9 John Dewey, *Art as Experience: The Later Works, 1925-1953*, vol. 10, ed. Jo Ann Boydston (Carbondale, Ill.: Southern Illinois University, 1987), pp. 19-20.

는 존재라는 점이 아니라 그 열망이 담고 있는 내용이 서로 합치하지 않는다는 데 있다. 따라서 우리는 도덕주의자에게 "왜 당신의 열망이 나의 열망이 되어야 하는가?"라고 물을 수 있다. 말하자면 도덕주의는 좋은 것이 왜 모두에게 좋은 것인지를 증명할 수 있어야 하지만, 적어도 우리의 역사에서 그것에 성공한 도덕주의는 존재하지 않는다.[10]

도덕주의의 반복적 실패는 결코 우연이 아니다. 우리의 인지적 조건을 고려하기만 하면 왜 그것이 처음부터 실패할 수밖에 없는 기획인지가 자명하게 드러난다. 우리는 각자의 경험 안에 '유폐된'(in-carcerated) 존재다. 우리는 타인의 경험에 직접 접속할 수 없다. 타인은 물론 다른 생명체의 두뇌와 신경 조직에 직접 접속할 수 있는 방식이 없기 때문이다. 그것은 타자의 본래적 불투명성을 의미한다. 나는 나 자신에게도 불투명한 존재인 동시에 타인에게도 불투명한 존재다. 우리의 실제적 도덕은 이 불투명성을 넘어서는 데 있는 것이 아니라 이 불투명성 속에 있다.

모든 생명체는 각자 고유한 의도와 욕구를 갖는다. 스스로의 의지에 따라 자신의 생각과 활동을 결정한다. 그것이 완전히 자유로운 방식인지를 단정할 수는 없지만, 적어도 우리가 이들의 의도와 욕구를 법칙적으로 예측할 수 없다는 것은 자명한 사실이다. 사람들 사이에서 그 어려움이 가중되는 이유는 인간이 다른 유기체와 비교될 수 없을

---

10 한편 도덕주의자가 자신이 모두를 위한 '선량한' 의도를 가진 자라고 반복해서 설득하는 경우를 가정해 볼 수 있다. 아마도 그 도덕주의자와 직접적으로 상호작용 구조 안에 있는 사람에게는 부분적으로 설득력을 가질 수 있겠지만, 그것을 인간 종으로 확장하려는 시도는 항상 위험성을 안는다. 사이비 종교의 교주가 반드시 나쁜 의도를 갖는다고 단정할 수 없으며, 또 그것을 결정적으로 입증하거나 반증할 수 없다는 점을 상기하면 이 문제가 어디에서 비롯되는지를 알 수 있다.

정도로 복잡한 기호적 확장을 지속하기 때문이다. 기호적 확장은 예측할 수 없는 차이들을 낳으며, 그것을 평가하기 위한 상위적 원리 또한 기호적 구성물일 수밖에 없다. 이 기호적 순환을 비켜서는 통로는 우리에게 열려 있지 않다.

도덕주의적 열망을 거두고 나면 우리에게 남는 핵심적인 도덕적 문제는 '나쁜 것'의 문제일 수밖에 없다. 필자는 이처럼 새롭게 열리게 된 도덕적 탐구를 '나쁜 것의 윤리학'(ethics of the bad)이라고 부른다. 나쁜 것의 윤리학 안에서 핵심적 주제는 도덕적 이상들이 아니라 '타인에 대한 해악'(harm to others)이다. 해악은 좋은 것에 비하면 훨씬 더 현실적이며 긴박한 문제다. 더욱이 해악은 나 자신에 국한되지 않고 필연적으로 타인/타자가 개입된다는 점에서 현실적이다. 나쁜 것의 목록을 정하는 단일한 원리는 없지만, 적어도 나쁜 것의 목록을 정하는 것은 좋은 것의 목록을 정하는 것에 비하면 훨씬 더 구체적이며 현실적이다. 실제적으로 모든 법질서가 결코 완전할 수 없는 방식이기는 하지만 예외 없이 '타인에 대한 해악' — 잠재적 해악을 포함해서 — 을 규정하고 있다.[11]

---

11 지역이나 문화에 따라 그 목록이 정연하게 일치하지 않지만 원형적 경험 영역으로 갈수록 해악의 '공공성'은 현저하게 드러난다. 즉 시대와 문화를 관통해서 대부분의 법질서 안에서 생명이나 신체, 재산에 대한 침해는 우선적인 해악의 목록 안에 있다. 그것은 함무라비 법전에서도 고조선의 팔조금법(八條禁法)에서도 현대의 다양한 법체계에서도 거의 예외 없이 드러난다. 필자는 이러한 중심적 해악이 우선성을 갖는 이유가 우리를 넘어선 초월적 질서 때문이 아니라 우리 자신의 원초적인 존재 조건 때문이라고 본다. 주변적 해악에는 문화적 구조에 따라 다양한 변이가 있으며, 이에 따라 지속적인 법의 개/폐가 이루어진다. 여기에서 제기되는 법철학적 문제는 윤리학적 토대를 요구한다. 철학사와 병행해서 좋은 것의 윤리학은 오랫동안 법의 규범성을 정당화하는 근거로 제시되어 왔다. 그러나 '나쁜 것의 윤리학'과 관련된 필자의 논의가 옳은 것이라면 법철학은 윤

　나쁜 것의 윤리학을 받아들이면 전통적인 도덕 이론들이 그렸던 도덕주의적 이상들은 '사적 가치'의 영역으로 구획될 것이다. 그것들은 개인이나 집단에게 여전히 고양된 삶을 향한 가치일 수 있다. 그러나 그것이 사적 가치로 머물지 않고 모두의 것이 되어야 한다는 강박을 불러올 때, 그것은 언제든지 '타인에 대한 해악'으로 변질될 위험성을 안게 된다. 이미 사적 가치가 되어 버린 '좋은 것'을 다시 '도덕'의 중심 영역으로 복원하려는 노력은 과거의 것을 재발견하기 위한 이론적 시도가 아니라 무비판적 전통에 대한 집요한 미련으로 보인다. 나쁜 것의 윤리학을 통해 우리가 포기해야 할 것은 사실상 도덕적 이상들이 아니라 비트겐슈타인(L. Wittgenstein)이 말하는 '철학적 열망'의 위험성이다.[12]

　도덕주의적 열망을 비켜선 우리에게 남은 숙제는 도덕적인 것의 핵심을 이루는 '규범적 강제성의 보편성' 문제다. 필자는 규범적 강제성의 궁극적 지반을 '종'(種)으로서 인간이 신체적/물리적 층위에서 공유하는 '경험의 공공성(commonality)'에서 찾으려고 시도했다. 이렇게 드러나는 규범성은 이성주의자가 가정했던 것 같은 보편성을 제공하지 못하지만, 그렇다고 해서 경험주의자가 가정했던 것처럼 탐구 불가능할 정도로 자의적인 것도 아니다. 그렇지만 그것은 우리의 실제적 도덕의 본성을 해명하기에 충분한 정도의 보편성을 제공한다.

　나쁜 것이 왜 보편적인지의 문제는 원리적인 것도 이론적인 것도 아니고, 현재와 같은 몸을 가진 유기체인 우리 인간이 공유하는 '경험의 공공

　　리학과 동일한 이론적 난점을 훨씬 더 현실적인 형태로 직면하고 있을 것이다.

12　루트비히 비트겐슈타인, 『청색책·갈색책』, 이영철 역 (서울: 책세상, 2006), p. 40; 『철학적 탐구』, 이영철 역 (서울: 책세상, 2006), 104절 참조.

성'의 문제다. 필자는 경험의 공공성에 대한 이 믿음을 '종적 신뢰'(specific commitment)라고 부른다.* 다른 모든 인간의 담론과 마찬가지로 윤리학 또한 이 지반에서 출발한다. 그 지반은 우리가 출발해야 할 지점을 알려 주지만 도달해야 할 지점을 알려 주는 것은 아니다. 도덕적 경험은 다른 모든 경험과 마찬가지로 본성상 열려 있는 경험의 한 국면이다. 나쁜 것의 윤리학은 좋은 것의 척도를 제공하지 않지만 더 이상 우리가 물러설 수 없는 지반이 어디인지를 말해 준다. 이것이 '나쁜 것의 윤리학'이다.[13]

---

13 노양진, 『몸이 철학을 말하다』, p. 154. (*는 원문의 각주 생략.)

다원성과 다원주의

1. 머리말

'다원주의'(pluralism)라는 말이 철학적 논의의 장에서 처음 사용
되었던 것은 세계의 원질, 즉 '아르케'(arche)를 탐구했던 고대 그리
스의 자연철학적 탐구와 관련해서였다. 그리스의 자연철학자들은 아
르케가 하나 또는 여럿이라고 주장함으로써 '일원론자' 또는 '다원론
자'로 분류되었다. 20세기 초에 이르기까지도 다원주의는 실체의 문
제에 관한 형이상학적 견해의 일종으로 간주되었다. 그러나 오늘날 다
원주의는 합리성, 의미, 진리, 옳음 등 모든 철학적 주제에 관해 단일
한 기준을 거부하고 다수의 동등한 기준을 인정하려는 태도를 폭넓게
가리킨다. 이러한 의미에서 다원주의는 정형화된 이론이라기보다는
하나의 포괄적인 철학적 관점이다. 그러나 다원주의에 관해 급속히 증
가하는 우호적 주장들과 증거들에도 불구하고 그 본성에 관한 해명은
쉽지 않다. 그 주된 이유는 다원주의에 관한 정합적 이론화가 쉽지 않
기 때문이다. 더욱이 다원주의가 초래할 수 있는 이론적 귀결 때문에
그 정당성에 관한 논의는 강력한 제한을 받게 된다.
　오늘날 다원주의가 철학적 논의의 중요한 관심사로 떠오른 것은 20
세기 후반의 지적 논의에서 급속히 확산되기 시작한 상대주의적 기류

와 밀접하게 맞물려 있다. 지난 세기의 사상적 지형도에 가장 큰 변화를 불러온 것은 지적 탐구에서 단일한 기준의 존재를 추구하는 일련의 이론적 체계들에 대한 지속적인 도전이다. 영어권에서 논리실증주의의 붕괴와 함께 확산되기 시작한 상대주의적 논의는 프랑스의 급진적인 포스트모던 철학자들의 해체론적 논의와 맞물려 우리의 지적 지형도에 '상대주의적 전환'(Relativistic Turn)이라고 부를 만한 대규모의 변화를 불러왔다.

 단일한 기준을 거부했을 때 우리에게 남겨진 가능성은 아무런 기준도 없거나 다수의 기준이 존재한다고 주장하는 것이다. 아무런 기준도 없다는 주장은 그 자체로 허무주의에 빠져드는 것이라는 점에서 다수의 기준을 받아들이는 다원주의는 매우 자연스러운 대안처럼 보인다. 따라서 다원주의는 그 자체로 불가피하게 상대주의를 함축하게 된다. 잘 알려진 것처럼 상대주의에 대한 고전적인 비판의 핵심은 그것이 그 자체로 자가당착일 뿐만 아니라 나아가 지적·도덕적 허무주의를 불러온다는 것이다. 오늘날까지도 이어지는 상대주의에 대한 이러한 우려 속에서 '다원주의'는 흔히 고전적으로 상대주의가 안고 있는 부정적 요소들을 극복할 수 있는 대안적 이름처럼 사용된다. 그러나 새로운 이름 또는 그 이름에 덧붙여지는 낙관적 희망에 의해 철학적 난제들이 사라지는 것은 아니다. 오늘날 다원주의에 대한 가장 강력한 반론은 그것이 허무주의적 상대주의 내지는 회의주의의 위험성을 함축하고 있다는 것이며, 따라서 객관적 비판의 근거를 무너뜨린다는 것이다. 그러나 다원주의 옹호자들의 논의는 대부분 다원주의가 이끌어올 수 있는 우호적 귀결들을 제시하는 데 초점을 맞추는 경향이 있으며, 이 때문에 실제적으로 다원주의가 직면하는 난점은 다원주의에 대한 낙관적 신념에 가려져 여전히 미해결의 숙제로 남아 있다.

이 글에서 필자는 오늘날 다원주의 문제와 관련된 논의의 핵심 축을 이루고 있는 개념체계 문제를 중심으로 그 확장 구조와 제약 가능성을 검토할 것이다. 필자는 '체험주의'(experientialism)의 시각을 빌려 우선 다원성이 우리 경험의 기본적 조건으로 작용하는 방식을 드러내고, 이러한 다원성이 우리의 몸, 그리고 그 활동으로부터 비롯되며, 동시에 그것에 의해 강력히 제약되고 있다는 것을 밝힐 것이다. 이러한 사실은 우리 경험의 다원성을 인정하려는 다원주의의 이론적 제약을 신체적 경험 영역에서 찾을 수 있다는 것을 의미한다. 이렇게 해서 제시되는 '제약된 다원주의'(constrained pluralism)를 받아들일 수 있다면, 우리는 그것이 단순히 '이론적 요청'의 산물이 아니라 우리의 경험과 이해를 해명하는 데 유용한 동시에 필요한 시각이라는 점을 인정할 수 있을 것이다.

2. 다원주의의 자리

다원주의 문제는 오늘날 특정한 분과적 이론이 아니라 우리가 다루어야 할 모든 철학적 주제와 관련해서 제기될 수 있다는 점에서 일종의 철학적 '관점' 또는 '태도'라고 할 수 있다. 다원주의는 그 자체로 모습을 드러내기보다는 단일한 기준을 추구하는 체계들에 대한 거부라는 형태로 그 특성이 더 선명하게 드러난다. 고전적으로 다원주의는 일원론 또는 이원론과 대비되는 견해로 알려졌는데, 그것은 주로 세계의 구조에 관한 존재론적 문제들과의 관련 속에서 사용되었다. 이 때문에 다원주의는 오랫동안 실체들에 관한 형이상학적 견해를 가리키는 말로 생각되었으며, 이러한 상황은 금세기 초에 이르기까지도 크게 변화되지 않았다.[1] 그러나 오늘날 다원주의는 그 논의의 폭이 '철학적'이라고 불리는 모든 주제로 확장됨으로써 단일한 절대적 기준을 거부하는 견해들을 통칭하는 하나의 포괄적인 철학적 관점으로 다루어지는 경향이 있다.

　이러한 관점에서 다원주의는 단일한 탐구의 기준이 존재한다고 믿는, 서구 지성사의 지배적 주류였던 '객관주의'(objectivism) 또는 '보편주의'(universalism)와 대비되는 시각이다. 번스타인(R. Bernstein)은 객관주의를 "합리성, 지식, 진리, 실재, 선, 또는 옳음 등의 본성을 결정하는 데에 있어서 우리가 궁극적으로 의지해야 할 항구적이고 초역사적인 모형 또는 틀이 있으며, 또 있어야만 한다는 기본적 신념"[2]이라고 정의하는데, 이러한 믿음은 서구 지성사를 통해 지배적 주류의 자리를 유지해 왔다. 이러한 객관주의적 신념을 버리게 되었을 때 우리는 두 갈래의 대안적 가능성을 갖는다. 아무런 기준도 존재하지 않거나 다수의 기준이 존재한다는 것이 그것이다. 첫 번째 가능성으로 제시된 허무주의는 퍼트남(H. Putnam)의 말처럼 '정신적 자살'(mental suicide)과 다르지 않다.[3] 이러한 상황에서 다수의 기준이 존재한다고 주장하는 다원주의는 매우 자연스러운 대안처럼 보인다. 즉 다원주의는 우리의 구체적 믿음들, 또는 그 믿음들을 포괄하는 체계들이 양립 가능한 정당화 방식들을 가질 수 있다고 주장하는 견해라고 할 수 있다.

1　Nicholas Rescher, *Pluralism: Against the Demand for Consensus* (Oxford: Clarendon Press, 1993), p. 64, 특히 각주 1 참조.
2　리처드 번스타인, 『객관주의와 상대주의를 넘어서』, 정창호 외 역 (서울: 보광재, 1996), p. 25.
3　힐러리 퍼트남, 『이성·진리·역사』, 김효명 역 (서울: 민음사, 2002), p. 205 참조.

오늘날 다원주의에 관한 논의의 복합성과 불투명성에 비추어 본다면, 적어도 '다원성'은 사실상 우리의 경험에서 매우 평이한 현상이다. 말하자면 타인들의 경험이 나의 경험과 다르다거나 타인의 의견이 나와 다를 수 있다는 것을 인정하는 것은 모종의 다원성을 받아들이는 것을 의미하며, 그것은 특별한 증명이나 논증이 필요하지 않을 만큼 우리의 일상적 삶의 영역에서 익숙하게 드러난다. 그럼에도 다원주의를 정합적으로 이론화하는 데에는 매우 복잡하고 다루기 힘든 철학적 난점들이 자리 잡고 있다. 이 때문에 다원성이 완고하게 거부되는 것은 일상적 경험 영역에서가 아니라 철학적 이론화의 차원에서라는 점을 지적할 수 있다.

최근에 레셔(N. Rescher)는 『다원주의』에서 다원주의를 옹호하기 위해 매우 폭넓고 섬세한 논의를 전개한다. 여기에서 레셔는 단일한 기준을 신봉하는 독단적 절대주의와 허무주의적 상대주의 사이의 중간 지대에 해당되는 제3의 견해를 '다원주의'라는 이름으로 옹호하려고 한다. 앞서 지적했던 것처럼 다원주의를 이러한 구도 안에 설정하는 것은 자연스러운 일이며, 또한 절실하게 필요한 일이기도 하다. 그러나 이러한 적극적 의도에도 불구하고 레셔의 논의는 그 의도를 충분히 뒷받침하고 있는 것으로 보이지는 않는다.

레셔는 우선 다원주의를 '합치'(consensus)에 대한 요구와 대비되는 견해로 설정한다. 레셔는 우선 합치에 대한 요구가 아퀴나스(T. Aquinas), 칸트(I. Kant), 헤겔(G. W. F. Hegel), 그리고 하버마스(J. Habermas)에 이르기까지 철학사 전반을 사로잡은 과제였다고 지적한다. 그렇지만 레셔는 그것이 구체적 사실의 문제라기보다는 일종의 철학적 '희망'(hope)의 표현이라는 점을 지적한다.[4] 이러한 시각은 물론 다원주의에 관한 논의에 하나의 중요한 실마리를 제공할 수 있지

만, 레셔 자신의 논의는 다소 다른 방향으로 이어진다. 레셔의 다원주
의적 주장을 뒷받침하는 하나의 근거는 실제적으로 관찰되는 인지적
합치의 불가능성이다. 레셔는 이러한 불가능성이 평가적이고 실용주
의적인 합치에도 마찬가지로 적용된다고 본다.[5] 이러한 가정은 최근
에 인지과학적 탐구를 중시하는 자연주의적 철학자들에 의해 광범위
하게 공유되고 있는데, 이러한 가정을 방어하기 위해 레셔는 '이
상'(ideal)과 '이상화'(idealization)를 구분한다.[6] 그는 이상들이 우리
의 행위와 사고의 방향성을 제시할 수 있다는 점에서 현실적 유용성을
갖는다는 것을 인정하지만, 이상화는 이러한 현실적 유용성과는 다른
측면을 갖는다고 주장한다.

> 이론 철학 — 탐구, 진리, 합리성 등 — 에서 이상화에 기대는 것은 일종
> 의 무해한 이론적 장식과 같은 어떤 것이다. 그러나 실천 철학에서 이상화
> 는 실제적 해악을 줄 수 있다. 의심할 나위 없이 이상들은 긍정적 행위의
> 방향에 유용한 방향성이 될 수 있다. 그러나 일반적으로 그것은 다만 최초
> 의 운동자(primum mobile), 즉 원동자(initiator)로서다. 강고하게 시종일
> 관 — 단지 결단과 행위 과정의 시발로서가 아니라 모든 과정에서 — 그것
> 에 집착하는 것은 위험하며 동시에 자기기만적일 수 있다.[7]

그러나 합치의 추구가 안고 있는 이러한 위험성을 지적하는 것은
다원주의의 필요성을 제시하는 데 유용할 수 있지만, 그것이 그 자체

---

4 Rescher, *Pluralism*, p. 1 참조.
5 같은 책, p. 195 참조.
6 같은 책, pp. 195-97 참조.
7 같은 책, p. 198.

로 다원주의라는 시각이 안고 있는 이론적 난점을 해명하거나 제거해
주는 것은 결코 아니다. 합치의 위험성이 다원성의 긍정성을 직접적으
로 보장해 주는 것은 아니기 때문이다. 레셔는 자신의 시도가 전통적
합리주의와 포스트모던 상대주의 사이의 중간 지대를 탐색하려는 것
이라고 말하지만,[8] 다원주의의 옹호는 자신의 이론적 의도를 제시하
는 것만으로는 충분하지 않다. 그러한 시도에 반드시 수반되어야 할
것은 다원성을 인정하면서도 그것이 허무주의적 분기로 나아가는 것
을 막아 주는 '제약'의 소재를 제시하는 일이다. 레셔는 이 문제를 풀
지 못하고 있다. 이 때문에 레셔의 상세한 논의는 다원주의와 관련된
핵심적인 문제를 해결하고 있다기보다는 오히려 우리가 해결해야 할
문제의 소재를 알려 주는 데 더 큰 기여를 하고 있다. 이러한 난점은
레셔에게만 국한된 것이 아니라 오늘날 다원주의를 옹호하려는 모든
철학자에게 우선적으로 해결해야 할 숙제로 남아 있다.

다원주의를 옹호하는 데 있어서 선결되어야 할 숙제는 아무런 제약
없이 다수의 기준을 인정하는 것이 지적·도덕적 허무주의로 이끌어
갈 수도 있다는 우려에 적절하게 대응하는 일이다.[9] 그것은 다원주의
적 분기가 어느 지점에서인가 제약되어야 한다는 것을 의미한다. 다원
성의 인정이 '무엇이든 된다'라는 극단으로 전락하지 않기 위해서 적
어도 우리에게는 그 다원적 변이들을 평가할 수 있는 최소한의 지반이
필요하기 때문이다. 이것이 오늘날 다원주의와 관련된 논의가 제기하
는 핵심 과제이며, 이러한 난제를 극복하지 못하는 한 다원주의에 대

---

8 같은 책, p. 2 참조.
9 린치는 다원주의의 이러한 위험성을 '지나치게 관대한 부모'에 비유한다. Michael
Lynch, *Truth in Context: An Essay on Pluralism and Objectivity* (Cambridge,
Mass.: MIT Press, 1998), p. 1 참조.

한 옹호는 여전히 또 하나의 '이론적 요청'으로 남아 있게 될 것이다.

3. 다원성의 원천

'다원성'(plurality)이라는 개념은 크게 두 갈래로 구분될 수 있는데, 그 구분에 따라 오늘날 매우 다른 형태의 논의가 전개된다. 필자는 이 두 갈래의 다원성을 '종적(種的) 다원성'과 '개념적 다원성'이라고 부를 것이다. 종적 다원성이란 대상 세계의 다양한 종이 드러내는 차이를 가리키며, 개념적 다원성이란 인간인 우리가 사물을 경험하는 방식에서 드러내는 차이를 말한다.

먼저 종적 다원성은 우리의 일상적 경험을 통해 너무나 명백하게 주어지며, 따라서 사실상 그것에 관해 더 이상 심각한 철학적 문제가 남아 있는 것으로 보이지 않는다. 그것은 장자(莊子)의 말을 통해 선명하게 드러난다.

> 사람이 습지에서 자면 허리가 아프고 반신불수가 되겠지. 미꾸라지도 그럴까? 사람이 나무 위에서 산다면 겁이 나서 떨 수밖에 없을 것일세. 원숭이도 그럴까? 이 셋 중에서 어느 쪽이 거처(居處)에 대해 바르게 안 것일까?
>
> 사람은 고기를 먹고, 사슴은 풀을 먹고, 지네는 뱀을 달게 먹고, 올빼미는 쥐를 좋다고 먹지. 이 넷 중에서 어느 쪽이 맛을 바르게 안다고 할 수 있겠는가?
>
> 원숭이는 비슷한 원숭이와 짝을 맺고, 순록은 사슴과 사귀고, 미꾸라지는 물고기와 놀지 않는가. 모장(毛嬙)이나 여희(麗姬)는 남자들이 모두 아

름답다고 하지만, 물고기는 보자마자 물속 깊이 들어가 숨고, 새는 보자마
자 높이 날아가 버리고, 사슴은 보자마자 급히 도망가 버린다. 이 넷 중에
어느 쪽이 아름다움을 바르게 안다고 하겠는가?[10]

이러한 장자의 태도는 우리의 물리적인 조건은 물론 신체적 감각과
미적 경험 등의 모든 영역에서 상이한 사물들 사이의 차이를 인정하려
는 것이며, 그것은 다원주의라고 이름 붙이기에도 새삼스러울 만큼 너
무나 평이하고 상식적인 것이다. 이러한 다원주의는 모든 사물의 차이
를 넘어서거나 아니면 모든 사물을 포괄할 수 있는 '신적 관점'이 가
능하다는 주장에 대해서는 강력한 반론이 될 수 있다. 그러나 신적 관
점이 대부분 거부된 오늘날의 철학적 논의의 장에서 종적 다원주의는
더 이상 철학자들의 진지한 흥미를 불러일으킬 만한 계기를 잃은 것으
로 보인다.

대신에 오늘날 철학적 논의의 중심 주제로 제기된 개념적 다원성
문제는 결코 평이하지도 단순하지도 않다. 오늘날 논의의 초점이 되고
있는 것은 동일한 종인 인간들의 경험에서 드러나는 다원성이다. 말하
자면 동일하게 생각되는 사물에 대해 사람들은 매우 다른 방식으로 사
고하고 행동한다. 좋아하는 음식이 다르고, 좋아하는 음악도 다르다.
지지하는 정치인도 이념도 종교도 다르며, 미래의 희망 또한 모두 다
르다. 이러한 차이는 실제로 존재하는 것일까? 아니면 그것은 다만 이
론적 허상일까? 만약 그러한 다원성이 실제로 존재한다면 그것은 어
디에서 비롯되는 것일까?

성급하게 말하자면 다원성은 결코 허구가 아니며, 특정한 시대에

---

10   장자, 『장자』, 오강남 풀이 (서울: 현암사, 1999), 「제물론」, pp. 113–14.

특정한 사람들만이 경험하는 문화적 현상도 아니다. 그것은 실제적일 뿐만 아니라 인간의 전반적 경험을 특징짓는 기본적 특성의 하나다. 인간 경험의 이러한 다원성을 설명하는 데 가장 유용한 개념으로 오늘날 철학적 논의에서 주목받고 있는 것은 '개념체계'(conceptual system)라는 개념이다.[11] 사람들은 다수의 다양한 개념체계를 구성하며, 그것에 근거해서 때로는 동일한 대상들에 대해서도 각각 다른 방식으로 사고하고 행위한다는 것이다. 물론 개념체계 개념이 불러오는 이론적 난점은 단순하지 않다. 그럼에도 개념체계 개념이 지지되는 핵심적 이유는 그것이 우리가 관찰할 수 있는 실제 경험에 훨씬 더 합치한다는 명백한 사실 때문이다.

오늘날 경험에서 드러나는 실제적인 다원적 현상을 그 자체로 부인하려는 철학자는 찾아보기 힘들다. 대신에 다원주의에 반대하는 철학자들은 이론화된 형태의 다원주의를 공략하는 데 초점을 맞춘다. 아마도 개념체계 개념에 대해 가장 강력한 반론을 제기한 철학자는 데이빗슨(D. Davidson)일 것이다.[12] 데이빗슨은 개념체계 개념 자체가 정합

---

11   '개념체계' 개념은 오늘날 다양한 논의 맥락에서 '패러다임'(paradigm), '준거 틀'(frame of reference), '배경 지식'(background knowledge) 등의 이름으로 논의된다. 해킹(I. Hacking)은 '개념체계'라는 개념의 연원을 멀리 칸트에게서 찾고 있으며, 이 개념의 현대적 정립을 콰인(W. V. O. Quine)에게 돌린다. 그러나 칸트는 우리의 인식 내용이 대상에 의해 결정되는 것이 아니라 우리 '마음의 선험적 구조'에 의해 결정된다고 주장한다. 칸트는 인식을 결정하는 단일한 틀이 있다고 주장한 셈이다. 그래서 칸트에게서는 상대주의적 함의를 찾을 수 없다. 그러나 오늘날 개념체계를 이야기하는 철학자들은 상이한 다수의 개념체계들이 존재한다고 주장함으로써 상대주의적 논란을 불러온다. Ian Hacking, "Language, Truth and Reason," in Martin Hollis and Steven Lukes, eds., *Rationality and Relativism* (Cambridge, Mass.: MIT Press, 1982), p. 58 참조.

12   Donald Davidson, "The Very Idea of a Conceptual Scheme," in his *Inquiries into Truth and Interpretation* (Oxford: Clarendon Press, 1984) 참조.

적으로 성립할 수 없다는 점을 들어 그것을 근원적으로 거부하려고 한
다. 그러나 데이빗슨이 자신의 공격의 표적으로 설정하고 있는 개념체
계 개념은 매우 도식적인 것이며, 따라서 그의 공격은 우리가 옹호할
수 있는 개념체계 개념을 충분히 포괄하지 못한다. 데이빗슨은 실제적
인 다원적 변이 현상을 인정하면서도 그것을 '자비의 원리'(principle
of charity)를 통해 해소해야 한다고 말하고 있지만, 그것이 다원주의
가 설명하려고 하는 다원적 변이 현상을 충분히 해소해 주는 것은 물
론 아니다. 대신에 데이빗슨은 다원주의라는 견해가 정형화되었을 때
초래될 이론적 난점, 즉 허무주의적 귀결을 피하기 위해 그 변이들을
해소해야 한다고 '요구하고' 있는 것이다.[13]

동시에 오늘날 다원주의의 적극적 옹호자들이 핵심적인 난점에 부
딪히는 것 또한 이 지점이다. 이들은 개념체계 개념이 자연스럽게 수
반하는 체계들 간의 공약 불가능성(incommensurability) 문제에 적절
하게 대처하지 못하고 있는 것이다. 예를 들면, 다원주의의 급진적인
옹호자인 리오타르(J.-F. Lyotard)는 비트겐슈타인(L. Wittgenstein)
의 '언어게임'을 상호 공약 불가능한 규칙들의 체계들로 해석함으로
써 이러한 난점에 빠지게 된다.[14] 사실상 이 문제는 리오타르에 국한
된 것이 아니라 다원주의를 인정하거나 옹호하는 모든 사람의 숙제이
기도 하다. 리오타르의 극단성을 우려하는 사람들은 다원주의가 제약
되어야 한다는 생각에는 쉽게 동의하지만, 그것이 어떻게 가능한지에

---

13 이 문제에 관한 좀 더 상세한 논의는 노양진, 「데이빗슨과 개념체계」, 『상대주의
의 두 얼굴』 (파주: 서광사, 2007) 참조.

14 Jean-François Lyotard, *The Differend: Phrases in Dispute*, trans. Georges
Van Den Abbeele (Minneapolis, Minn.: University of Minnesota Press,
1988), 특히 p. xi 참조.

대해 해명하기보다는 그 제약의 이론적 필요성을 제시하고 있다. 이러한 난점은 다원주의의 제약이라는 문제가 경험적 해명의 층위에서 이루어지기보다는 이론적 요청의 층위에서 다루어지고 있기 때문이다.[15]

이처럼 광범위하게 확산된 상대주의적인 지적 기류를 감안할 때 소수라고 할 수 있지만 오늘날의 세련된 이성주의자들은 다원성의 실제성을 인정하면서도 그 궁극적 제약을 이성 개념에서 찾으려고 한다. 하버마스, 퍼트남, 데이빗슨, 그리고 설(J. Searle) 등의 시도가 이러한 기류를 대변한다. 이들의 선택은 우선 '후퇴한 이성'으로 특징지을 수 있는데, 그것은 전통적 의미에서의 적극적 이성 개념에서 물러서서 최소한의 이성 개념을 방어하려는 시도다. 하버마스가 제시하는 '의사소통적 합리성'(communicative rationality)은 그 전형이라고 할 수 있는데, 여기에서 하버마스는 이상적 담화 상황을 가능하게 하는 최소한의 조건으로서 의사소통적 합리성의 필연성을 제시한다.[16] 이러한 이성은 더 이상 우리의 사고와 행위를 이끌어 가는 전통적인 의미에서의 적극적 이성이 아니라 허무주의라는 풍랑으로부터 우리를 지탱해 주는 마지막 구명선 같은 역할을 한다. 이러한 이성은 전통적인 이성에서 대폭 후퇴함으로써 이성 자체에 대한 급진적 공격들에 대처하는 데 훨씬 더 유리한 입장에 서게 되는 것은 사실이며, 동시에 허무주의에 대한 제약으로서 매우 효과적일 수 있다. 그러나 우리가 주목해야 할 것은 이러한 이성 개념 자체가 '선험적으로' 입증될 수밖에 없다는

---

15 최근에 다원주의를 옹호하려는 국내의 논의들 또한 이러한 제약의 필요성을 제시하고 있지만, 대부분 그 시도는 이성주의적 관점을 벗어나지 못하고 있다. 한국철학회 편, 『다원주의, 축복인가 재앙인가』(서울: 철학과현실사, 2003) 참조.

16 Jürgen Habermas, *Communication and the Evolution of Society*, trans. Thomas McCarthy (Boston, Mass.: Beacon Press, 1979) 참조.

핵심적 난점이 칸트 이래로 여전히 극복되지 않고 있다는 점이다.

다원주의자는 실제 경험되는 다원적 변이 현상을 들어 다원주의의 유용성을 주장하는 반면, 반다원주의자는 그것이 불러올 부정적 귀결을 들어 그것을 거부한다. 다원주의자와 반다원주의자 사이에 지속되는 이러한 공방 속에서 우리는 이 양편 사이에 이들이 직접적으로 접근하지 못하는 어떤 무중력 지대가 존재하지 않는가 하는 의문을 갖게 된다. 다원주의자는 자신의 다원주의가 어떤 지점에서인가 제약되고 있다고 말하지만 그 지점이 어디인지를 제시하지 못한다. 반면에 반다원주의자는 다원주의자의 그러한 난점을 들어 그것이 정합적으로 성립할 수 없을 뿐만 아니라 그것이 결국 허무주의를 불러올 것이라고 비판한다.[17] 그것은 다원주의와 관련된 우리의 핵심적 과제가 다원적 분기 현상들과 그것들의 중립적 공통 지반이 접속되는 지점을 찾는 일이라는 것을 말해 준다. 그 지점이 바로 다원적 분기를 제약하는 지점이 될 것이다. 이러한 제약을 탐색하면서 필자가 취하려는 관점은 자연주의다. 이러한 접근은 형이상학적 시도나 이성주의적 시도들이 본성적으로 안고 있는 '선험적 요청'이라는 근원적 한계를 넘어서서 다원주의의 제약 문제에 대한 경험적 해명의 가능성을 열어 줄 것이다.

---

17 린치는 이러한 상황을 '다원적 세계관'과 '객관성'의 이분법적 대립으로 구도화하고, 양편의 옹호자들이 공유하는 것이라고는 "둘 다 아니다"라는 것뿐이라고 말한다. Lynch, *Truth in Context*, p. 3 참조. 린치는 이 책에서 대립적으로 이해되고 있는 '형이상학적 다원주의'와 '실재론적 진리 이론'이 양립 가능하다는 것을 보임으로써 그 중간 지대의 성립 가능성을 옹호한다. 이러한 시도는 린치 자신이 인정하는 것처럼 다분히 퍼트남의 철학적 구도에 근접하는 것이다. 그러나 린치가 제시하는 제3의 대안으로서 '상대주의적 칸트주의'(relativistic Kantianism)가 왜 다원주의의 핵심적 문제에 대해 만족스러운 답이 될 수 없는지는 필자의 논의를 통해 드러날 것이다.

4. 의미지반과 다원성

　다원성의 근원은 '차이'에 대한 인식이며, 차이는 우리의 다양한 '가르기'의 산물이다. 가르기는 "물리적이든 추상적이든 대상들의 '차이'를 드러내는 작용"[18]이다. 차이가 의미의 원천이라는 오늘날 광범위하게 유포된 생각을 받아들인다면, 가르기는 우리의 모든 의미 있는 경험의 기본적 작용이다. 그러나 어떤 차이가 우리에게 의미화되기 위해서는 그 차이들의 근거를 이루는 공통 지반이 반드시 전제된다. 필자는 이것을 '의미지반'(meaning base)이라고 부를 것이다. 그러나 의미지반은 차이들을 의미화하는 조건으로 작용하는 것일 뿐, 그 차이들을 직접적으로 생성해 주는 것은 아니다. 다음 두 문장을 보라.

　① 철수는 순이와는 다르다.
　② 철수는 딱정벌레와는 다르다.

　우리는 이 두 문장에서 드러나는 차이들이 결코 동일한 차이가 아니라는 것을 알 수 있다. ①에서 보이는 차이와 ②에서 보이는 차이의 차이는 어떻게 발생하는 것일까? 우리는 ①과 ②가 드러내는 차이들에 각각 작용하는 공통 지반들이 있다는 사실을 지적할 수 있다. ①과 ②는 서로 다른 '의미지반'을 갖고 있는 것이다. 물론 이 의미지반의 크기는 고정되어 있지 않으며, 의미의 주체인 우리 자신에 의해 결정되는 유동적인 지반이다. 아마도 ①에서의 의미지반은「인간」또는 그

18　노양진, 「가르기와 경험의 구조」, 『몸·언어·철학』 (파주: 서광사, 2009), p. 183.

보다 작은 지반일 것이다. 반면에 ②에서의 의미지반은 「생물」 또는 그보다 작은 지반일 것이다. 이 문장들에서 작용하는 각각의 공통 지반이 바로 그 두 차이들을 가능하게 하는 의미지반이 된다.

물론 우리는 철수와 순이가 둘 다 「인간」이라는 의미지반으로 흡수된다고 말함으로써 철수와 순이의 차이를 해소할 수 있다. 그러나 그것은 우리의 선택의 문제일 뿐, 자동적인 것은 아니다. 다시 말해서 우리는 차이를 그 의미지반으로 환원할 수는 있지만, 우리가 왜 그러한 선택을 해야 하는지에 대해서 또 다른 이유를 찾아야 한다. 차이들을 환원하는 것은 항상 가능하지만, 왜 그러한 환원을 통해 차이가 포기되어야 하는지는 또 다른 문제이기 때문이다. 오늘날 흔히 말해지는 것처럼 차이의 인식이 의미의 출발점이라면, 어떤 차이들이 하나의 지점으로 환원될 수 있다고 말하는 것은 그 차이를 통해 드러나는 의미들을 무화시키는 일이다.

이러한 시각에서 본다면 다원성은 우리 경험의 기본적 조건의 하나다. 물리적 존재로서 우리의 경험이 시간과 공간 안에서 이루어지는 한 우리의 모든 경험은 상대적이다. 적어도 우리는 동일한 경험을 할수 없다. 우리 모두에게 유사한 경험이 가능하다는 생각은 우리가 '동일한' 종(種)으로서 '동일한' 경험 상태를 가질 수 있다는 믿음에 근거하고 있을 뿐, 직접 확증된 것이 아니다.[19] 우리가 단일한 기준으로 우리의 경험을 이야기할 수 있는 것은 우리가 동일한 시간과 공간 안에 있을 수 있다는 가정 아래에서만 가능하다. 그러나 엄밀히 말해서

---

19 이러한 우리의 믿음을 더 이상 거슬러 올라가는 것은 우리를 스스로 지나친 회의주의에 빠뜨리는 결과를 낳게 될 것이다. 비트겐슈타인에 따르면 그것은 철학적 처치를 요하는 일종의 '철학적 질병'이다. 루트비히 비트겐슈타인, 『철학적 탐구』, 이영철 역 (서울: 책세상, 2006), 253-54절 참조.

사실상 그러한 조건은 주어지지 않는다. 이러한 관점에서 사람들의 모든 경험은 각각의 개인들에게 유일무이하다.

따라서 '경험의 유사성'이라고 받아들이는 것의 폭은 우리가 어떤 정도의 차이들을 무시하는 데에서 결정된다. 퍼트남의 지적처럼 사물들은 무한히 다양한 방식으로 유사할 수 있기 때문이다.[20] 바꾸어 말하면 사물들은 무한히 많은 방식으로 차이들을 갖는다. 그렇다면 타인과의 경험의 동일성은 항상 특정한 '크기'를 전제함으로써만 가능하다. 적어도 우리 경험의 동일성이 특정한 크기에서만 가능하다는 생각은 단일한 기준의 가능성이 우리의 경험적 사실이 아니라는 것을 분명히 보여 준다. 단일한 기준은 우리의 상상력이 경험의 한계 영역까지 나아감으로써만 도달될 수 있는 것이다. 그것은 단일한 기준에 대한 사고의 불가능성을 말하는 것이 아니라, 그것이 본성상 우리의 실제적 경험을 해명하는 데 부적절한 장치라는 것을 말해 준다.

유사성과 차이는 사실상 대등하게 주어지는 경험의 조건들이며, 동시에 동전의 양면처럼 모든 경험의 두 층위를 이루고 있다. 그것들은 적어도 원리적으로는 대등하게 열려 있는 경험의 방식들이다. 전통적인 객관주의나 극단적인 상대주의는 그것들을 다른 한쪽으로 흡수하려는 시도라고 할 수 있다. 단일한 기준을 추구하는 객관주의적 시각이나 실제적인 다양한 변이를 설명하려는 상대주의적 시각은 사실상 우리의 중층적 경험의 특정한 측면에 초점을 맞추고 있는 것이다. 그 한쪽의 시각을 통해 우리의 모든 경험을 해명하려고 할 때, 그러한 시도들은 불가피하게 다른 한쪽을 거부하거나 억압하는 '편향된 이론들'을 낳게 될 것이다. 그 귀결로 객관주의는 불가피하게 차이에 대한

20 퍼트남, 『이성·진리·역사』, p. 118 참조.

억압을 불러오는 반면, 동일성을 거부하는 상대주의는 허무주의적 우려를 불러온다.

5. 몸의 중심성과 다원성의 제약

경험의 다원성을 이야기하는 것은 특정하게 고립된 대상 인식에 국한되지 않는다. 동일한 의미지반 안에서 경험하는 차이들의 문제는 사실상 매우 평면적이고 파편적인 차이들이라고 할 수 있기 때문이다. 예를 들면 우리는 개와 고양이를 비교하고 그것들 사이의 유사성 또는 차이에 관해 이야기할 수 있다. 물론 이때 객관주의자는 유사성 쪽에 초점을 맞출 것이며, 다원주의자는 차이 쪽에 초점을 맞출 것이다. 그렇다 하더라도 이들은 모두 여전히 동일한 의미지반 위에 있다.

그러나 그보다 더 심층적인 차이는 의미지반 자체의 변화를 수반한다. 예를 들면 개와 민들레에 관해 이야기하는 경우에는 개와 고양이에 관해 이야기할 때와는 다른 의미지반이 사용된다. 우리에게 결코 익숙한 것은 아니지만 만약 개와 평등을 의미 있게 이야기하려고 한다면 우리에게는 또 다른 의미지반이 필요할 것이다. 이처럼 의미지반의 다양성 때문에 경험하게 되는 다원성은 앞의 것보다도 훨씬 더 심층적이고 포괄적이다. 여기에서 우리는 의미의 크기를 결정하는 의미지반이 존재하며, 그 선택의 패턴이 우리의 개념체계 구성에 중요한 요소가 된다는 것을 알 수 있다. 바꾸어 말하면 개념체계가 다르다는 것은 의미의 실제적 크기를 결정해 주는 의미지반들을 사용하는 패턴들이 다르다는 것을 의미한다. 나아가 개념체계가 다르다는 것은 우리가 세계와 상호작용하는 방식이 달라진다는 것을 의미한다.

이러한 해명에 따르면 개념체계들은 적어도 원리적으로 무한히 다양한 방식으로 구성될 수 있다. 그렇다면 이러한 개념체계들은 상호 비교나 평가가 불가능한 수준까지, 즉 전적으로 공약 불가능한 수준까지 분기될 수 있는 것일까? 이 물음에 대한 답은 우선 '아니오'다. 앞에서 지적했던 것처럼 전적으로 공약 불가능한 개념체계들은 우리에게 의미화될 수 있는 가능성을 원천적으로 부정하기 때문이다. 그렇다면 우리가 생각할 수 있는 개념체계들의 분기는 의미화가 가능한 폭 안에서의 분기를 말한다. 이러한 구조는 어떻게 가능한가?

이 물음과 관련해서 우리는 '신체화된 경험'(embodied experience)의 구조에 관한 체험주의(experientialism)의 해명에 주목할 필요가 있다. 체험주의는 최근의 다양한 경험과학적 탐구가 제시하는 방대한 증거를 토대로 우리의 모든 경험과 이해가 신체적 활동들에서 비롯되며, 동시에 그것들에 의해 강하게 제약된다고 주장한다.[21] 이러한 의미에서 우리의 모든 경험은 신체화되어 있다. 경험의 이러한 구조는 체험주의의 주도적 철학자인 존슨(M. Johnson)의 독자적인 상상력

---

21 이러한 주장을 위해 체험주의가 의존하고 있는 경험적 증거들은 대부분 최근의 인지과학적 탐구의 성과에 근거한 것들이며, 특히 언어학적 · 심리학적 증거들에 크게 의존하고 있다. 이러한 증거들은 마크 존슨, 『마음 속의 몸: 의미, 상상력, 이성의 신체적 근거』, 노양진 역 (서울: 철학과현실사, 2000)에 광범위하게 제시되어 있으며, 또한 관련된 탐구 성과들은 George Lakoff, *Women, Fire, and Dangerous Things: What Categories Reveal about the Mind* (Chicago: University of Chicago Press, 1987), 2장에 잘 요약되어 있다. 특히 G. 레이코프 · M. 존슨, 『몸의 철학: 신체화된 마음의 서구 사상에 대한 도전』, 임지룡 외 역 (서울: 박이정, 2002), 3–4장에서는 이 문제와 관련해 색채 개념, 기본층위 개념, 공간 개념, 근육운동 개념의 신경 모형화 등에 관한 인지과학의 최근 탐구 성과들과 융합 이론, 일차적 은유 이론, 신경 은유 이론, 개념혼성(conceptual blending) 이론 등 매우 최근의 은유 이론들을 매우 상세하게 소개하고 있다.

이론을 통해 매우 정교하게 제시된다. 존슨은 우리의 전 경험을 통해 포괄적으로 작용하는 상상력의 작용 방식을 해명함으로써 의미, 이성, 진리, 나아가 도덕성 문제 등에 대한 이성 중심의 객관주의적 해명의 한계를 극복하려고 한다.

존슨의 상상력 이론의 핵심을 이루고 있는 것은 우리의 신체적 활동을 통해 직접적으로 발생하는 소수의 '영상도식'(image schema), 그리고 그것들의 주된 확장 방식인 '은유적 사상'(metaphorical mapping)이다. 영상도식이란 우리의 반복적인 신체적 활동을 통해 직접 발생하는 비명제적이고 선개념적(preconceptual)인 구조들이며, 우리는 이 구조들을 다른 물리적 대상은 물론 추상적 대상들에 사상함으로써 그것들을 구체적 대상으로 인식할 수 있게 된다. 존슨은 주로 언어학적 증거들에 의존해 「그릇」(Container), 「힘」(Force), 「균형」(Balance), 「경로」(Path), 「중심-주변」(Center-Periphery) 등과 같은 영상도식의 작용 방식을 매우 정교하게 설명하고 있다.[22] 예를 들면 「그릇」 도식은 외부와 내부를 구획하는 경계를 갖는데, 그렇게 함으로써 경험의 확장된 방식에서 「안-밖」 지향성의 체험적 근거를 제공한다. 우리는 이 「그릇」 도식을 사상함으로써 건물, 가방, 컵과 같은 물리적 대상에 「안-밖」 지향성을 부여하며, 나아가 꿈, 이야기, 역사 등과 같은 추상적 대상에도 「안-밖」 지향성을 부여한다. 이처럼 우리의 모든 경험은 신체적 층위의 경험이 확장되는 방식으로 이루어진다.

존슨의 이러한 해명에 따르면 우리의 경험에서 드러나는 다원성은 은유적 확장의 산물이며, 그 모든 확장의 바탕에는 그 확장의 근거가 되는 신체적 경험이 자리 잡고 있다. 물론 이러한 확장 과정에는 우리

---

22 존슨, 『마음 속의 몸』, 특히 5장 참조.

의 다양한 자연적·사회적·문화적 요소가 개입될 것이며, 따라서 그 변이들에 대한 법칙적 예측은 불가능할 것이다. 그러나 모든 은유적 확장이 신체적 요소들에 근거하고 있으며, 동시에 그것들에 의해 제약된다는 점에서 그 변이들은 결코 무제약적인 것이 아니다. 그러나 신체적 요소들이 은유적 확장의 근거이면서 제약이 된다는 것이 그 확장된 변이들의 환원 가능성을 의미하지 않는다. 신체적/물리적 층위의 경험과 정신적/추상적 층위의 경험은 은유적 확장이라는 고리를 통해 연결되어 있으면서도 우리에게 각각 고유한 방식으로 주어지기 때문이다. 존슨이 듀이(J. Dewey)에게서 직접적으로 영향받은 것은 아니지만, 경험의 확장 방식에 대한 존슨의 이러한 해명은 듀이가 제시했던 '창발'(emergence)과 매우 유사한 것이다.[23]

경험의 구조에 대한 이러한 체험주의적 해명은 우리 인식의 다원성을 설명하는 핵심적 고리인 개념체계의 구조와 본성을 해명하는 데 매우 중요한 사실들을 함축한다. 새로운 해명에 따르면 개념체계들은 무한히 다양한 방식으로 분화될 수 있지만, 그것은 결코 개념체계들 사이의 공약 불가능성 또는 해석 불가능성을 불러오지 않는다. 왜냐하면 우리는 현재와 같은 몸을 가진 유기체이며, 이 때문에 우리의 모든 개념체계들은 우리의 신체적 지반을 바탕으로 형성되기 때문이다. 이러한 관점에서 레이코프와 존슨(G. Lakoff and M. Johnson)은 개념체

---

[23] '창발'이라는 개념은 듀이 철학의 핵심적 자리를 차지하지만, 듀이는 그것을 유비적으로 설명하는 데 멈추고 있다. 존슨은 만약 듀이가 좀 더 오래 살았더라면 오늘날 주어진 방대한 경험적 증거를 토대로 자신의 견해를 훨씬 더 설득력 있는 방식으로 제시할 수 있었을 것이라고 말한다. Johnson, "Good Rorty, Bad Rorty: Toward a Richer Conception of Philosophical Inquiry" (Unpublished typescript, Department of Philosophy, Southern Illinois University at Carbondale, 1989), p. 43 참조.

계를 이렇게 서술한다.

마음은 그저 신체화되어 있는 것이 아니라 우리의 개념체계들이 몸의
공통성과 우리가 살고 있는 환경의 공통성들을 주로 이용하는 방식으로
신체화되어 있다. 그 결과는 한 사람의 개념체계의 많은 부분은 언어들과
문화들 사이에 보편적이거나 널리 퍼져 있다는 것이다. 비록 어느 정도의
개념적 상대성이 존재하고, 역사적 우연성이 매우 중요하지만, 우리의 개
념체계는 완전히 상대적이지도 않고, 또 **전적으로** 역사적 우연성의 문제
도 아니다.[24]

이러한 해명에 따르면 다양한 개념체계는 모두 신체적/물리적 층위
를 공유하면서도 그것을 바탕으로 정신적/추상적 층위로 확장될수록
다양한 변이를 드러낼 것이다. 이러한 경험의 구조에 대한 이해를 토
대로 필자는 '신체화된 개념체계'의 모형을 다음과 같이 제시했다.[25]

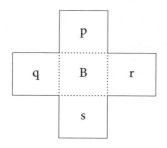

여기에서 각각 다른 개념체계는 C1 = B + p, C2 = B + q, C3

---

24 레이코프 · 존슨, 『몸의 철학』, p. 29. (고딕은 원문의 강조.)
25 노양진, 「개념체계의 신체적 기반」, 『몸 · 언어 · 철학』, pp. 289-90 참조.

= B + r, C4 = B + s로 표시되는데, 각각의 개념체계는 B라는 공통 지반, 즉 신체적이고 물리적인 경험 영역을 공유하면서도 소문자로 표시된 상대적 변이의 영역을 포함한다. 즉 모든 개념체계는 신체적/물리적 층위에서의 보편적 요소와 정신적/추상적 층위에서의 변이라는 두 차원을 포괄하는 형태로 구성된다. 정신적/추상적 층위는 신체적/물리적 층위로부터 확장되어 나타나며, 이 때문에 항상 신체적/물리적 층위에 근거하면서도 신체적/물리적 층위에 의해 제약된다.

이러한 모형에 따르면 인지의 확장 과정에서 드러나는 모든 변이는 그 확장 과정에서 다양한 자연적·사회적·문화적 요소에 의해 영향받으며, 이 때문에 변이의 방향을 예측할 수 있는 확정적 방식은 존재하지 않는다. 대신에 우리는 다양한 개념체계들은 그것들이 공유하는 신체적/물리적 층위에 근접할수록 점차 '공공성'이 증가한다고 말할 수 있다. 따라서 상이한 개념체계의 확장된 영역들 간에는 일대일 번역이 불가능할 수도 있겠지만, 그것들이 공유하는 신체적 지반에 회귀적으로 접근함으로써 교차적 해석 가능성을 확장할 수 있을 것이다.[26] 동시에 이러한 공통 지반의 존재는 상이한 개념체계들 간의 전적인 공약 불가능성을 막아 주는 제약의 역할을 한다.

우리는 경험의 이 신체적/물리적 층위를 모든 개념체계가 공유하는 공통 지반으로 간주할 수 있으며, 바로 그 지점이 개념체계들의 다원적 분기가 멈추는 최종적인 제약 지점이라고 말할 수 있을 것이다. 물론 이렇게 설정된 제약은 객관주의자 또는 이성주의자들이 원하는 정

---

26 필자는 콰인(W. V. O. Quine)이 옹호하려고 했던 '번역의 비결정성'이 이 모형에 의해 훨씬 더 성공적으로 설명될 수 있다고 본다. 이 문제에 관한 좀 더 상세한 논의는 노양진, 「번역은 비결정적인가?」, 『상대주의의 두 얼굴』 (파주: 서광사, 2007) 참조.

도로 정교하고 확정적인 제약은 아니며, 따라서 그 자체로 이들이 원하는 '토대' 또는 '객관성'을 보장해 주지는 않을 것이다. 그러나 이렇게 제시된 제약은 '이론적 요청'에 의해서가 아니라 우리의 경험적 탐구를 통해서 확인되고 받아들일 수 있다는 점에서 허무주의적 우려에 대한 훨씬 더 안정적인 대응의 근거가 될 수 있을 것이다.

6. 맺는말

다원주의를 옹호하는 데 뒤따르는 핵심적 난점의 하나는 그것이 정합적인 방식으로 진술되기 힘들다는 점이다. 그러나 다원주의가 정합적으로 이론화되기 어렵다고 말할 때 요구되는 '이론의 정합성' 자체가 사실상 보편성, 통일성, 절대성, 법칙성 등으로 특징지어지는 '객관주의적 시각에 근거한 요청'이라는 사실에 주목할 필요가 있다. 따라서 다원주의를 옹호하려는 시도는 우선 이론적 정합성을 확보하기보다는 먼저 객관주의적 정합성 요구 자체에서 벗어나서 우리가 경험하는 실제적 다원성을 드러내는 방식으로 이루어질 수 있다. 이렇게 해서 옹호되는 다원주의는 고전적인 의미에서 하나의 정형화된 이론이라기보다는 우리의 사고와 행위를 이끌어 가는 일종의 '태도'가 될 것이다.

다원주의는 서로 다르면서도 양립 가능한 기준들의 존재를 인정하려는 시각이다. 이 때문에 다원주의자는 상이한 언어나 체계에 대해 아무런 비판의 기준도 가질 수 없는 것처럼 오인되기 쉽다. 그것은 단일한 기준을 가정하는 객관주의자의 오해일 뿐이다. 사실상 다원주의자가 해결해야 할 문제는 단일한 비판 기준의 부재가 아니라 지나치게 많은 기준이 어떤 방식으로 작동하는지를 해명하는 일이다. 다원주의자는 처음부터 상이한 체계들에 대한 불일치나 비판이 단일한 기준과 절차에 따라 이루어지지 않는다는 사실을 인정하기 때문이다.

한편 다원주의자는 다양한 체계들의 양립 가능성을 인정하지만, 그러한 체계들의 다양성을 공약 불가능성으로 특징지으려고 하지 않는다. 데이빗슨의 지적처럼 개념체계들의 차이는 이미 개념체계들 사이에 최소한의 공통 지반을 전제하기 때문이다. 이 때문에 개념체계들 사이에 일대일의 번역은 불가능하다고 할지라도 회귀적 해석을 위한 공통 지반은 여전히 존재한다. 그러한 해석 가능성은 상이한 개념체계들의 공통 지반을 이루고 있는 신체적 지반에 근접함으로써 점차 확장될 수 있을 것이다. 그러한 회귀적 해석의 지반은 우리가 동일한 '종'(種)으로서 공유하는 자연적 조건에서 주어진다. 그리고 그것이 공약 불가능성이라는 절대적 단절을 막아 주는 최소 지반의 역할을 한다. 그것이 개념체계들의 허무주의적 분기를 막아 주는 제약의 소재다. 그러나 그러한 공통 지반이 개념체계들 사이의 다양한 차이를 환원적으로 제거해 주지는 못한다. 왜냐하면 개념체계들은 그 공통 지반으로부터 대부분 은유적으로 확장되어 있기 때문이다.

우리 경험의 실제적 다원성에도 불구하고 다원성을 옹호하려는 시각으로서 다원주의는 정합적 이론화에 어려움을 안고 있다. 이 때문에 다원주의를 옹호하는 데에는 다원성을 거부하거나 억압하려는 이론들의 공허하거나 그릇된 본성을 드러내는 것이 우선적 과제가 된다. 이러한 관점에서 객관주의가 사실상 '우리의 것'을 해명하려는 견해가 아니라 '우리가 원하는 것'에 관한 견해라는 사실을 인식하는 것은 매우 중요하다. 말하자면 단일한 진리는 철학적 열망의 산물이지만, 다원성은 우리가 경험을 통해 부인하기에는 너무나 실제적인 현상이다.

우리가 만약 우리 경험의 해명이라는 차원으로 좀 더 진지한 눈을 돌린다면, 다원성의 억압은 이론들의 각축이 불러온 불운한 귀결일 뿐, 경험 세계에 대한 적절한 해명은 아니라는 사실을 받아들일 수 있을 것이다.

보론 2

포스트모더니즘과 다원주의:
로티와 리오타르

1. 머리말

로티(R. Rorty)와 리오타르(J.-F. Lyotard)는 포스트모더니즘의
한 갈래인 '신실용주의'(Neo-pragmatism)의 선도적 철학자들이다.
상이한 지적 전통에 속하는 이들은 다른 포스트모던 철학자들과 마찬
가지로 '현대'(modernity)에 대한 급진적 비판자들이지만, 인식 또는
지식 문제에서 드러나는 이들의 시각은 다분히 실용주의적이다. 이러
한 측면에서 로티와 리오타르는 구조주의적 전통을 사유의 출발점이
자 표적으로 삼는 데리다(J. Derrida)나 푸코(M. Foucault)와 구별될
수 있다. 특히 이들은 데리다나 푸코와 같은 포스트구조주의자들이 여
전히 모종의 일반적 언명 같은 것에 집착하고 있다고 생각하며, 어떠
한 이론화나 체계화도 근원적으로 거부한다는 점에서 포스트구조주의
와의 차별성을 드러낸다.[1]

---

1 John McGowan, *Postmodernism and Its Critics* (Ithaca, N.Y.: Cornell Univer-
   sity Press, 1991), 특히 pp. 180-81 참조. '포스트모던'(postmodern)이라는 용
   어 자체를 명료하게 정의하기 어려운 것처럼 이러한 섬세한 구분은 물론 일면적이
   며 다분히 편의적인 것이다. 예를 들면 하버(H. F. Haber)는 명시적인 해명이 없
   이 제시되고 있는 리오타르의 급진적 논제들, 즉 탈중심화된 주체, 차이와 놀이의

로티와 리오타르의 이러한 급진적 견해는 '현대'라는 보편주의적 문화에 대한 강력한 비판을 통해 다원주의적 세계로 나아가는 길을 열어 준다. 그러나 이들이 드러내는 급진성은 다수의 기준이 공유할 수 있는 최소한의 지반마저도 철저히 거부함으로써 우리의 의사소통과 현실적인 경험의 공공성마저도 전적인 우연의 산물로 규정하려고 한다. 이러한 급진적 태도는 허무주의에로의 전락이라는 우려를 불러온다. 그것은 과거의 불균형을 치유하는 과정에서 또 다른 불균형으로 나아가는 불안정한 철학적 행보다.

리오타르는 '디페랑'(differend)이라는 개념을 통해, 로티는 '우연성'(contingency) 논제를 통해 '다원주의'의 길로 나아간다. 다원주의는 상대주의의 우호적 이름이다. 철학사를 통해 상대주의는 정합적으로 정형화하기 어려운 모호한 입장일 뿐만 아니라 위험한 입장으로 배척되어 왔지만, 그 내밀한 유혹에는 뿌리 깊은 이유가 있다. 우리의 경험에서 관찰되는 상대주의적 현상들은 매우 광범위할 뿐만 아니라 실제적이기 때문이다. 상대주의가 갖는 이러한 이론적 모호성 때문에 스스로를 '상대주의자'라고 명시적으로 규정하는 철학자는 거의 없다. 그러나 20세기 후반에 들어 상대주의적 성향을 드러내는 철학자들은 '상대주의적 전환'(Relativistic Turn)이라고 부를 수 있을 만큼 광범위한 지적 기류를 형성하고 있다. 상대주의적 성향을 드러내면서도 허무주의에 빠지지 않으려는 이러한 철학자들이 선호하는 대안적 이름이 바로 다원주의다. 로티와 리오타르가 모두 이러한 지적 흐름의

중심성, 통합적 구조의 폭력성 등이 소쉬르의 구조주의에 그 뿌리를 두고 있다고 지적한다. 이러한 측면에서 본다면 리오타르는 오히려 포스트구조주의에 속하는 철학자로 분류될 수도 있을 것이다. Honi Fern Haber, *Beyond Postmodern Politics: Lyotard, Rorty, Foucault* (London: Routledge, 1994), p. 9 참조.

선봉에 서 있다.

　그러나 "나는 상대주의가 아닌, 제약된 다원주의를 지지한다"라는 주장만으로 허무주의에로의 전락이라는 우려가 해소되는 것은 아니다. 다원성을 옹호하려는 철학자들은 그 다원적 분기가 제약되는 지점을 밝혀야 하며, 이 문제에 관한 한 그 입증 책임을 져야 한다. 로티와 리오타르의 다원주의가 자신들의 낙관적 태도에도 불구하고 여전히 철학적 비판의 표적이 되고 있는 것은 바로 이 문제에 관한 불투명한 태도 때문이다. 필자는 이 글에서 '체험주의'(experientialism)의 시각을 빌려 종(種)으로서의 인간이 공유하는 '경험의 공공성'이 다원성의 의미를 제공하는 토대일 뿐만 아니라 동시에 다원적 분기를 제약하는 근거가 될 수 있음을 제안할 것이다. 이 근거는 모두에게 매우 친숙한 것이지만 로티와 리오타르의 낙관적이고도 급진적인 전략에 가려져 있다.

2. 다원성과 디페랑

　리오타르는 오늘날의 지적 상황을 '포스트모던'으로 특징짓는데, 그것은 19세기 말부터 과학, 문학, 예술의 영역에서 지속되는 기준들의 변화가 불러오는 문화적 상황을 가리킨다.[2] 리오타르에게 포스트모던은 '모던'과의 밀접한 연관 속에서 규정된다. 적어도 17세기 이래로 유럽 사회에서 과학은 모든 서사와 배타적인 대립 관계를 유지해

2　Jean-François Lyotard, *The Postmodern Condition: A Report on Knowledge*, trans. Geoff Bennington and Brian Massumi (Minneapolis, Minn.: University of Minnesota Press, 1984), p. xxiii 참조.

왔으며, 과학은 이러한 서사들을 판정하는 우선적 담론으로 자리 잡게 되었다. 나아가 이러한 과학은 스스로의 지위를 정당화하는 담론을 필요로 하게 된다. 리오타르는 "메타 담론에 근거해서 스스로를 정당화하고 모종의 거대 서사에 공공연히 호소하는 모든 과학"[3]의 시대를 가리켜 '현대'라고 부른다. 이러한 관점에서 리오타르는 포스트모던을 '거대 서사에 대한 불신'(incredulity toward metanarratives)[4]으로 특징짓는다.

메타 담론으로서의 거대 서사에 대한 리오타르의 거부는 특정한 지식 체계나 이론에 대한 거부가 아니라 체계화와 이론화 자체에 대한 급진적 거부다. 이론에 대한 리오타르의 거부는 기본적으로 이론이 부당하게 개개인의 행위나 선택을 억압하게 된다는 생각에 근거하고 있으며, 그것은 어떤 보편적인 것도 인정하지 않고 개별자만을 인정하려는 급진성을 반영한다. 보편적인 것에 대한 리오타르의 거부는 '변증법'에 대한 거부로 특징지어진다. 리오타르는 이론화가 다양성의 통합을 겨냥한 하나의 이성적 행위라고 규정하며, 이 이론화의 핵심을 이루는 지식의 보편성이 개인의 정체성을 파괴하는 특징적 징표라고 주장한다.[5]

리오타르는 이러한 개별자들의 차이와 공약 불가능성(incommensurability)에 대한 강조가 포스트모던 사회의 특성이라고 보며, 서로 다른 언어게임 사이에 '공통의 척도'가 있을 수 없다고 주장한다. 그래서 리오타르는 합의가 대화의 특정한 상태일 뿐 결코 그 목표가 아

3　같은 곳.
4　같은 책, p. xxiv.
5　Lyotard, *Economie libidinale* (Paris: Minuit, 1974), p. 295 참조.

니며, 오히려 그 목표는 '배리'(paralogy)라고 주장한다.[6] 이러한 리오타르의 주장은 물론 이성적 합의를 의사소통의 궁극적 · 이상적 목적으로 설정하는 하버마스(J. Habermas)의 시각에 정면으로 대립되는 것이다.

합의(consensus)는 낡고 의심스러운 가치가 되었다. 그러나 하나의 가치로서의 정의(justice)는 낡은 것도 의심스러운 것도 아니다. 따라서 우리는 합의라는 이념이나 실천과 연관되지 않은 정의의 이념이나 실천에 이르러야 한다.[7]

리오타르는 하버마스가 이상적 담화 상황 안에서 가정하는 합의가 "결코 도달될 수 없는 지평"[8]이라고 주장한다. 리오타르는 우리가 현실적으로 경험하는 의사소통적 합의란 모두 일과적이며, 어떤 특정한 조건 또는 제약 안에서의 합의라고 주장한다. 그래서 이제 지식은 보편적 진리의 추구라는 단일한 목표를 공유하지 않는다. 그것은 마치 상이한 언어게임처럼 각각의 기준을 통해 스스로를 정당화하며, 따라서 지식은 지속적인 창조와 대화의 연속이 된다.

의사소통에서 합의의 문제는 복잡한 국면을 안고 있다. 아마도 리오타르가 암시하는 의사소통의 모형은 다양한 이해관계 속에 놓인 당사자들의 통합될 수 없는 분기 상태에 가까운 어떤 것이다. 리오타르의 시각에서 하버마스가 제시하는 의사소통의 모형은 우리의 이상을 말하고 있을 뿐, 결코 실제적인 의사소통 현상을 해명하고 있는 것이 아니다. 여기에서 합의를 특정한 상태라고 보는 리오타르의 지적은 충분히 설득력을 갖는다. 물론 리오타르가 '합의'를 배척하는 핵심적 이유

---

6 Lyotard, *The Postmodern Condition*, pp. 65~66 참조.
7 같은 책, p. 66 참조.
8 같은 책, p. 61.

는 그것이 필연적으로 억압과 폭력을 함축하기 때문이다. 리오타르는 기본적으로 우리 경험 세계의 본성을 다원성으로 규정하며, 따라서 합의와 같은 시도가 특정한 목적을 가진 특정한 행위 방식이라고 본다.

리오타르는 다양한 담론의 장르들 사이에 본성적으로 존재하는 차이를 드러내기 위해 '디페랑'이라는 개념을 도입한다. '디페랑'이란 논쟁의 당사자들 사이에 상호 공통적으로 적용될 수 있는 판단의 규율이 결여되어 있기 때문에 갈등 상황이 해결될 수 없는 분쟁을 말한다.[9] 이러한 상황에서 사람들은 전적으로 다른 언어게임을 사용하고 있으며, 따라서 한편의 정당성을 입증하는 것이 다른 편의 정당성의 결여를 뜻하지 않는다. 여기에서 제3의 판단이란 사실상 가능하지 않으며, 그러한 판단을 시도하는 것은 필연적으로 상대방의 희생을 전제한다는 것이다. 리오타르는 다양한 담론의 장르들 사이에 보편적인 규칙이나 판단이 적용되지 않는 디페랑이 존재한다고 주장함으로써 담론들의 다원적 해방을 선언한다.[10]

레딩스(B. Readings)는 디페랑의 성격을 설명하기 위해 『초록 개미들이 꿈꾸는 곳』(*Where Green Ants Dream*)이라는 영화를 소개한다.[11] 광산을 개발하려는 백인들과 이에 저항하는 오스트레일리아의 원주민들은 법정에서 마주서게 된다. 광산을 개발하려는 백인들은 '개발권'이나 '재산'에 관해 이야기하지만, 이에 반대하는 원주민들

9   Lyotard, *The Differend: Phrases in Dispute*, trans. Georges Van Den Abbeele (Minneapolis, Minn.: University of Minnesota Press, 1988; 초판은 Les Editions de Minuit, 1983), p. xi 참조.

10 같은 곳 참조.

11 Bill Readings, *Introducing Lyotard: Art and Politics* (London: Routledge & Kegan Paul, 1991), p. 118 참조.

은 '땅에 묻힌 신성한 대상'에 관해 이야기한다. 재판관은 원주민들의 주장에 공감하지만 이들이 법적 효력이 있는 아무런 증거도 제시하지 못했다고 판정한다. 백인들과 원주민들은 동일한 법정에 서 있지만 이들은 사실상 전혀 다른 언어게임을 사용하고 있다. 이들이 처한 상황은 법적 분쟁(litigation)이 아니라 디페랑이다. 이때 원주민들은 사실상 법적 분쟁의 당사자가 아니라 희생자다. 이 경우 어떤 최종적 판단도 한쪽의 희생 없이는 이루어질 수 없기 때문이다.

리오타르는 이러한 디페랑의 본성을 '언어게임'의 차이로 설명하려고 한다. 물론 언어게임은 비트겐슈타인(L. Wittgenstein)의 후기 철학에서 온 것이며, 리오타르는 언어게임을 극단화시킴으로써 이를 자신의 중심적 전략으로 도입하고 있다. 그는 이와 관련해서 1) 언어게임은 규칙들을 전제하며, 2) 언어게임은 계약의 산물이며, 3) 우리의 모든 언어 행위는 특정한 언어게임 안의 한 수(move)여야 한다고 본다.[12] 그는 언어게임에 대한 이러한 해석을 바탕으로 "말하는 것은 유희라는 의미에서 싸우는 것이며, 화행은 논쟁학(agonistics) 일반의 영역에 포함된다"[13]고 주장한다.

언어게임에 대한 이러한 해석은 그 자체로 문제가 없어 보인다. 그러나 여기에서 중요하게 지적해야 할 것은 리오타르가 어느 지점에서인가 언어게임들 사이에 극단적인 '공약 불가능성'을 설정하고 있다는 점이다. 이러한 해석을 바탕으로 리오타르는 상이한 언어게임 사이에서 원천적으로 분쟁의 해결이 불가능하다는 주장으로 나아간다. 비트겐슈타인이 제시하는 언어게임에는 분명히 리오타르가 강조하려는

---

12 Lyotard, *The Postmodern Condition*, p. 10 참조.
13 같은 곳.

특징들이 함축되어 있다. 그러나 우리가 좀 더 진지하게 고려해야 할 것은 극단적으로 상이하게 드러나는 언어게임이라 할지라도 그러한 차이를 의미화해 주는 공통 지반을 전제해야만 한다는 사실이다. 리오 타르는 이 점을 간과하고 있으며, 따라서 그에게는 다양한 대립적 분 쟁을 묶을 수 있는 지반의 가능성이 존재하지 않는다. 이러한 관점에 서 본다면 디페랑이라는 개념은 비트겐슈타인의 언어게임에 그 연원 을 두고 있지만, 그것은 오히려 쿤(T. Kuhn)의 '패러다임'(paradigm) 이론이 제시하는 '공약 불가능성'에 더 가까운 개념이다.[14]

여기에서 우리는 리오타르가 의도적이든 아니든 비트겐슈타인의 '언어게임'을 잘못 해석·수용하고 있을 뿐만 아니라, 나아가 스스로 경험의 구조에 대한 적절한 해명에 이르지도 못하고 있다는 사실을 지 적할 수 있다. 리오타르처럼 언어게임을 디페랑으로 특징지으면 언어 게임은 철저하게 단절되고 고립된 의사소통의 체계들이 된다. 그러나

---

14 T. S. 쿤, 『과학혁명의 구조』, 조형 역, 제2판 (서울: 이화여자대학교 출판부, 1994)/ *The Structure of Scientific Revolutions*, 2nd ed. (Chicago: University of Chicago Press, 1970) 참조. 과학적 지식의 보편적 구조, 나아가 과학적 지식 의 정당성에 대한 믿음은 20세기 후반에 들어서면서 핸슨(N. R. Hanson), 폴라 니(M. Polanyi), 쿤(T. Kuhn), 파이어아벤트(P. Feyerabend) 등의 집중적 공 격에 의해 결정적으로 흔들리게 되었다. 이들이 공통적으로 지지하는 '관찰의 이론 의존성'(theory-laddenness of observation) 논제는 논리실증주의자들이 가정했던 이론 중립적 관찰 가능성을 정면으로 부인하고, 모든 관찰이 이론에 오염되어 있다고 주장한다. 이러한 주장은 쿤의 '패러다임' 이론을 통해 극적인 형태로 표현된다. 패러다임은 특정한 과학자 집단을 사로잡은 탐구의 모형이라 고 할 수 있으며, 그것은 과학자들의 탐구 방법은 물론 그 내용을 규정하는 역할 을 한다. 따라서 상이한 패러다임 사이에는 탐구의 방법과 내용, 평가에서 공통 적으로 적용할 수 있는 기준이 더 이상 존재하지 않는다. 즉 상이한 패러다임 사 이에는 '공약 불가능성'이 존재하게 되는 것이다. 그래서 상이한 패러다임을 받 아들이는 과학자들은 사실상 각각 다른 세계에서 작업하게 된다.

이러한 공약 불가능성은 개념적으로 비정합적일 뿐만 아니라 실제적 적용 가능성에도 문제가 있다. 데이빗슨(D. Davidson)의 지적처럼 전적인 공약 불가능성을 전제하는 언어게임 ― 데이빗슨이 '개념체계'(conceptual scheme)라고 부르는 ― 은 그 자체로 비정합적일 뿐만 아니라 실제적인 적용 가능성이 없는 공허한 개념인 것이다.[15] 아마도 리오타르의 급진적인 언어게임 개념은 쿤의 패러다임과 마찬가지로 데이빗슨의 이러한 비판을 벗어날 수 없을 것이다.

리오타르가 결정적으로 간과하고 있는 것은 '상이한' 언어게임들이 반드시 공통 지반을 전제하고 있다는 사실이다. 다시 말해서 모든 차이는 그 차이를 가능하게 하는 공통 지반을 전제한다. 이러한 지반은 차이들의 의미를 산출하는 기본적 조건이다. 공통 지반은 데이빗슨이 지적하는 것처럼 상이한 언어게임들 사이에 해석의 가능성을 제공한다. 따라서 전적으로 절연된, 그래서 의사소통의 가능성이 전적으로 배제된 언어게임이란 존재하지 않으며, 존재한다 하더라도 우리에게 인지될 수 없다. 즉 그러한 언어게임은 인간의 언어게임이 아니라 원천적으로 우리에게 알려지지 않는 가상의 게임일 뿐이다.

우리가 '다르다'고 말할 수 있는 언어게임은 인간인 우리 자신의 게임의 일종이며, 그러한 생각은 모든 게임이 공유하는 모종의 공공성 때문에 가능하다. 그것은 아마도 우리가 인간으로서 공유하는 경험의 공공성일 것이며, 비트겐슈타인의 '삶의 형식'(forms of life)은 이러한 요소를 함축하고 있는 것으로 보인다.[16] 그러한 공공성은 리오타르

---

15 Donald Davidson, "The Very Idea of a Conceptual Scheme," in his *Inquiries into Truth and Interpretation* (Oxford: Clarendon Press, 1984) 참조.

16 필자는 언어게임의 배경적 조건으로 작용하는 '삶의 형식'이 이러한 공공성을 포괄하고 있다고 보며, 이러한 관점에서 비트겐슈타인의 후기 철학을 '완화된

가 말하는 것처럼 특정한 사회적 계약, 또는 로티가 말하는 '우연'에 의해서 주어지는 것이 아니다. 그것은 대부분 우리의 자연적 조건에서 비롯된 것이며, 그러한 조건은 우리의 문화적 선택의 산물이 아니다. 리오타르는 이러한 공공 지반의 존재를 철저히 부정함으로써 자신이 원하는 다원주의적 차이들로 우리를 이끌어 갈 수 있을 것으로 믿는 것처럼 보인다. 그가 간과하고 있는 것은 모든 새로운 차이는 항상 그 것들을 가능하게 하는 공통 지반을 전제하고 있다는 사실이다.

리오타르에 따르면 우리는 언어적 존재이며, 우리가 생성하는 이야 기에서 벗어날 수 없는 존재다. 따라서 그 모든 언어를 벗어난 제3의 관점은 주어지지 않는다. 리오타르는 이렇게 말한다.

> 우리는 항상 의견 안에 있으며, 따라서 상황에 대한 진리 담론은 가능하 지 않다. 그리고 그러한 담론이 가능하지 않은 이유는 사람들이 하나의 이 야기 안에 갇혀 있기 때문이다. 또한 사람들은 이 이야기에서 벗어나 모든 것을 지배할 수 있는 메타 언어적 지점에 이를 수 없다. 우리는 다른 사람 에게 이야기를 하고 있을 때조차도 항상 생성 중인 이야기들 안에 내재적 이다.[17]

리오타르의 이러한 주장은 다양한 담론을 수렴한다고 자임하는 진 리 중심의 과학 담론의 우선성을 거부하고 다양한 담론의 해방된 공간 을 향한 강력한 제안이다. 그래서 리오타르가 '이교주의'(paganism)

상대주의'의 일종으로 해석한다. 이 문제에 관한 좀 더 상세한 논의는 노양진, 「비트겐슈타인의 상대주의」, 『몸 · 언어 · 철학』(파주: 서광사, 2009) 참조.

17 Jean-François Lyotard and Jean-Loup Thébaud, *Just Gaming*, trans. Wlad Godzich (Minneapolis, Minn.: University of Minnesota Press, 1985), p. 43.

라는 이름으로 묘사하는 우리의 상황은 다양한 담론의 차이들로 가득
찬 다원적 상황이다.

> 이러한 이교주의는 예증되지 않고, 추론되지 않으며, 서술되거나 연역
> 될 수도 없다. 그것은 단순히 하나의 사회의 이념, 즉 궁극적으로 다양한
> 화용론의 집합(실제로 전체화되거나 수량화될 수 없는 집합)의 이념이다.
> 이러한 집합의 명확한 특징은 이 이교적 세계 안에서 드러나는 상이한 언
> 어게임들이 상호 소통 불가능하다는 점일 것이다. 그것들은 하나의 통합
> 적 메타 담론으로 종합될 수 없다. 우리가 할 수 있는 것은 그것들에 적절
> 한 이름을 부여하는 것이며, 내가 '이교적'이라고 말할 때는 바로 그것이
> 그 단어가 '의미하는' 것이다.[18]

리오타르의 이교적 사회 안에서 다양한 담론들은 끊임없는 교차적
상호작용을 통해 지속적으로 새로운 차이들을 드러낼 것이다. 아마도
우연히 도달하게 된 '합의'가 실제로 존재한다 하더라도 그것은 특정
한 규칙이나 기준에 의한 것이 아니라 다만 우연일 뿐이다.

문화와 경험에 대한 이러한 리오타르의 진단과 처방은 개별자의 독
립성과 지위를 복권시키는 데 기여하는 반면, 그만큼 문화와 경험의
공공 지반에 대한 믿음을 와해시킨다. 리오타르가 옹호하려는 다원성
은 합의를 유일한 가치로 인정하려는 편향된 철학적 태도를 교정하는
데 매우 강력한 제안일 수 있다. 그러나 그가 제시하는 다원성은 그것
을 가능하게 하는 공적 지반을 철저히 부정함으로써 스스로 다원성의
의미 근거를 부정하게 된다. 리오타르가 옹호하는 다원성은 어디에서

---

18 같은 책, p. 58.

도 제약되지 않는다. 이 때문에 리오타르의 다원성 옹호는 자연스럽게 허무주의로 전락할 것이라는 우려를 불러온다. 이것은 리오타르가 다른 포스트모던 철학자들과 함께 과거 이론들의 편향을 치유하는 과정에서 또 다른 형태의 편향으로 빠져들고 있음을 말해 준다.

3. 로티의 자문화중심주의와 우연성의 철학

로티는 단일한 진리 개념의 핵을 이루고 있는 진리 대응설의 뿌리를 근세의 인식론적 구도에서 찾고 있으며, 그 구도를 원천적으로 해체함으로써 단일한 진리에 대한 담론 자체를 와해시키려고 한다. 인식론적 구도에 대한 이러한 급진적 접근은 다분히 듀이(J. Dewey)적이며, 로티 또한 스스로 자신의 철학적 기조가 듀이적 '실용주의'(pragmatism)에 있다고 말한다. 그러나 로티는 이러한 해체 이후에 어떠한 대안적 이론화나 체계화도 불필요하며, 대신에 철학은 과거의 이론들이 불러온 문제들을 해소하는 데 만족해야 한다고 주장함으로써 고전적인 실용주의자들과 매우 다른 길을 걷게 된다. 즉 철학은 체계 건설의 노력을 포기하고 과거의 이론들이 불러온 문제들을 해소하는 '치유적 활동'을 그 소임으로 삼아야 한다는 것이다. 물론 이러한 급진적 철학관은 비트겐슈타인에게서 온 것이지만, 이 때문에 로티는 다른 모든 포스트모던 철학자와 함께 대안 부재의 '철학적 무책임'이라는 비판에 직면하게 된다.

로티가 절대적 진리 개념을 무너뜨리기 위해 비판의 핵심적 표적으로 삼는 것은 근세의 인식론이다. 로티는 오늘날 우리를 사로잡고 있는 절대적 진리 개념이 로크-데카르트-칸트 전통이라고 불리는 인식론적 구도에 근거한 진리 대응설이라고 보기 때문이다. 로티에 따르면 이러한 인식론적 구도를 특징짓는 것은 '표상'(representation) 개념 이다.

> [객관주의 입장에 따르면] 안다는 것은 정신 바깥에 있는 것을 정확하게 표상한다는 것이다. 따라서 지식의 가능성과 본성을 이해한다는 것은 정 신이 그러한 표상 작용을 구성하는 방법을 이해한다는 것이다. 철학의 핵 심적 관심은 실재를 잘 표상하는 분야와 별로 잘 표상하지 못하는 분야, 그리고 (잘 표상하는 척하고 있지만) 전혀 표상하지 못하는 분야로 문화를 구분하는 보편적인 표상 이론이 되는 것에 맞추어져 있다.[19]

로티는 먼저 우리가 세계의 내재적 본성에 접근할 수 있다는 생각 을 아예 불가능한 것으로 거부한다. 로티에 따르면 우리가 세계에 관 해서 말한다 하더라도 그것은 여전히 언어 안에서일 뿐이며, 결코 언 어를 벗어나 언어를 언어 이외의 어떤 것과 비교할 방식이 없다.[20] 이 러한 로티의 주장을 뒷받침하는 것은 '우연성' 논제다. 언어와 마찬가 지로 세계 또한 우연적이며, 따라서 우리는 원천적으로 그 둘 사이에 안정적인 합치점을 찾을 수 없다는 것이다.

로티는 이러한 철학 비판을 토대로 새로운 진리 이론의 필요성을 제안하는 것이 아니라 절대적 진리에 대한 미련 자체를 버릴 것을 제 안한다. 그는 하나의 진리 대신에 수많은 진리들에 관해 이야기할 것 을 제안하며, 그것은 다원주의의 전형적 패턴이다. 단일한 진리 개념

---

19 리처드 로티, 『철학 그리고 자연의 거울』, 박지수 역 (서울: 까치, 1998), p. 11.
20 로티, 『실용주의의 결과』, 김동식 역 (서울: 민음사, 1996), p. 31 참조.

의 포기와 진리 담론을 통해 최종적 판정자로서의 위상을 누렸던 철학
은 이제 아무런 특권도 없는 '다양한 인간의 목소리'의 하나로 자리
잡게 된다. 로티는 전통 철학의 꿈을 넘어서 '문예문화'(literary cul-
ture)로 이행해 가야 한다고 제안하는데, 그것은 모든 특권 없는 담론
의 다원적 공존을 향한 제안이다.

로티는 물론 자신의 견해가 '상대주의적'이라는 점을 부인하지 않
지만, 자신의 견해가 "모든 믿음은 다른 모든 믿음과 동등하게 정당하
다"라는 유형의 허무주의적 상대주의가 아니라는 점을 강조한다. 로
티 자신 또한 허무주의적 상대주의가 "반박되어 마땅할 귀찮은 어떤
견해"[21]일 뿐이라고 말하기 때문이다.

> 이러한 견해를 견지하는 사람은 아무도 없다. 이따금씩 부화뇌동하는
> 대학 신입생을 제외하곤, 중요한 논제에 관해 서로 양립 불가능한 두 의견
> 이 대등하게 좋다고 말하는 사람을 찾아볼 수가 없다. '상대주의자'라고
> '불리게' 된 철학자들은, 그와 같은 의견들 가운데에서 선택을 하는 근거들
> 이 예전에 생각되어 왔던 것처럼 [알고리즘적이지] 않다고 말하는 사람들
> 이다. 따라서 용어의 친숙성이야말로 물리학에서 이론 선택을 위한 규준
> 이라는 견해를 견지한다거나, 현재의 의회민주주의의 제도와 정합된 것이
> 야말로 사회철학에서의 규준이라는 견해를 견지한다는 것이 빌미가 되어
> 서 상대주의자로 공격받을 수도 있다.[22]

대신에 로티는 자신의 실용주의가 다만 "어떤 사회 — 즉 우리 사회

---

21 같은 책, p. 348.
22 같은 책, pp. 345-46.

— 가 이런저런 탐구의 영역에서 사용하는 정당화의 낯익은 절차들로부터 독립된 진리나 합리성에 관한 논의란 있을 수 없다는 입장"[23]일 뿐이라고 말한다. 따라서 로티는 자신의 입장이 상대주의가 아니라 자문화중심주의(ethnocentrism)로 불려야 한다고 주장한다.

왜 '상대주의'라는 말이 실용주의자가 지지하는 자문화중심주의적인 제3의 견해에 해당되는지는 분명치 않다. 왜냐하면 실용주의자는 어떤 것이 다른 것에 상대적이라는 입장을 내세우지 않기 때문이다. 대신에 그는 다만 우리가 지식과 의견의 전통적 구분 — 실재에 대한 대응으로서의 진리와 유효하게 정당화된 신념들에 대한 권고적 용어로서의 진리를 구분하기 위해서 만들어진 — 을 포기해야 한다는 순수하게 부정적인 주장을 할 뿐이다.[24]

로티의 주장의 초점은 자신이 자기 반박적인 상대주의를 적극적으로 표방하지 않았다는 것이다. 이러한 집요한 주장에도 불구하고 로티의 논의는 성공적으로 보이지 않는다. 여기에서 로티가 대처해야 할 핵심적 과제는 자신이 허무주의적 상대주의를 원하지 않는다고 주장하는 일이 아니라 자신의 견해가 어떤 방식으로 허무주의에 빠져들지 않는지를 보이는 일이다. 즉 자신의 견해가 드러내는 상대주의적 분기가 어디에서 멈출 수 있는지에 관해 적절한 제약 지점을 제시해야 하는 것이다. 의도적이든 아니든 로티는 이 문제에 관해 매우 불투명한

---

23 Rorty, *Objectivity, Relativism, and Truth: Philosophical Papers 1* (Cambridge: Cambridge University Press, 1991), pp. 23–24.

24 같은 책, pp. 23–24.

태도로 논의의 핵심을 피해 가고 있다.[25]

역설적이게도 로티는 리오타르의 급진성에 대해 우려를 표시한다. 로티는 모든 제도와 규칙을 벗어나는 것 자체가 지식인의 순수한 임무라는 리오타르의 주장이 합의나 의사소통의 가능성마저도 손상하는 과격한 주장이라고 지적한다.

> 유감스럽게도 리오타르는 매우 순진한 좌파의 이념 — 이러한 제도들로부터의 탈주는 이 제도들을 선택했던 사악한 힘들에 의해 '이용되지' 않을 것임을 확신시켜 준다는 점에서 그 자체로 좋은 것이라는 — 을 유지하고 있다. 이런 종류의 좌파주의는 필연적으로 합의와 의사소통을 평가절하한다. 왜냐하면 지식인이 아방가르드 밖에 있는 사람들에게 이야기할 수 있는 한 그는 '타협'하기 때문이다.[26]

이것은 로티가 의사소통의 가능성을 여전히 중시한다는 것을 말해 준다. 그렇지만 로티에게 이러한 의사소통 자체를 가능하게 해 주는 공유된 지반이 무엇인지 불분명하다. 그는 모든 것을 우연성으로 규정하려고 하기 때문이다. 리오타르의 철학에 대한 로티의 이러한 지적은 자신이 리오타르만큼 급진적이지 않다는 점을 충분히 암시해 주지만, 그것이 로티 자신의 견해에 대해 제기되는 상대주의적 우려를 불식할 수 없다는 것은 자명하다.

---

25 로티의 상대주의가 불러오는 이러한 난점에 관한 좀 더 상세한 논의는 노양진, 「로티의 철학 비판」, 『상대주의의 두 얼굴』 (파주: 서광사, 2007) 참조.

26 Rorty, "Habermas and Lyotard on Post-Modernity," in his *Essays on Heidegger and Others: Philosophical Papers 2* (Cambridge: Cambridge University Press, 1991), p. 175.

로티에 대한 수많은 철학자의 거듭되는 비판은 이 문제에 집중된다. 특히 이성주의적 전통에 서 있는 철학자들에게 비판의 궁극적 지반을 제시하지 않는 로티의 비판적 태도는 비합리주의를 향한 위험한 행보로 간주된다. 특히 하버마스는 로티의 견해가 19세기의 딜타이적 역사주의의 세련된 표현일 뿐이며, 보편적 타당성이라는 관념을 거부하는 로티의 현란한 수사에도 불구하고 자기모순에 빠지지 않기 위해서는 어떤 방식으로든 모종의 합리성을 인정하지 않을 수 없다고 지적한다.[27] 로티는 하버마스의 비판에 대해 이렇게 응답한다.

> 하버마스와 나의 주된 차이는 보편적 타당성이라는 관념에 관한 것이다. 나는 우리가 그 관념 없이도 잘 살 수 있으며, 충분히 풍부한 합리성의 관념을 여전히 유지할 수 있다고 생각한다. 우리는 보편적 타당성이라는 관념을 포기한 후에도 플라톤주의에서 좋은 점을 모두 유지할 수 있다. 하버마스는 우리가 여전히 그것을 유지해야 할 필요가 있다고 생각한다. 하지만 현상에서 실재에 이르는 것을 시도하는 것이 아니라 오히려 왜곡 없는 의사소통의 추구로서 하버마스의 합리성에 대한 관념과 내가 취한 에머슨적이고 세속적인 낭만주의가 지닌 유사성들에 비하면 이 차이는 그다지 중요한 것이 아닐 수도 있다.[28]

로티는 자신이 '비합리적'이라고 생각하지 않으며, 또 그렇게 낙인

27 Jürgen Habermas, "Coping with Contingencies: The Return of Historicism," in Jozef Niznik and John T. Sanders, eds., *Debating the State of Philosophy* (Westport, Conn.: Praeger, 1996), 특히 pp. 18–24 참조.
28 Rorty, "Emancipating Our Culture," in Niznik and Sanders, eds., *Debating the State of Philosophy*, p. 28.

찍히는 것을 원하지도 않는다. 로티는 이성주의자가 생각하는 '이성' 개념에 근거하지 않은 합리성이 가능하다고 말하고 있는 셈이지만, 과연 그것이 어떻게 가능하며, 또 그 근거가 무엇인지에 관한 물음에 대해서는 적극적인 답을 피하고 있다. 이러한 측면에서 본다면 로티와 하버마스의 차이는 도달하려는 지점에 관한 것이 아니라 거기에 도달하기 위한 방법에 관한 것이라고 할 수 있다. 하버마스는 그 방법이 이성이라고 말하는 반면에 로티는 자신의 방법을 드러내지 않고 있다.

어떤 이름으로 부르든 다원성을 옹호하려는 철학자들은 다원적 분기가 어디에서 멈출 수 있는지를 제시해야만 한다. 제약되지 않은 다원성은 극도의 분기를 불러올 수 있으며, 그것은 결국 허무주의에 이르게 될 것이기 때문이다. 이 문제는 로티의 낙관적 시각에 의해 가려져 있다. 로티뿐만 아니라 하나의 진리를 거부하고 다원적 기준을 인정하려는 철학자들은 모두 이 제약의 문제에 직면하게 된다. 다원성의 옹호자들은 모두 자신이 서려는 지점이 전통적인 객관주의도 허무주의적 상대주의도 아니라고 주장하지만, 그 지점이 어떻게 제시될 수 있는지에 관해서는 유보적인 태도를 취하고 있다. 이것이 20세기 후반의 '상대주의적 전환'이 불러온, 아직까지도 해결되지 않은 심중한 철학적 과제의 하나다.

4. 다원성의 제약

로티와 리오타르의 급진적 주장이 아니라 하더라도 경험의 다원성은 부인할 수 없는 현상이며, 그것을 인정하는 것은 이제 철학적 상식의 일부가 되었다. 다원성은 특정한 이론적 가상이 아니라 우리의 실제적인 경험 영역에서 기본적 구조의 일부로 주어진다. 사람들은 동일하게 사고하고 행위하지 않으며, 지향하는 이상들도 다르다. 객관주의는 이러한 차이들을 그 자체로 받아들이기보다는 그 차이들을 넘어서거나 제거함으로써 그 배후에 있는 하나의 원리를 발견하는 것을 철학적 탐구의 주된 소임으로 삼아 왔다. 그러나 20세기 후반에 제기된 객관주의적 전통에 대한 지속적 비판은 이러한 객관주의적 열망이 이론적 환상이며, 따라서 철학사가 객관주의적 이론들에 의해 억압된 다원성의 역사였다는 것을 보여 준다. 로티와 리오타르는 이러한 비판적 흐름 안에서 주도적 역할을 하고 있다.

그러나 하나의 진리를 거부했을 때 우리에게 주어지는 선택은 아무런 진리도 없거나 다수의 진리가 있다고 말하는 것이다. 아무런 진리도 없다고 말하는 것은 허무주의적 회의주의일 뿐이며, 그것이 우리의 대안이 될 수 없다는 것은 자명하다. 우리에게 남은 선택은 다수의 진리가 있다고 말하는 것이다. 우리는 그것을 '다원주의'라고 부를 수 있다.

그러나 이론으로서의 다원주의가 아무런 대가도 없이 주어지는 것은 아니다. 다원주의는 그 자체로 정합성을 확보하는 데 큰 난점을 안고 있기 때문이다. 로티와 리오타르는 어떤 특정한 담론의 특권을 거부함으로써 모든 담론의 다원적 해방을 지향하지만, 아무런 제약도 주어지지 않는 이러한 해방은 '무엇이든 된다'라는 허무주의로 귀착될 위험성을 안고 있다. 그래서 다원주의의 옹호자들의 핵심적 과제는 다원성을 드러내는 일이 아니라 이러한 다원적 분기가 어디에서 제약될 수 있는지를 해명하는 일이다. 로티도 리오타르도 물론 자신의 다원주의가 허무주의를 향하고 있다고 인정하지는 않을 것이다. 그렇지만 "내가 의도하는 다원주의는 허무주의적 다원주의가 아니다"라는 주장이 이 문제에 대한 답이 될 수는 없다.

오늘날 실제적 현상으로서의 다원성을 정면으로 거부하는 철학자는 찾아보기 힘들다. 대신에 객관주의적 성향을 가진 철학자들은 대부분 이러한 실제적 다원성을 어떤 특정한 지반으로 수렴시키려고 시도하거나 그것이 사실상 표피적이거나 사소한 현상일 뿐이라는 점을 드러내는 데 집중한다. 반면에 다원주의의 옹호자들은 이러한 다원성이 환원 불가능할 뿐만 아니라 그 자체로 고려되어야 할 실재의 일부라고 주장한다. 이들의 논쟁은 화해될 수 없는 평행선을 긋는 것처럼 보인다.

그러나 좀 더 면밀히 살펴보면 사실상 오늘날 상대주의자와 반상대주의자는 모두 유사한 지점을 지향하고 있다. 즉 이들은 공통적으로 전통적 객관주의와 허무주의적 상대주의 사이의 중간 지대를 모색하고 있는 것이다. 즉 완화된 보편주의자나 완화된 상대주의자나 모두 현실적 다원성을 인정하면서도 허무주의적 분기를 피하려는 의도를 공유하고 있는 것이다. 이러한 상황에서 '이성'은 다원주의의 허무주의적 우려에 대응하는 매력적인 후보로 남아 있다. 하버마스, 퍼트남 (H. Putnam), 데이빗슨, 그리고 설(J. Searle) 등이 모두 이러한 이성주의적 노선에 서 있다. 그러나 이들이 옹호하는 이성은 더 이상 과거의 이성이 아니다. 그것은 '후퇴한 이성'이며, 이러한 이성은 다만 허무주의로 전락하는 것을 막기 위한 이론적 요청에 의해서 정당화된다.

중립적인 어떤 것을 전제하지 않는 체계들 간의 공약 불가능성은 의미화될 수 없다는 데이빗슨의 주장은 옳은 것이다. 아무런 척도도 없는 우연은 '정신적 자살'(mental suicide)에 이르게 된다는 퍼트남의 주장도 옳은 것이다.[29] 그러나 이들의 주장처럼 그것을 피하는 유

---

29 힐러리 퍼트남, 『이성·진리·역사』, 김효명 역 (서울: 민음사, 2002), p. 205 참

일한 길이 이성으로 회귀하는 것이라는 결론이 따라 나오는 것은 아니다. 이성이 거기에 있기 때문에 그러한 결론이 따라 나오는 것이 아니라 그 결론들에 의해서 이성이 비로소 요청되기 때문이다. 이러한 의미에서 이성은 순수하게 이론적 구성물이다. 우리는 이성의 존재에 대한 이러한 태도를 '초월론적 논증'이라고 부른다. 이성주의는 이 문제에 관한 한 칸트로부터 한 걸음도 더 나아가지 못했다. 우리가 처음부터 이성주의자가 되기로 결단한 것이 아니라면 이성으로 회귀하지 않으면서도 허무주의적 분기를 벗어나는 길을 모색해야 할 이유가 여기에 있다.

단일한 평가 기준이 존재하지 않는다는 주장에는 여전히 변함이 없지만 로티는 비교적 최근 매우 암시적인 방식으로 하나의 척도를 제시하고 있는데, 그것은 바로 '잔인성'(cruelty)이다. 로티는 자유주의자란 잔인성이야말로 우리가 할 수 있는 가장 나쁜 짓이라고 생각하는 사람이라고 제안함으로써 완전한 무정부주의적 귀결에서 벗어나려고 시도하는 것으로 보인다.[30] 물론 로티가 제안하는 잔인성은 과거의 철학자들이 제시했던 것 같은 적극적인 기준도 객관적인 기준도 아니다. 그렇다 하더라도 잔인성이라는 준거점이 특정한 문화, 특정한 시대에 국한된 기준이 아니라는 것은 명백하다. 이것은 극단적 우연성 논제에서 후퇴한다는 것을 의미한다. 필자는 이것이 로티의 실패를 의미하는 것이 아니라 오히려 이론적 진전을 의미한다고 본다. 섬세하게 정형화된 것은 아니지만, 그것은 다원주의의 제약 가능성을 담고 있기 때문

조.

30 로티, 『우연성·아이러니·연대성』, 김동식·이유선 역 (서울: 민음사, 1996), 특히 pp. 22-23 참조. 로티는 이러한 자유주의의 정의를 슈클라(J. Shkla)에게서 빌려 온 것이라고 말한다.

이다. 번스타인(R. Bernstein)의 표현을 빌리면 "우리가 그를 진짜로 얽어맬 수 있다고 생각하는 순간 …… 잽싸게 다른 곳으로 옮겨 가며 새로운 구분을 도입[하는]"[31] 로티는 이제 숨겨 왔던 자신의 근거지를 소극적인 방식으로나마 드러낸 셈이다.

　로티와 리오타르의 급진적 견해는 다원주의적 분기의 제약 가능성을 적절히 제시하지 못함으로써 허무주의라는 우려에 적절히 대응하지 못하고 있다. 이성주의에 호소하지 않으면서도 다원성의 제약을 제시하는 일은 철학자 대부분이 추구하는 유형의 다원주의를 옹호하기 위해서 선결되어야 할 과제다. 체험주의(experientialism)는 이러한 물음에 대해 적극적인 출구를 열어 준다. 그것은 다원주의가 불러오는 이론적 문제에 직접적으로 대응하는 것이라기보다는 그렇게 제기되는 문제의 구도를 새롭게 해명함으로써 문제의 구도를 바꾸는 일이다. 이러한 작업을 위해서는 철학적 열망에 앞서 우리 경험의 구조에 대한 적절한 해명이 선행되어야 한다.

　신체화된 경험의 구조에 대한 체험주의적 해명의 핵심은 우리의 경험이 신체적/물리적 층위와 정신적/추상적 층위라는 두 층위로 이루어져 있으며, 모든 경험은 신체적 경험을 근거로 확장되는 동시에 신체적 경험에 의해 강하게 제약된다는 것이다.[32] 이러한 의미에서 우리의 모든 경험은 '신체화되어'(embodied) 있다. 이러한 구도 안에서 우리는 신체적 층위로 갈수록 증가하는 공공성을 경험할 수 있으며, 추상적 층위로 갈수록 증가하는 변이를 경험하게 될 것이다. 경험의

31　리처드 번스타인, 『객관주의와 상대주의를 넘어서: 과학과 해석학 그리고 실천』, 정창호 외 역 (서울: 보광재, 1996), p. 366.
32　마크 존슨, 『마음 속의 몸: 의미, 상상력, 이성의 신체적 근거』, 노양진 역 (서울: 철학과현실사, 2000), 3-5장 참조.

이러한 중층적 구조를 적절히 해명해 줄 수 있는 것은 전통적인 객관
주의도 허무주의적 상대주의도 아닌, 제3의 시각이다. 우리는 그것을
'제약된 다원주의'라고 부를 수 있다.[33]

　체험주의적 해명은 우리 경험 안에서 다원적 분기의 제약 지점을
비교적 선명하게 제시해 준다. 그것은 바로 신체적/물리적 층위의 경
험에서 드러나는 현저한 공공성이다. 그러한 공공성은 단지 로티가 말
하는 시간과 기회의 산물이 아니라 현재와 같은 몸을 가진 인간이 공
유하는 기본적 조건에 근거한 것이다. 로티의 시각을 고집한다면 이러
한 안정적 공공성마저도 '필연'이나 '절대'가 아니라는 점에서는 '우
연'의 일부일 수 있다. 그러나 이때 로티가 배격하려는 필연은 고전적
인 필연과 우연의 이분법적 구분에 근거한 것이며, 아마도 그러한 이
분법적 구분의 유용성은 '전략적인 것'이상일 수 없다는 점을 로티
자신도 인정할 것이다. 결국 로티의 포괄적인 우연성 논제는 필연이나
절대에 대한 거부라는 점에서는 긍정적이지만, 경험 영역 안에서 의미
있는 차이들을 해명하는 데에는 더 이상 쓸모가 없다.

　경험의 신체적/물리적 층위에서 드러나는 공공성은 상위적 층위에
서 드러나는 다원적 변이들의 의미 근거인 동시에 제약의 역할을 한
다. 이러한 경험적 지반은 로티와 리오타르가 주장하는 정도의 급진적
우연성을 거부하기에 충분한 정도의 공공성을 드러낼 것이다. 한편 그
지반은 하버마스와 퍼트남이 원하는 정도의 보편성을 보장해 주지는
못할 것이다. 그렇지만 이러한 지반은 대립적 구도에 서 있는 두 진영
의 철학자들이 접속할 수 있는 실제적 지점이라는 점에서 중요한 의미

33　신체화된 경험의 구조에 대한 체험주의적 해명과 '제약된 다원주의'의 가능성에
　　관한 좀 더 상세한 논의는 이 책 〈보론 1〉「다원성과 다원주의」참조.

가 있다. 이 지점에서 두 진영의 철학자들은 '제약된 다원주의' 아니면 '완화된 보편주의' 라는 이름으로 마주칠 수 있을 것이다. 그것은 우리에게 20세기 후반의 서구 철학자들을 양분해 놓았던 경계선이 '객관주의 아니면 상대주의' 라는 이분법적 대립이 구성했던 가상의 경계선이라는 것을 말해 준다.

5. 맺는말

로티와 리오타르는 토대주의적 지식 개념에 대해 급진적으로 비판함으로써 단일한 진리 개념을 무너뜨리는 데 주도적 역할을 한다. 단일한 진리를 거부하는 것은 자연스럽게 다수의 진리를 인정하는 다원주의를 불러온다. 왜냐하면 아무런 진리도 없다고 주장하는 것은 퍼트남의 지적처럼 그 자체로 '정신적 자살' 에 이르는 길이기 때문이다. 로티도 리오타르도 자신들의 다원주의가 이러한 허무주의적 귀결을 향하고 있다고 인정하지 않지만, 여기에는 자신들의 낙관적 선언만으로는 해소되지 않는 난제가 자리 잡고 있다. 이들이 옹호하는 다원적 분기가 어디에서 멈추는지를 밝히지 못하고 있기 때문이다. 이 결정적인 물음의 난해성은 로티와 리오타르의 급진적이면서도 낙관적인 전략에 의해 가려져 있다.

로티와 리오타르는 당면한 문제의 구도를 근원적으로 해체함으로써 철학적 작업을 완수한 것처럼 주장한다. 그러나 의지해야 할 지반이 없이는 공중에 떠 있는 것조차도 불가능한 것처럼 지반이 없는 비판은 그 자체로 불가능하다. 바꾸어 말하면 이들의 해체는 그 해체의 표적들과 공동의 지반을 공유하고 있으며, 그들은 다만 그것을 명시적

으로 인정하지 않을 뿐이다. 그러나 그러한 공적 지반이 존재한다고
해도 그것이 하버마스가 가정하는 것처럼 '이성'이어야 할 이유도 없
으며, 또 그것이 이상적인 합의를 보장해 주는 것도 물론 아니다. 우리
는 그 공적 지반을 공유하면서도 여전히 리오타르가 말하는 배리와 다
원성을 경험하게 될 것이다. 다만 이들이 우리에게 극적으로 드러내
보여 주려는 것은 이러한 두 대비적 경험들이 결코 어느 한쪽으로 흡
수되어 설명될 수 없는 고유한 영역이라는 점이다.

　체험주의는 바로 우리가 부인할 수 없는 이 공적 지반의 구조에 관
해 새로운 해명을 제시한다. '몸의 중심성'이라는 논제를 중심으로 제
시되는 체험주의의 해명은 환원 불가능해 보이는 모든 다원적 분기가
바로 신체적 층위의 경험에 근거하고 있으며, 동시에 그 층위에 의해
강하게 제약된다는 것을 보여 준다. 로티와 리오타르는 자신들의 급진
적 논의 또한 사실상 이러한 지반 위에서 이루어지고 있으며, 동시에
이 지반에 의해 제약되고 있다는 사실을 간과하고 있다. 의도적이든
아니든 이 지점을 간과함으로써 로티와 리오타르는 자신들이 제안하
는 다원주의가 불러오는 허무주의적 상대주의라는 위협에 적절하게
대응할 수 있는 핵심적 실마리를 놓치고 있다.

|참 고 문 헌|

길병휘.『가치와 사실』. 서울: 서광사, 1996.

김동식.『로티의 신실용주의』. 서울: 철학과현실사, 1994.

노양진.『상대주의의 두 얼굴』. 파주; 서광사, 2007.

_____.「몸 · 언어 · 철학』. 파주: 서광사, 2009.

_____.『몸이 철학을 말하다: 인지적 전환과 체험주의의 물음』. 파주: 서광사,
    2013.

듀이, 존.『철학의 재구성』. 이유선 역. 서울: 아카넷, 2010.

라일, 길버트.『마음의 개념』. 이한우 역. 서울: 문예출판사, 1994.

레비나스, 엠마누엘.『존재에서 존재자로』. 서동욱 역. 서울: 민음사, 2003.

레이코프, G. · M. 존슨.『삶으로서의 은유』. 수정판. 노양진 · 나익주 역. 서울:
    박이정, 2006.

_____.『몸의 철학: 신체화된 마음의 서구 사상에 대한 도전』. 임지룡 외 역. 서
    울: 박이정, 2002.

로티, 리처드.『실용주의의 결과』. 김동식 역. 서울: 민음사, 1996.

_____.『우연성 · 아이러니 · 연대성』. 김동식 · 이유선 역. 서울: 민음사, 1996.

_____.『철학 그리고 자연의 거울』. 박지수 역. 서울: 까치, 1998.

_____.「칸트와 듀이 사이에 갇힌 도덕철학의 현상황」 (이유선 역).『구원적 진
    리, 문학문화, 도덕철학』. 석학연속강좌 특별강연 (2001 봄).

맥키, J. L.『윤리학: 옳고 그름의 탐구』. 진교훈 역. 서울: 서광사, 1990.

밀, 존 스튜어트.『자유론』. 김형철 역. 서울: 서광사, 1992.

번스타인, 리처드.『객관주의와 상대주의를 넘어서: 과학과 해석학 그리고 실
　　천』. 정창호 외 역. 서울: 보광재, 1996.

비트겐슈타인, 루트비히.『청색책 · 갈색책』. 이영철 역. 서울: 책세상, 2006.

_____.『철학적 탐구』. 이영철 역. 서울: 책세상, 2006.

에이어, 알프레드 J.『언어 · 진리 · 논리』. 송하석 역. 서울: 나남, 2010.

장자.『장자』. 오강남 풀이. 서울: 현암사, 1999.

존슨, 마크.『마음 속의 몸: 의미, 상상력, 이성의 신체적 근거』. 노양진 역. 서
　　울: 철학과현실사, 2000.

_____.『도덕적 상상력: 체험주의 윤리학의 새로운 도전』. 노양진 역. 파주: 서
　　광사, 2008.

주희.『朱子語類』. 이주행 외 역. 서울: 소나무, 2001.

_____.『大學或問』.『朱子全書』, 제6권. 上海, 上海古籍出版社, 2002.

카울바하, F.『윤리학과 메타윤리학』. 하영석 · 이남원 역. 서울: 서광사, 1995.

칸트, 임마누엘.『윤리형이상학 정초』. 백종현 역. 서울: 아카넷, 2005.

코스가드, 크리스틴.『규범성의 원천』. 강현정 · 김양현 역. 서울: 철학과현실사,
　　2011.

쿤, T. S.『과학혁명의 구조』. 조형 역. 제2판. 서울: 이화여자대학교 출판부,
　　1994.

퍼트남, 힐러리.「내적 실재론의 기수 퍼트남: 김여수와의 대담」. 김광수 역.
　　『철학과 현실』(1991 여름): 200-219.

_____.『과학주의 철학을 넘어서』. 원만희 역. 서울: 철학과현실사, 1998.

_____.『이성 · 진리 · 역사』. 김효명 역. 서울: 민음사, 2002.

_____.『존재론 없는 윤리학』. 홍경남 역. 서울: 철학과현실사, 2006.

_____.『사실과 가치의 이분법을 넘어서』. 노양진 역. 파주: 서광사, 2010.

플라톤.『국가 · 政體』. 박종현 역주. 서울: 서광사, 1997.

한국철학회 편.『다원주의, 축복인가 재앙인가』. 서울: 철학과현실사, 2003.

Adams, Robert. *A Theory of Virtue: Excellence in Being for the Good*. Oxford: Oxford University Press, 2006.

Anscombe, G. E. M. "Modern Moral Philosophy." In Roger Crisp and Michael Slote, eds. *Virtue Ethics*. Oxford: Oxford University Press, 1997.

Crisp, Roger and Michael Slote, eds. *Virtue Ethics*. Oxford: Oxford University Press, 1997.

Davidson, Donald. "The Very Idea of a Conceptual Scheme." In his *Inquiries into Truth and Interpretation*. Oxford: Clarendon Press, 1984.

Derrida, Jacques. *Margins of Philosophy*. Trans. Alan Bass. Chicago: University of Chicago Press, 1982.

Devitt, Michael. *Realism and Truth*. 2nd ed. Oxford: Basil Blackwell, 1991.

Dewey, John. *Human Nature and Conduct: The Middle Works 1899-1924*, Vol. 14. Ed. Jo Ann Boydston. Carbondale, Ill.: Southern Illinois University Press, 1983.

_____. *The Quest for Certainty: The Later Works, 1925-1953*, Vol. 4(1929). Ed. Jo Ann Boydston. Carbondale, Ill.: Southern Illinois University Press, 1984.

_____. *Art as Experience: The Later Works, 1925-1953*. Vol. 10. Ed. Jo Ann Boydston. Carbondale, Ill.: Southern Illinois University, 1987.

_____. *Experience and Nature: The Later Works 1925-1953*, Vol. 1. Ed. Jo Ann Boydston. Carbondale, Ill.: Southern Illinois University Press,

1988.

Foot, Philippa. *Virtues and Vices and Other Essays in Moral Philosophy*. Oxford: Oxford University Press, 2002.

Giddens, Anthony. "Reason without Revolution?: Habermas' s Theorie des kommikativen Handelns." In Richard Bernstein, ed., *Habermas and Modernity*. Cambridge, Mass.: MIT Press, 1985.

Gouinlock, James. "Dewey and Contemporary Moral Philosophy." In John Stuhr, ed. *Philosophy and the Construction of Culture*. Albany, N.Y.: SUNY Press, 1993.

Haber, Honi Fern. *Beyond Postmodern Politics: Lyotard, Rorty, Foucault*. London: Routledge, 1994.

Habermas, Jürgen. *Communication and the Evolution of Society*. Trans. Thomas McCarthy. Boston, Mass.: Beacon Press, 1979.

_____. "Coping with Contingencies: The Return of Historicism." In Jozef Niznik and John T. Sanders, eds. *Debating the State of Philosophy*. Westport, Conn.: Praeger, 1996.

Hacking, Ian. "Language, Truth and Reason." In Martin Hollis and Steven Lukes, eds. *Rationality and Relativism*. Cambridge, Mass.: MIT Press, 1982.

Hume, David. *A Treatise of Human Nature*. Ed. L. A. Selby-Bigge. Oxford: Clarendon Press, 1951.

_____. *Enquiries concerning Human Understanding and concerning the Principles of Morals*. Ed. L. A. Selby-Bigge, 3rd ed. Oxford: Clarendon Press, 1975.

Hursthouse, Rosalind. *On Virtue Ethics*. Oxford: Oxford University Press,

1999.

Johnson, Mark. "Good Rorty, Bad Rorty: Toward a Richer Conception of Philosophical Inquiry." Unpublished typescript (Department of Philosophy, Southern Illinois University at Carbondale, 1989).

_____. "How Moral Psychology Changes Moral Theory." In Larry May et al., eds. *Mind and Morals: Essays on Cognitive Science and Ethics*. Cambridge, Mass.: MIT Press, 1996.

_____. *Morality for Humans: Ethical Understanding from the Perspective of Cognitive Science*. Chicago: University of Chicago Press, 2014.

Korsgaard, Christine. *The Sources of Normativity*. Cambridge: Cambridge University Press, 1996.

Kuhn, Thomas Samuel. *The Structure of Scientific Revolutions*. 2nd ed. Chicago: University of Chicago Press, 1970.

LaFollette, Hugh. "Pragmatic Ethics." In Hugh LaFollette, ed. *The Blackwell Guide to Ethical Theory*. Oxford: Blackwell, 2000.

Lakoff, George. *Women, Fire, and Dangerous Things: What Categories Reveal about the Mind*. Chicago: University of Chicago Press, 1987.

Levinas, Emmanuel. *Totality and Infinity: An Essay on Exteriority*. Trans. Alphonso Lingis. Pittsburgh, Pa.: Duquesne University Press, 1969.

Louden, Robert. "On Some Vices of Virtue Ethics." In Roger Crisp and Michael Slote, eds. *Virtue Ethics*. Oxford: Oxford University Press, 1997.

Lynch, Michael. *Truth in Context: An Essay on Pluralism and Objectivity*. Cambridge, Mass.: MIT Press, 1998.

Lyotard, Jean-François. *The Postmodern Condition: A Report on Knowledge*. Trans. Geoff Bennington and Brian Massumi. Minneapolis,

Minn.: University of Minnesota Press, 1984.

_____. *The Differend: Phrases in Dispute*. Trans. Georges Van Den Abbeele. Minneapolis, Minn.: University of Minnesota Press, 1988.

_____. *Economie libidinale*. Paris: Minuit, 1974.

Lyotard, Jean-François and Jean-Loup Thébaud. *Just Gaming*. Trans. Wlad Godzich. Minneapolis, Minn.: University of Minnesota Press, 1985.

May, Larry et al., eds. *Mind and Morals: Essays on Ethics and Cognitive Science*. Cambridge, Mass.: MIT Press, 1996.

McGowan, John. *Postmodernism and Its Critics*. Ithaca, N.Y.: Cornell University Press, 1991.

Merleau-Ponty, Maurice. *The Primacy of Perception*. Ed. James Edie. Evanston, Ill.: Northwestern University Press, 1964.

Moore, G. E. *Principia Ethica*. Revised ed. Cambridge: Cambridge University Press, 1993.

Niznik, Jozef and John T. Sanders, eds. *Debating the State of Philosophy*. Westport, Conn.: Praeger, 1996.

Pappas, Gregory. *John Dewey's Ethics: Democracy as Experience*. Bloomington, Ind.: Indiana University Press, 2008.

Passmore, John. *Recent Philosophers*. La Salle, Ill.: Open Court, 1985.

Paton, H. J. *The Moral Law: Kant's Groundwork of the Metaphysic of Morals*. London: Hutchinson, 1948.

Perry, R. B. "Value as any Object of any Interest." In Wilfrid Sellars and John Hospers, eds. *Readings in Ethical Theory*, 2nd ed. Englewood Cliffs, N.J.: Prentice-Hall, 1970.

Plato. *Parmenides: The Dialogues of Plato*. Vol. 2. Trans. B. Jowett. 4th ed.

Oxford: Clarendon Press, 1953.

Popper, Karl R. *The Open Society and Its Enemies 1-2*. 5th ed. London: Routledge, 1966.

Putnam, Hilary. "Why Reason Can't Be Naturalized?" In his *Realism and Reason: Philosophical Papers 3*. Cambridge: Cambridge University Press, 1983.

_____. *Representation and Reality*. Cambridge, Mass.: MIT Press, 1988.

_____. *Realism with a Human Face*. Ed. James Conant. Cambridge, Mass.: Harvard University Press, 1990.

_____. *Words and Life*. Ed. James Conant. Cambridge, Mass.: Harvard University Press, 1994.

_____. *The Threefold Cord: Mind, Body, and World*. New York: Columbia University Press, 1999.

_____. *The Collapse of the Fact/Value Dichotomy and Other Essays*. Cambridge, Mass.: Harvard University Press, 2002.

_____. *Ethics without Ontology*. Cambridge, Mass.: Harvard University Press, 2004.

Readings, Bill. *Introducing Lyotard: Art and Politics*. London: Routledge Kegan Paul, 1991.

Rescher, Nicholas. *Pluralism: Against the Demand for Consensus*. Oxford: Clarendon Press, 1993.

Rorty, Richard. *Objectivity, Relativism, and Truth: Philosophical Papers 1*. Cambridge: Cambridge University Press, 1991.

_____. "Habermas and Lyotard on Post-Modernity." In his *Essays on Heidegger and Others: Philosophical Papers 2*. Cambridge: Cambridge

University Press, 1991.

_____. "Emancipating Our Culture." In Jozef Niznik and John T. Sanders, eds. *Debating the State of Philosophy*. Westport, Conn.: Praeger, 1996.

_____. *Philosophy and Social Hope*. London: Penguin Books, 1999.

Ross, W. D. *The Right and the Good*. Ed. Philip Stratton-Lake. Oxford: Clarendon Press, 2002.

Searle, John. "Deriving 'ought' from 'is'." In his *Speech Acts: An Essay in the Philosophy of Language*. Cambridge: Cambridge University Press, 1969.

Slote, Michael. "Virtue Ethics." In Hugh LaFollette, ed. *The Blackwell Guide to Ethical Theory*. Oxford: Blackwell Publishing, 2000.

Solomon, David. "Internal Objections to Virtue Ethics." In Daniel Statman, ed. *Virtue Ethics*. Washington, D.C.: Georgetown University Press, 1997.

Statman, Daniel, ed. *Virtue Ethics: A Critical Reader*. Washington, D.C.: Georgetown University Press, 1997.

Stevenson, C. L. *Ethics and Language*. New Haven, Conn.: Yale University Press, 1944.

Turner, Mark. *Reading Minds: The Study of English in the Age of Cognitive Science*. Princeton, N.J.: Princeton University Press, 1991.

Urmson, J. O. "Aristotle's Doctrine of the Mean." In Amélie Rorty, ed. *Essays on Aristotle's Ethics*. Berkeley, Cal.: University of California Press, 1981.

Watson, Gary. "On the Primacy of Character." In Daniel Statman, ed. *Vir-*

tue Ethics. Washington, D.C.: Georgetown University Press, 1997.

Williams, Bernard. *Moral Luck: Philosophical Papers 1973–1980*. Cambridge: Cambridge University Press, 1981.

_____. *Ethics and the Limits of Philosophy*. Cambridge, Mass.: Harvard University Press, 1985.

Wittgenstein, Ludwig. *Notebooks 1914–1916*. Trans. G. E. M. Anscombe. 2nd ed. Chicago: University of Chicago Press, 1979.

| 찾아보기 |